力量训练原理

用七大核心原理科学提升力量

〔美〕迈克·伊瑟泰尔　〔美〕詹姆斯·霍夫曼　〔美〕查德·韦斯利·史密斯◎著　褚　浩◎译

SCIENTIFIC PRINCIPLES
OF STRENGTH TRAINING

北京科学技术出版社

Scientific Principles of Strength Training

https://www.jtsstrength.com

Chinese edition Copyright @ 2021 by Beijing Science and Technology Publishing Co., Ltd.

著作权合同登记号　图字：01-2021-2553

图书在版编目（CIP）数据

力量训练原理 /（美）迈克·伊瑟泰尔，（美）詹姆斯·霍夫曼，（美）查德·
韦斯利·史密斯著；褚浩译 . —北京：北京科学技术出版社，2021.6（2025.1 重印）

书名原文：Scientific Principles of Strength Training

ISBN 978-7-5714-1334-7

Ⅰ . ①力… Ⅱ . ①迈… ②詹… ③查… ④褚… Ⅲ . ①运动训练 Ⅳ . ① G808.1

中国版本图书馆 CIP 数据核字 (2021) 第 017216 号

策划编辑：周　浪
责任编辑：胡　诗
责任校对：贾　荣
图文制作：旅教文化
责任印制：张　良
出 版 人：曾庆宇
出版发行：北京科学技术出版社
社　　址：北京西直门南大街 16 号
邮政编码：100035
电　　话：0086-10-66135495（总编室）
　　　　　0086-10-66113227（发行部）
网　　址：www.bkydw.cn
印　　刷：北京宝隆世纪印刷有限公司
开　　本：710 mm×1000 mm　1/16
字　　数：240 千字
印　　张：14.25
版　　次：2021 年 6 月第 1 版
印　　次：2025 年 1 月第 7 次印刷
ISBN 978-7-5714-1334-7

定　　价：89.00元

作者介绍

迈克·伊瑟泰尔 博士

迈克是美国宾夕法尼亚州费城天普大学运动科学系的教授，曾为中央密苏里大学的教授，负责教授运动生理学、个人训练以及高级健身课程。迈克拥有运动生理学博士学位，担任过美国得克萨斯州约翰逊城奥林匹克训练中心的运动营养顾问。迈克博士作为教练，负责教学员饮食与力量训练，他的学员包括力量举、举重、健美运动员和运动爱好者。迈克曾是力量举、健美和巴西柔术运动员。当大家都在痴迷于有装备力量举比赛时，迈克博士已经多次打破了地区、国家乃至国际无装备力量举纪录。

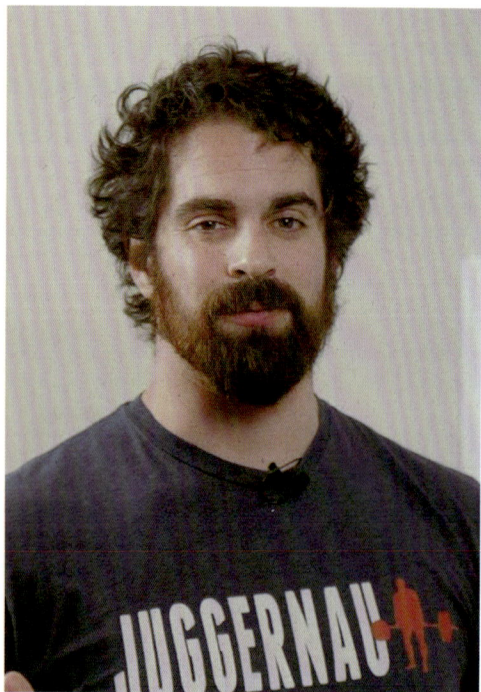

詹姆斯·霍夫曼　博士、体能训练专家

詹姆斯是天普大学运动科学系的教授，他在东田纳西州立大学获得了运动生理学博士学位，其导师为迈克·斯通博士，研究课题为"推雪橇车对提高橄榄球运动员运动表现的作用"。詹姆斯博士曾作为东田纳西州立大学助理教练、首席运动学家、首席体适能教练和大学举重房管理员，指导了很多橄榄球运动员。他本人也是运动员，在英式橄榄球、美式橄榄球和摔跤中成绩优秀。

查德·韦斯利·史密斯

　　查德·韦斯利·史密斯是JTS（红坦克训练体系）的创始人及所有者，是在役力量类运动员中成就最高的人之一。起初，查德为田径运动员，曾经赢得了两次全美大学生锦标赛铅球项目的冠军。作为力量举运动员，查德绑膝无装备力量举总成绩为1055千克（2325磅），排名世界第十；套膝总成绩为1010千克（2226磅），排名世界第六。查德在2012年获得"壮汉职业卡"，也是美国国家橄榄球联盟、美国职业棒球大联盟、终级格斗冠军赛、美国格斗赛事与各类项目奥运选手的教练与顾问。

关于RP

RP 全称为 Renaissance Periodization，是一家专攻饮食与训练的咨询公司。RP 的顾问（包括该书作者）负责为各类客户制订饮食与训练计划，指导运动员达到巅峰水平，帮助职场人员更有精力和改善形体，保持身体健康。自创立公司起，RP 的 CEO 尼克·肖（Nick Shaw）便以为客户提供最好的饮食和训练指导为目标。通过聘请数位运动成绩顶尖，又拥有运动学、营养学或生物学博士学位的运动员，尼克组建了一支在健身行业无可匹敌的专家队伍。除了指导训练与饮食，RP 也就饮食、训练、周期科学以及各种与身体组成和运动相关的主题持续发表、制作文章与视频等。

关于JTS（红坦克训练体系）

JTS 全名为 Juggernaut Training Systems，创立于 2009 年，其创立之初便以"为所有运动员提供最好的训练"为目标。之后 JTS 逐渐演变成健身教育中心，各类顶级运动员、教练与研究员聚集于此，为客户和观众提供高质量的内容，包括力量、体适能、营养和机动性训练等。JTS 致力为客户提供真正来自于专家的信息内容，帮助运动员实现目标。JTS 总部位于加州的尼古湖，是南加州顶级的力量训练中心，有巨大的体育馆，可以进行力量举、举重、体能和"壮汉"等项目，这里同时也是范式运动表现疗法的发源地。

前言

相信你也一直在搜寻关于如何进行力量训练的内容。我们都曾经试着在网络上搜索文章，但大多数时候总是失望。现在确实有几本关于力量举计划的书籍，而且如果你试过书里的计划会发现：这些书确实值得一看，但这些计划背后的理论来自哪里？身体是如何应对训练的？又如何预测一个计划的效果是好还是坏？到底是什么原理支配着这一切？其实，人体不是由细胞随机组合而成的⋯⋯人类身体的构建方式大同小异，对训练的反应也几近相同。因此我们设想，关于力量训练，是否能找到一系列的规则或原理？能否将其应用到力量举中？

其实前人已经找到了，而且几乎是适用于所有运动训练的原理。伊萨林（Issurin）、沃邦（Bompa）、哈夫（Haff）、斯通（Stone）、桑兹（Sands）和福赫萧斯基（Verkoshansky）等人已经对运动训练和适应性背后的原理进行了研究。在他们的研究与实践过程中，专项性、超负荷、变式、阶段增益等与训练计划有关的原理已经得到了明确的解释，并催生出了"周期"这个概念。以原理为基础，有逻辑地规划训练，能够帮助运动员获得更大的收益。

自 1970 年起，世界上几乎每一个奥林匹克训练中心都在使用周期计划，这使得从举重、游泳到体操的训练者的运动表现都发生了跨越式进步。

本书是我们第一次集中讨论力量训练原理对一般运动和力量举的影响。基本原理共有 7 条，会在本书中详细介绍，它们对制订力量训练计划来说都举足轻重。

本书能够帮你掌握以下能力。

· 深入理解训练，解答疑问，激发学习的欲望。

· 评价训练计划，根据自身情况调整计划来提高效果。

· 根据他人对训练的理解，挑选更合适的教练。

· 根据自己的情况设计基础力量 / 力量举计划。

· 根据自己的目标制订计划，收放自如，难简随心。

应用训练原理不仅仅要考虑原理本身，而且还要考虑原理的优先级。7条原理对于训练的重要性是不同的，制订计划时优先参考更重要的原理，不仅可以提高训练效果，而且可以避免将时间与精力浪费在细枝末节上。

本书将讲解力量训练计划/周期设计的7条基础原理，尤其还会关注原理在力量举中的应用。根据重要性，我们会将原理进行排序，从而帮你调整训练计划。因此，无论你的计划是精心设计还是较为简略的，都可以提高训练效果。

该书将会深挖这7条原理，探索它们背后的科学，寻找实际应用它们的方法，同时解答应用过程中出现的常见问题。不是每位读者都可以看懂这本书，希望你们能将训练看成一个过程，勤动脑筋；不要满足于"怎么做"，而是要去探寻"为什么"这么做，也不要仅仅满足于机械地执行教练的指令。读书学习是一个漫长的过程，只有这样，你们才会发现这本书是多么有趣。

该书不会出现以下事情。

·"能不能简单点？"追求进步的过程不会过分复杂，但也不会简单到一目了然，力量/力量举周期训练需要不断思考，没有人可以直接从概念推算出结果。

·"能不能少努力点？"如果你想尽可能不努力，又想获得更多的收益，那你不用看这本书了。通过训练来让自己变强是一件严肃的事情，每次训练都需要你认真对待。你可以调整计划，降低对训练的投入，这由你自己取舍……但本书所有的建议都基于你想获得最大收益，并且你愿意为之付出相应的努力。

·"能不能你说我做？"这本书不会提供许多制订好的计划，也没有精确的组次和重量百分比。原理很直观，但需要你深入思考，并根据自身的情况来调整实践，寻找最大收益。这本书更像一个工具，帮助你学习原理、理解训练，而不是仅仅只是教会方法。所有的原理都源于研究周期训练的最新资料与文献。

希望你们能够真正地去理解力量训练的"为什么"，为什么有些计划有效果，而有些是徒劳？为什么有些计划对一些人有效，对另一些人却无效？尽管内容专业，但我们会以轻松易懂的方式来讲解，借助专业术语，由浅入深地剖析书中内容。为了方便技术讨论，本书的第一章将会介绍一些术语。

话不多说，我们开始吧！

目录

第一章

重要术语

在我们真正开始深入学习力量举训练理论之前，读者朋友们最好和我们一同熟悉或复习一下基本术语，这对接下来的学习至关重要。你在之前的训练和学习中可能已经了解了一部分，但还存在一些让人疑惑的术语，我们今天就来把这些障碍扫除吧。

基本概念

强度：又称"绝对强度"，指的是训练时需要对抗的阻力，通常用磅（1磅 =0.4536 千克）或千克表示。例如，负重200千克深蹲一次的强度要高于195千克蹲10次，即使后者使得训练者完全力竭。有些人会将"强度"这个概念与下一个概念混淆。

相对强度：任何一组训练中，向心阶段最接近肌肉力竭的程度。假设你负重200千克可以蹲6次，这组训练只蹲了3次；负重180千克可以蹲9次，这组训练蹲了8次，那么后者的相对强度更高。

容量：一次推举、一组动作、每次或每周训练的总机械功。从技术层面来讲，容量的计算方法：

$$容量 = 总受力 × 总行程$$

精确计算容量的公式：

$$容量 = 组数 × 次数 × 重量 × 杠铃行程$$

但多数情况下，容量是让个体训练者比较单个动作的概念。换言之，容量是用来比较某个训练者（不同训练者之间不做比较）单项动作的概念，例如某位训练者这次深蹲与另一次深蹲之间的比较，卧推与卧推之间的比较，硬拉与硬拉之间的比较，在这种情况下，行程可以从公式中去掉。因此，容量计算公式简化为：

$$容量 ≈ 组数 × 次数 × 重量$$

频率：一段时间内的训练次数，通常指一周内训练几次。

动作选择：每次训练计划内所选择的动作。比如我们说练腿，但更精确的描述可能是深蹲和直腿硬拉。

训练单元：单次训练内所有动作的总和，单位为"个"，训练者可以一周训练多个训练单元，也可以一天训练多个训练单元。每个训练单元通常包括热身、正式训练和收尾，可能还会包括冷身。

轻训单元：轻训即轻力量训练，指故意设计成没有超负荷（第四章会详细解析超负荷）的训练，完成难度相对较低。轻训的目的是促进恢复/适应，同时缓解技术退步、肌肉损失和力量降低。轻训的常用手段是降低容量/强度。

休息日：没有训练的日子。

小循环：重复一个训练单元中的所有动作类型的时间单位。虽然不是惯例，但小循环通常是指1周。举个详细的例子，请见下表。

周一	周二	周三	周四	周五	周六	周日
卧推	深蹲	休息日	过顶推举	硬拉	休息日	休息日
上半身辅助动作	下半身辅助动作		上半身辅助动作	下半身辅助动作		

　　如果你连续几周都采取表中的训练安排，只是更改动作的负重、组数和次数，那么这4个训练日和3个休息日就组成了一个小循环。

累进期：由一系列连续的小循环组成，训练难度会逐渐增加，包括强度增加、容量增加或二者一起增加。

减载期：通常叫作"减载"，指一个全部都由轻训组成的小循环，目的是减轻疲劳，保持已达到的训练适应。降低累进期训练的容量与强度，可以有效减轻疲劳，但是需要把控好降低的幅度，既不能太大，也不能太小。

中循环：又称"小循环集合"，由一系列小循环组成了一个中循环，目的是为了实现特定的训练适应。典型的中循环由累进期和减载期两个阶段组成，其中累进期通常持续3~5周，减载期持续1周。中循环的持续时间通常是1个月。

进减比： 指的是在一个中循环内，累进期与减载期所用时间的比例。最经典、最典型的进减比是 3∶1，即 3 周累进期，1 周减载期。其他常见的进减比有 4∶1（常见于增肌期）和 3∶2（常见于冲刺期与缓冲期）。

训练模块： 又称"中循环集合"，一个训练模块通常包含 1~3 个中循环，其中每个中循环的训练目标相似或相同。比如在增肌模块中，3 个中循环的主要目标均为刺激肌肉生长。

大循环： 由一系列训练模块按照特定顺序组成，目标是提高运动表现。大循环通常安排在比赛前，用来提高比赛成绩。一个力量举的大循环通常由增肌模块、增力模块、冲刺模块、比赛日组成。合理的大循环也会安排赛后的主动休息，之后再以增肌模块开始，重启下一个大循环。

增重： 饮食与训练相配合的目的是提高训练者的肌肉量，在此阶段训练者会进行高容量训练，饮食会有热量盈余，这通常持续 1~3 个月。

维持： 通过调整饮食来保持体重，不增重，也不减重。此时训练者可以进行任意阶段的训练，但最常见的是进行增力期和冲刺期的训练。维持期应至少持续 1 个月，只要没有调整肌肉量与体重的需求，维持期就可以一直持续下去。

减重： 饮食和训练相配合的目的是降低训练者的脂肪量，同时尽可能保持肌肉量，在此阶段训练者会进行高容量训练，饮食会有热量赤字，通常持续 1~3 个月。

力量： 生成力的最大能力，实验室以"牛"（牛顿）为单位，在健身房与力量竞赛中，我们常用"千克"或"磅"为单位。

专项力量： 在特定动作中能够输出的极限力量的能力。例如，硬拉力量就是训练者在硬拉时能够输出的极限力量的能力。但实际上，人们通常将训练者在专项中最薄弱的力量视为专项力量。例如，一位训练者可以从齐膝的高度上拉 400 千克，但从地面上只能上拉 350 千克的杠铃，那么该训练者的硬拉力量就是 350 千克。

增肌模块： 训练模块之一，目的是提高肌肉量（增重期）或预防肌肉损失（减重期），此时训练者会进行高容量训练，强度不低于 60% 1RM（1 Rep Max，最大力量，最大负荷量，完整执行 1 次一个特定动作所能负荷的最大重量），每组做 6~10 次。

基础力量模块： 训练模块之一，目的是提高力量输出能力，此时训练者的训练强度不低于 75%1RM，组数、次数均为 3~6。

冲刺模块： 训练模块之一，目的是让训练者在比赛中发挥出最大专项力量，在此阶段训练者会进行约 90%1RM 强度的累进期训练，然后进入较长时间的减载期，称为缓冲，这有助于减轻疲劳，保持力量水平，强化训练者的竞技状态。

主动休息：精心设计的训练模块之一，属于中循环范畴，目的是减轻疲劳，为下一个大循环做准备。该模块由一系列特定的减载期组成，并且不含累进期。

稳态：系统内部环境不受外部环境波动的影响，保持稳定的状态。所有的生命都有维持稳态的能力，人体在应对力量训练的压力时，也有维持稳态的能力。该概念非常重要，因为只有打破训练者的身体稳态（常用手段是艰苦训练），才能达到新的训练适应。

周期：按照特定逻辑顺序安排的训练变量组合，目的是让训练者适应训练、降低受伤概率和提高在特定时间的竞技状态。周期的最终阶段便是安排合理的大循环训练，从而帮助训练者获得进步。

活动度：特定动作中，肌肉、单个或多个关节协作的活动范围。

技术：为了提高训练动作效率、降低动作风险，以恰当的顺序和动作形式（躯干、四肢的运动和位置）来移动重量的能力。训练者的体型各不相同，所以没有两位训练者会使用完全相同的技术，也不存在完美的技术，但技术有共通性与相似点。

机动性：综合运用技术、力量和活动度的能力。以深蹲为例，若一位训练者有足够的力量和活动度来完成动作，并全程保持良好的技术，我们就可以说该训练者的深蹲有足够的机动性。常见的情况如下。

（1）力量和活动度足够，但技术不足（通常是因为不了解 / 不熟悉正确的技术），无法安全、高效地完成动作。

（2）力量和技术足够，但活动度不足，无法在特定行程内完成技术。

（3）活动度和技术足够，但力量不足，无法在特定的行程内维持技术。

只要技术、力量或活动度出现短板，就会导致训练和试举时出现机动性不足的情况。

第二章

训练原理简介

力量/力量举训练不是想到什么就练什么，然后祈祷老天爷把你变强壮。每一个训练计划的制订都应参考一定的训练原理，然后通过训练来验证这些原理是否有效，能否提高你的运动成绩。实践是检验真理的唯一标准，我们需要探索身体对训练的反应，然后根据得到的结果来安排训练计划。只有这样，我们才能更进一步。

假设外星人天生躺着休息就可以变强壮，活动一下就会影响他们的进步，每一次训练都会损害他们的运动表现，那么，这个星球的力量训练者的最好训练计划就是在不训练时尽可能多地休息。但如果地球上的人类只休息而不训练的话，身体只会越来越弱。人类训练者与那个外星球的训练者相反，需要训练来打破人体稳态，提供刺激，产生新的生理适应，从而提高力量。因此，对人类力量训练来说，"超负荷"原理至关重要。如果不持续挑战训练者的生理极限，提高训练的难度，训练者的力量就不可能增大。也许宇宙里存在另一个星球，那个星球的人的恢复能力远比我们低，即使是最基础的训练也需要两周才能恢复，那么他们的最佳训练频率可能就是每三周训练一次。

但这样的训练计划能在我们身上发挥作用吗？当然不能，因为人体有特定的生理机制，对训练和休息会以相应的方式进行反应。所以用于指导人类力量训练的计划必须根据其生理机制来制订。

人类力量训练（我保证这是最后一次在力量训练前面加"人类"二字）有7条训练原理。依照这7条原理，我们能够精心制订计划，提高训练收益。这些原理都不是偶然发现的、不是编的、不是发明创造的，而是前人经实证研究验证，并100%基于训练者的生理反应和运动表现的真实数据得来的。研究人员总结数据、提炼结果，从而得到了人体关于运动训练的这7条原理，并以此来帮助训练者提高运动表现。忽视这几条原理可能会导致训练适得其反，或是无法预测运动

员的成绩。

　　以下 7 条训练原理按重要性由上到下排列，并包含它们各自的子原理（主原理中的细节要点）。

1. 专项性

　　子原理一：训练模式的兼容性

　　子原理二：定向适应

2. 超负荷

3. 疲劳管理

4. 刺激—恢复—适应（Stimulus – Recovery – Adaptation，SRA）

5. 变式

6. 阶段增益

7. 个体差异

这些原理基于人体生理系统得出，应用于训练过程，所以在计划中应用这些原理可以提高训练者的运动表现和成绩。但这 7 条原理对训练者成绩的影响是不同的，排名越靠前，影响越大。单是基于"专项性"和"超负荷"原理的计划效果也会很好，但恰当应用的原理越多，计划的效果则越好，顶级的训练计划会体现出所有的原理。

下图展示了各原理的重要性排序，越靠近底部、图形面积越大的原理越重要。"专项性"涵盖了整张图，意味着这是最重要的必须最先应用的训练原理，在力量训练中应当有最高优先级，我们会在第三章详细解释原因。每一条训练原理都会单独用一章来详细讲解。

原理优先级

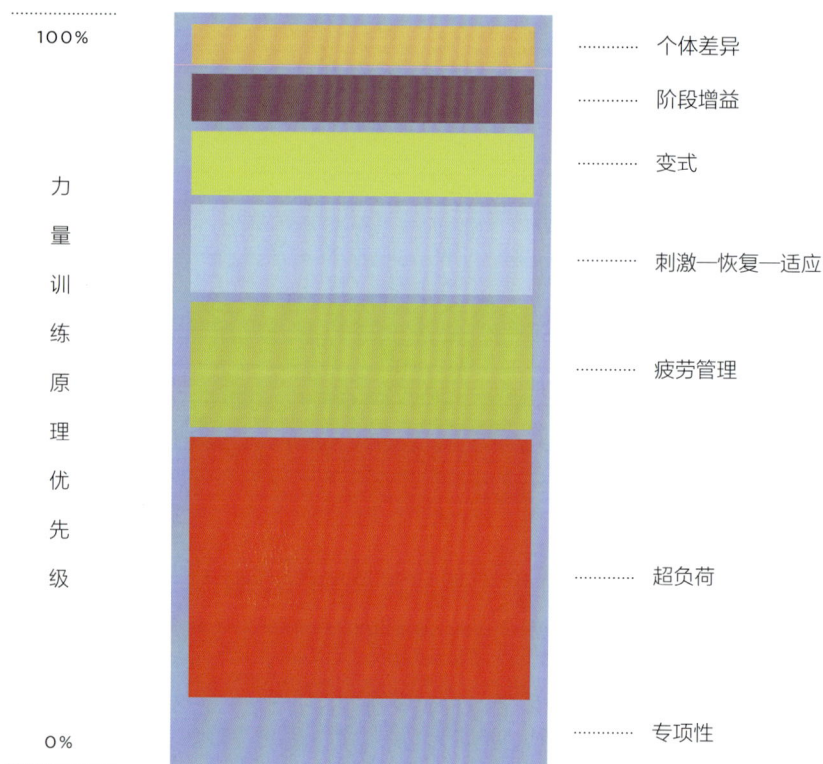

100%

力量训练原理优先级

········· 个体差异

········· 阶段增益

········· 变式

········· 刺激—恢复—适应

········· 疲劳管理

··········· 超负荷

··········· 专项性

0%

下面介绍原理的每一章的行文结构大致如下。

（1）该原理在运动科学领域的定义。

（2）该原理在力量举领域的定义及拓展。

（3）解释该原理排名的原因，并与其他原理进行比较。

（4）讲解和示范如何合理运用该原理。

（5）实例讲解该原理应用不足的后果。

（6）实例讲解该原理过度应用的后果。

（7）总结该原理与力量举的关系。

（8）参考资料与拓展阅读。

第三章

原理1：专项性

科学定义

专项性原理是力量训练里最重要的原理，其科学定义也是最直接明确的。确切来说，专项性指训练应当让负责该项运动任务的基础系统产生负荷，从而刺激该系统。也就是说，专项训练是训练负责完成目标动作的系统，可以是训练需要募集的肌肉，可以是训练需要调动的神经系统，也可以是训练动作本身。专项性的定义很广，我们会在下文中详细讨论。

在力量举领域的定义

在力量举领域，专项性的定义是"针对能提高力量举成绩的系统所进行的训练"，其范围从广到狭而有所变化。广义的专项性是指任何能够增加发力肌肉体积的训练，狭义的专项性是指能够提高这些发力肌肉基础力量的训练，而最具体的定义就是能够改善实际比赛中动作执行与提高运动成绩的训练。

肌肉体积这个大分支可以再分成不同的小分支，比如力量举分支或健美分支，但它们各自仍然具有力量举或健美共有的专项性。沿此路径再往下分，就可能是专门练上胸或练下胸的具体训练实践。但是耐力却是另一个分支，虽然它和肌肉体积来源相同——身体的总体健康状况。耐力和健美、力量举并不在同一个分支上。如果你进行的耐力训练越多，你就离力量举和健美越远。

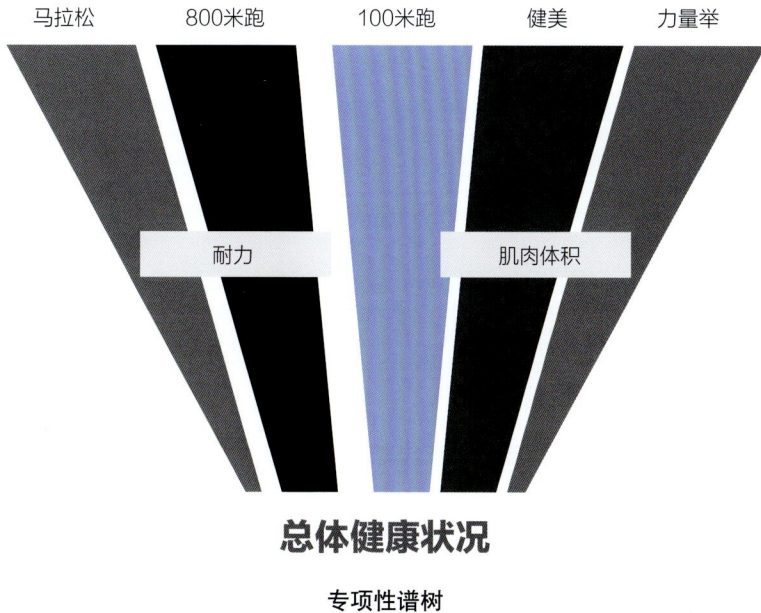

| 马拉松 | 800米跑 | 100米跑 | 健美 | 力量举 |

耐力　　　　　　　　肌肉体积

总体健康状况

专项性谱树

从上图可以看出，力量举和健美训练者都可以从增肌训练中受益，因为肌肉体积这个分支最终同时指向了这两种运动。肌肉体积这个概念范围的宽窄决定了增肌训练是否仅是力量举这一项运动的专项训练。专项性是一个范围的概念（可以把它理解成一张树状图），所以会有各种各样的分支训练，有一些训练对力量举的专项性较低，只能对提高力量举成绩起一点点作用，或者根本就没用。每周做好几次柔韧性训练不会影响力量举成绩，但对力量举训练也没太大好处，只是沾点边罢了。有很多的训练模式与力量举专项无关，有些甚至会起反作用，最好的例子就是耐力训练。

我们可以按专项性原理来假设一个系统，将力量举的训练分成 4 类。

（1）能够根据专项特点，针对性地提高力量举成绩的训练（大重量三项训练）。

（2）大体上能够提高力量举成绩的训练（增肌与增力训练）。

（3）与提高力量举成绩沾边的训练（高阶活动度训练）。

（4）无关甚至是损害力量举成绩的训练（耐力训练）。

这告诉我们，专项性的定义范围会从广泛到狭窄，甚至还会出现负向的专项性训练。举例来说，狭义的专项性训练有卧推技术训练，广义的专项性训练有胸肌增肌训练，负向的专项性训练有会导致力量下降的超量耐力训练。这引出了专项性两个子原理中的第一条——训练模式的兼容性。

子原理一：训练模式的兼容性

专项性的第一个子原理是训练模式的兼容性。在对力量举训练的研究中，人们发现有的训练形式能极大地提高成绩，有的效果没那么好，有的根本没作用，有的甚至会起反作用。根据训练的实际作用来设计训练计划对提高训练者的成绩至关重要。除此之外，有些训练模式之间更能够相互兼容。某种模式的训练可以帮助训练者达成多种训练目标。比如，通过举重训练让运动员增加的力量也可以让他在游泳时更有力量。在兼容性的另一端，有些训练模式虽然能改进运动员某方面的能力，但也会损害某些特定的运动表现，比如让马拉松训练者增肌太多就会降低他的力量与体重比，最终导致他跑得更慢。

训练模式的兼容性对运动项目的影响是很有趣的话题，可拓展的地方很多，但详细分析每种运动将超出本书的讨论范围。接下来，我们会集中讨论力量举中最常见的训练模式之间的兼容性。

力量训练于其他训练模式之间的兼容性由低到高排列如下。

· 力量训练与耐力训练
· 力量训练与活动度训练
· 力量训练与爆发力训练
· 力量训练与增肌训练
· 基础力量训练与专项力量训练

我们会依次讨论这些训练模式，探索它们之间的兼容性与冲突，从而帮助我们更好地制订计划。

力量训练与耐力训练

除低强度有氧运动之外，在多数情况下，耐力训练会极大地阻碍力量训练。为提高耐力而进行的刻苦训练会干扰许多与力量举相关的生理系统。

肌肉流失：耐力训练会分解肌肉组织，所以训练者如果长期进行高强度的耐力训练会极大地增加肌肉流失的风险。肌肉量下降会导致能够产生力量的收缩性组织减少，继而影响训练者的力量输出。

疲劳：所有的训练都会积累疲劳。只积累疲劳却无法提高运动表现的训练是有害的，疲劳会影响训练者的恢复和之后的运动状态。如果你在练力量举的同时还在进行健美训练，尽管这不是最高效的方法，但至少健美练出来的大肌肉能够帮你输出更多的力量，这在一定程度上也能提高你的力量举运动表现。但是耐力训练既不能让你增肌，也不能提高你的力量，但会让你积累大量的疲劳。耐力训练对于力量训练几乎没有任何益处。即使你的体型实在太差了，想通过运动来改善，耐力性运动也不应是你的首选。耐力训练通常是高容量训练，积累的疲劳会非常多。所以力量举训练者即使选择下棋，也比做耐力训练好，因为下棋至少不会积累疲劳。

肌纤维类型改变： 人体骨骼肌纤维包含快肌纤维和慢肌纤维。快肌纤维对力量举更重要，因为接收神经信号之后，快肌纤维的出力速度更快，而且每个单位横截面积的力量更大。不仅如此，与慢肌纤维相比，一般人肌肉中快肌纤维的含量更高，在大重量训练的刺激下，增长速度更快。因此，在身体条件允许的情况下，训练者尽可能提高体内快肌纤维的含量，从而能够让他在更短的时间内提高力量举成绩。如果坚持这么做，随着时间的推移，你会变得越来越强壮。

另一方面，与快肌纤维相比，慢肌纤维在收到神经信号后，收缩速度更慢，单位横截面积的力量更小，一般人体内的慢肌纤维含量也更低。此外，慢肌纤维增粗、变肥大的潜力也更小。所以，从力量举的角度来说，提高快肌纤维含量是更优的选择。

这就引出了我们要讨论的问题，与其他类型的训练相比，耐力训练使肌肉纤维的快、慢肌比例改变的能力是最强的。耐力训练不会改变肌肉纤维的类型，但介于两种肌纤维类型之间的中间纤维（有些甚至会同时具有两种肌纤维的特性）会表现得更加像慢肌纤维。这种类型特征的改变确实是可能发生的，但无论是由快变慢还是由慢变快，都要花数月的时间才会发生。从现实角度来讲，耐力训练会降低人体内快肌纤维的储备，从而影响力量举训练者的运动表现。

神经系统改变： 运动单位指的是运动神经（由脊柱发出，负责支配肌肉）与其所支配的肌肉细胞（纤维）的合称。肌纤维性质的改变会使得整个运动单位发生改变，也就是说运动神经也会为了肌纤维性质改变之后的活动而做出调整和优化。耐力训练不仅会影响局部运动神经，其范围还会延伸到脊柱，甚至是大脑。这种改变会让人更加擅长低强度、持续性的活动，更加不擅长高强度、爆发性的活动。耐力训练导致的大脑和神经系统的改变会深刻影响力量举的运动表现。

因为会导致疲劳积累、肌肉功能和神经功能的改变，耐力训练对力量举来说基本上是百害而无一利，因此力量举训练者要尽可能减少耐力训练，这样才能使自己力量举训练的效果最大化。当然，如果你有自己的理由，或者你还从事其他运动，那么在做出权衡之后，当然也可以安排耐力训练。但这是一种权衡之后的选择。耐力训练可以和其他一些运动同时进行，但最好不要与举重或力量举一起进行，这对力量举专项训练没有好处。

力量训练与活动度训练

活动度是指单个或多个关节的活动范围。举个例子，肱二头肌弯举时肘关节的活动范围是单关节活动度，完成硬拉动作所涉及到的多个关节的活动范围就是多关节活动度。活动度有 4 个基本因素。

肌肉活动度： 肌腹长度、肌肉在安全范围内的延展性以及最大拉伸长度。肌肉活动度受到肌肉组织本身以及神经系统的限制。

结缔组织活动度： 筋膜和连接肌腹、肌腱、韧带的结缔组织在安全范围内的延展性。

关节活动度： 关节运动时所通过的运动弧或转动的角度。关节结构的位置和形状（比如股骨头的形状、膝盖半月板的厚度）在某种情况下决定了该关节的活动度。

邻近组织的影响： 在某些情况下，肢体会碰触到身体邻近的其他部位继而限制了其活动度。例如，无论你做深蹲时能蹲多低，当你的腘绳肌和小腿碰到一起时，就没法继续往下蹲了，这种干扰对肌肉发达的训练者来说尤为明显。

力量举中所需要的活动度可以通过以下三种方式来进行训练。

· 进行力量举常规关节活动度（Range of Motion, ROM）的训练，比如深蹲、卧推、硬拉等。

· 进行力量举超常规关节活动度的训练，比如"高杠早安"、水牛杆卧推、超程硬拉等。

· 进行专门用于增加活动度的拉伸训练。

前两种方法对力量举训练没有负面影响，但有明确证据表明拉伸训练（尤其是经常性、高强度的训练）会积累疲劳，干扰力量适应。如果你的活动度很差，使你在训练过程中产生了安全的隐患，或导致你无法完全发挥实力，而且上面提到的前两种方法已经无法提供有效的帮助了，那么我们可以妥协一下，额外安排一些专门用于增加活动度的拉伸训练，这对整体训练效果还是有益的。但是如果你的活动度变得超过完成力量举常规动作行程所需要的程度，反而有可能干扰你的最佳适应速度。

超出需求的活动度训练还会导致另外两个问题：第一，极端的活动度会影响

关节安全，有研究表明，超灵活以及欠缺灵活度的关节受伤概率更高。不仅如此，极端的活动度会降低在动作底部时的组织紧绷程度（比如深蹲到底部的反弹），从而影响伸展—收缩循环（Stretch-Shortening Cycle, SSC）的效果，这就在一定程度上降低了训练者的力量表现。第二，有足够的证据表明活动度训练会暂时降低力量和爆发力的输出（短期的影响，大概持续几分钟到几个小时）。所以，如果活动度训练结束之后紧接着进行力量举训练，那么力量举训练一定会大受影响。因此，我们建议在完成力量训练后再进行活动度训练，或者两种训练的间隔时间延长一些。

因此，我们尝试性地总结出以下的活动度训练方案。

· 保质保量地完成常规的力量举训练动作。

· 定期进行超常规关节活动度的力量举训练动作的训练，尤其是当你感觉活动度有问题时。

· 如果前两种方法不够，就额外安排一些增加活动度的拉伸训练，从而提高力量举专项所需的活动度，但拉伸训练与力量训练之间的间隔时间要长一些。

· 保证必须的基础活动度就

行，力量并不会因为你的活动度特别好而额外增加。

力量训练与爆发力训练

力量指的是输出力的能力。爆发力是指在短时间做出最大功的能力。力量训练与爆发力训练的兼容性比上面两种情况好，但我们仍然能在其中找到一些的问题。

爆发力训练也需要时间和精力，我们可以将这部分时间和精力放在更有益于力量举的事情上来，比如安排更多的力量训练、恢复时间和增肌训练等。爆发力本身对力量举的帮助也不大，在大重量的力量举训练中，动作完成速度是很慢的，爆发力对其基本没有影响，力量输出才是决定性因素。增强完成动作时的意志力对力量举训练很重要（比如挺过粘滞点），这时使用的负荷与力量训练中所使用的负荷通常是一致的。但爆发力专项训练使用的重量通常在30%1RM左右，这比力量举比赛中使用的重量强度要低很多，所以对力量举的专项性也比较低。

爆发力输出受疲劳的影响非常大，所以在相对低容量的训练时更容易输出爆发力。即使是轻微的训练容量的增加也会导致肌纤维的类型向慢肌转化，同时还会造成神经疲劳，从而降低爆发力输出。但是力量训练需要中等容量（明显要比爆发力训练的容量高），增肌时更是要使用高容量训练。因此爆发力训练所采取的训练容量对提升力量的效果并不好，长期进行爆发力训练还会影响增肌，这更是与力量举训练不兼容。有趣的是力量的英文是Strength，Power是爆发力的意思，但"力量举"的英文却是Powerlifting，而不是Strengthlifting。

力量训练与爆发力训练确实会相互影响，如果你只想提高力量举成绩，那就需要舍弃一部分爆发力训练，把更多的精力放在增肌和增力训练上。我们会推荐某些项目的运动员同时训练力量与爆发力，但是力量举不属于这些项目。

力量训练与增肌训练

增加肌肉量可以增强肌肉的收缩能力，继而直接增强力量输出，但是增肌训练仍然会影响（微小的程度，但仍值得注意）力量举成绩，其主要体现在以下方面：

通常来说，增肌效果好的训练容量会很高，这会导致惊人的疲劳积累，让肌纤维的类型发生转变，干扰神经系统的功能，最终让训练者疲于应对超负荷训练，影响其力量举成绩。增肌训练对力量举训练者的帮助很大，但效果的显现有一定的延迟性。增肌训练结束之后，训练者通常会降低容量，在低疲劳的情况下进行增力训练，此时增肌训练的优点才会显现出来。

过度训练与力量举专项无关的肌肉会干扰力量举的训练。肱二头肌、内侧三角肌和小腿的训练对力量举很有帮助，但过度训练这些部位的肌肉会积累大量疲劳，反而得不偿失。肩膀外翻看起来确实很帅，这对健美运动很重要，但却基本无法提高力量训练者的力量水平。过度训练与力量举无关的肌肉，不仅不会有助于力量举，而且还会积累疲劳，浪费宝贵的训练和恢复时间。

力量举训练者当然可以力型兼备，而且主要肌群之间保持平衡可以预防损伤。但在增力和冲刺阶段进行增肌训练就没什么作用了，甚至还会影响训练者的最终成绩。补充一点，如果你的训练周期拉得很长，在增力和冲刺阶段进行增肌训练的坏处就显得没那么大了，但这么做依然可能会影响你的最佳表现。

基础力量训练与专项力量训练

基础力量训练与专项力量训练是目前来说互相干扰最小的两种训练模式。基础力量指的是使用身体肌肉组织来发力的基础能力，而专项力量指的是在单次特定动作中，比如深蹲、卧推、硬拉，身体输出力量的能力。

一个能很好说明两者之间区别的例子就是超大重量哑铃卧推与竞赛卧推。有些训练者更擅长哑铃卧推，或者器械卧推、窄推、地板推等，但这些都不能以准确的算法来转化为训练者 1RM 竞赛卧推时的表现；或者有些训练者做 5RM 卧推时能使用的重量非常大，但却不擅长 1RM 卧推的重量。

通常，这里还涉及一些技术问题。在极限重量下，好的技术给训练者带来的帮助非常大，而不当的技术会严重阻碍训练者的运动表现。更深入一点来讲，接近你负重极限的重量（1RM）会让你的技术趋近于崩溃（无法保持技术）。所以，有的运动员即便基础力量水平很高，但如果技术很差，也无法在专项动作中发挥出良好的专项力量。

还要补充一点，训练者在低容量、低疲劳的状态下才能输出自己最大的专项力量，而力量训练最好采用中等容量。因此，想要同时表现出最佳的基础力量和专项力量，基本是不大可能的，但这之间的差距并不大。

训练模式具有兼容性的意思不是说所有以 1RM 为目标的训练都是好的，也不是说所有不以 1RM 为目标的训练都是不好的，这与专项性有关。专项训练确实能够提高专项成绩，但是其他更广泛的训练模式也可以提高专项成绩，比如基础力量与增肌训练，只要运动员产生了这样的需求，我们就可以在合适的时间采用这样的训练模式。但是有一些专项性不高的训练模式（比如活动度训练）对力量举既没好处也没坏处，就需要你特殊地对待、谨慎地进行。还有一些专项性较高的训练（比如耐力训练），如果与你正在进行的训练兼容性不高，就需要尽可能地避免。

子原理二：定向适应

专项性的第二个子原理是定向适应。这个概念在关于力量举训练的讨论中很少被提到，但其实它对制订力量举训练计划很重要。

定向适应的定义在很大程度上依赖于专项性的定义。具体来说，专项性是指如果你想要提高一个系统的能力，你就需要对这个系统或其基础系统施加压力。而定向适应的意思是我们所施加的这些压力需要按照特定的顺序来安排。作为专项性的子原理，定向适应需要我们按顺序、持续性地来施加压力，提供专项刺激，这样才能最大限度地提高运动表现。

在这里，顺序指的是训练刺激要以特定的次序来安排，并且要有时间的限定，而不是随机安排训练。举个例子，如果你想提高每组重复 5 次的深蹲能力，我建议你最好每周都安排几次每组深蹲 5 次的特定训练，而不是每 3 周甚至 6 周才做一下每组重复 5 次的深蹲训练。

定向适应与生理学息息相关。首先，人体系统的适应能力是有限的，尤其是经过严格训练的人体系统。其次，虽然每一次训练都能带来微小的适应，但在训练刺激停止后，这些训练适应能持续的时间却取决于训练安排的顺序和强度。所以，人体系统的适应能力有上限（必要的时候需要放弃某项适应来达成另一个专项性更高的适应），以特定顺序安排且强度合理的训练得到的训练适应保持的时间最长、效果最好。

举个例子，如果你的目标是完成每组 5 次的深蹲，你需要达成一系列的适应，包括神经、肌肉和结缔组织等方面，从而帮助你实现目标。根据专项性原理，直接安排每组 5 次的深蹲训练是比较好的方法。但我们假设你不仅想提高每组 5 次的深蹲能力，还想提高每组重复蹲 15 次的能力，这时每组深蹲训练所安排的动作次数就应该在这两个次数之间。然而，由于定向适应的第一个局限（人体有限的适应能力），每组 5~15 次的深蹲训练对于想要提高 5 次 1 组深蹲的运动表现来说，肯定不如全部都安排每组 5 次深蹲训练的效果好。本来只需要向着每组 5 次来适应的人体，又有了另外一个适应方向——每组深蹲 15 次。为了向每组深蹲 15 次的适应转变，一些人体系统，比如肌纤维和 / 或神经系统等，势必会产生相应的变化，这就会影响每组深蹲 5 次的适应。除此之外，由于定向适应的第二个局限（训练安排顺序），如果你每一次都安排每组 15 次的深蹲训练，那么你之前每组 5 次的深蹲训练所带来的适应就会倒退，并朝着每组 15 次的适应方向转化。训练刺激因此而缺少持续性，导致训练者无法巩固训练效果，每组 5 次的训练适应在日后无法得到很好的维持。

以上只是举了一个简单的例子，实际的力量举训练要复杂得多。我们见过不少这样的训练计划，它们在一周内同时安排了每组重复 5 次的训练、大重量复合组训练和每组重复 20 多次的递减组训练。其实每一种方法都有各自的好处，但是因为定向适应的关系，如果简单地把它们全部加起来使用，就只剩下坏处了。这样做的结果就是运动员的身体产生了各种各样的适应，但是每一种都不突出，也就是俗话说的"博而不专"。不仅如此，一旦我们想将目光集中在一个更明确的目标时（比如提高每组重复 5 次的运动表现），在综合训练阶段（进行每组重复 3 次的训练来促进神经适应、进行每组重复 20 次的训练来促进增肌适应）获得的训练适应会更容易消退。

在后文里，我们会讨论阶段增益，那时我们会提出更好的方法来利用定向适应原理，从而帮助训练者制订更精密的计划。在增肌阶段，我们会安排一系列特定的训练，并且使整个计划的时间足够长（1~N 个月），从而尽可能地维持训练适应。在基础增力阶段，我们会安排与增肌阶段不同的训练刺激，利用增肌期获得的肌肉，强化训练者的力量表现。在比赛之前，也就是冲刺期，我们会巩固训练者在增力期获得的力量，让训练者做好准备，迎接最大的负重试举。我们使用多种训练方法来提高训练者的力量举成绩。这些训练方法经过精密安排，能够同时提高训练者多方面的素质，并且不违反定向适应原理。

训练原理重要性排序

我们根据每条原理对力量举训练的重要性和对整体计划安排的影响程度来给 7 条训练原理排序。其中专项性排第一，这是毫无争议的，因为它优先于其他的训练原理。假设一个计划以超负荷为主，那么训练者可能需要每周跑几百千米；一个计划如果以阶段增益为主，那么它可能会从基础有氧阶段快速过渡到比赛阶段；一个计划如果以疲劳管理为主，那么它可能天天都是进行轻复合跑步和单车训练。但是，这些训练计划不会让你的力量举产生一点点的进步！因为这些是"铁人三项"的专项计划。所以我们说专项性优先于其他的训练原理，只有在保证专项性的基础上，帮助训练者提高与某项运动相关的各方面的素质，才能提高其在某项运动中的成绩。力量举也是如此。我们会在本章后面讨论专项性应用不足的例子。在训练计划中，专项性的应用不足是非常严重的错误，影响着计划设计和训练者进步。

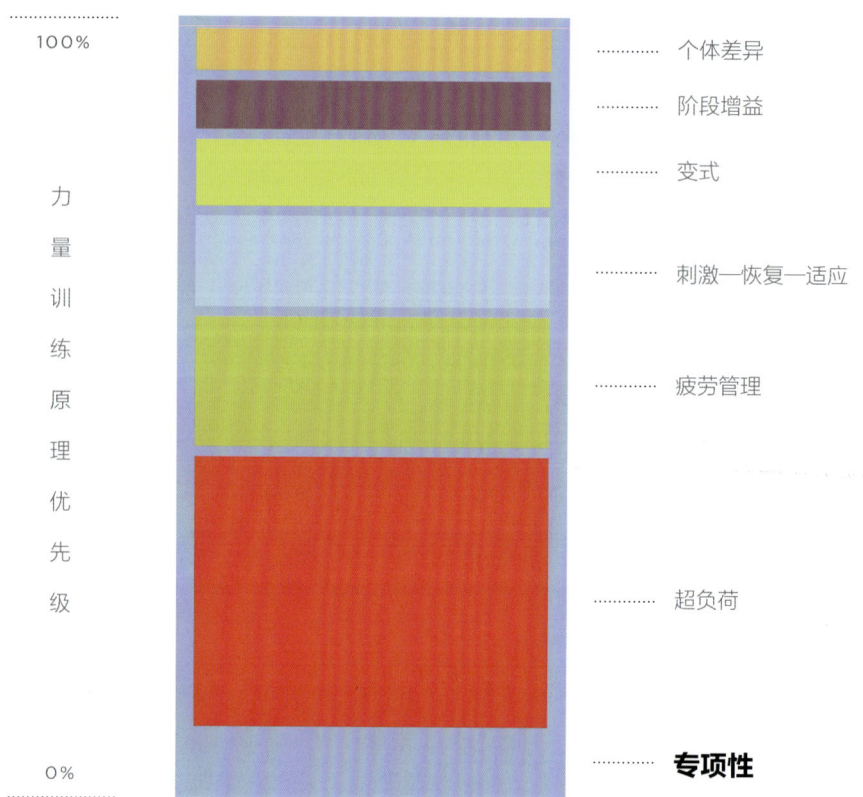

专项性原理的正确应用

比赛前的动作选择

由于变式原理的好处（我们会在第七章详细讨论），在一个训练大循环内，不是每一个中循环都需要安排竞赛动作。但是，随着比赛日期临近，安排的训练动作必须要越来越接近竞赛动作。这样做有2个原因，我们会在接下来的内容中一一解释。但因为变式原理，我们不会在一个大循环内的每个中循环都安排竞赛动作，所以"每次都要练竞赛动作"在我们这里也不是最佳方案。我们将在第七章讲解变式的时候，详细讨论每次都练竞赛动作的优缺点。

不是每次训练都要安排竞赛动作，但是随着比赛日期临近，安排的训练动作必须要越来越接近竞赛动作，以下是2条主要原因。

1. 肌肉与结缔组织适应

在试举极限重量的时候，杠铃的重量会由人体精密地分布在各个肌肉上，同时还有肌腱、骨头和韧带参与承重。在刚开始一个新大循环训练的时候，我们会设定一系列的目标（如用前蹲、腿举来强化股四头肌，改善深蹲的力线），但在比赛日时，测试的却是训练者的力量输出能力和结缔组织承重的能力。通过训练，人体会以一种精密的方式发展自身的承重能力。研究发现，经过数周的训练，即使训练者的肌肉量没有增加，其肌腱和肌肉的超微结构（肌腱中胶原蛋白排列和肌肉羽状角）也会根据专项动作而改变。变式训练能够使训练者的力量输出能力和人体承重能力在一个较长的时间范围内得到优化，但这种能力的提升通常会出现在训练数月之后，而如果想在短期（数周）内强化这两种能力，直接训练竞赛动作是最好的方法。因此，随着比赛日期的临近，尤其是在冲刺期（赛前最后一个中周期），我们要把训练动作逐渐调整为竞赛动作，从而优化人体适应。

随着比赛日期的临近，我们不仅要把训练的主要内容逐渐调整为比赛动作，辅助动作也应该越来越具有专项性。但为了保证辅助动作不过分干扰专项动作，我们需要在赛前调整辅助动作，从而能够更好地在短期内（冲刺期）将训练适应转化为比赛成绩。举个例子，在非赛季，"碎颅者"和过顶臂屈伸这两个动作锻炼肱三头肌的效果都很好；但是随着比赛日期的临近，我们更推荐窄距卧推和肩推，因为这两个动作与竞赛动作的角度更相似，募集的相同肌肉更多。赛前的辅助动作越接近比赛动作，在短期内就越容易转化为比赛成绩。

2. 神经适应

肌肉收缩需要神经发出信号。竞赛动作和辅助动作对于神经系统的不同影响可以从 3 个方面来讲。

运动单位： 在局部区域，对于竞赛动作和辅助动作来说，神经系统的工作方式大致相同，但仍有一些区别。举个例子，无论是卧推中的肱三头肌收缩，还是"碎颅者"中的肱三头肌收缩，每个被激活的运动单位的工作方式都是完全一样。但是，两个训练动作在肱三头肌上激活的运动单位不是完全一样的。卧推时，肱三头肌上有一部分运动单位没有激活，但在做"碎颅者"时被激活了。反之亦然。

肌肉： 竞赛动作和辅助动作对于神经系统的不同影响不仅体现在运动单位上，在肌肉方面也有所区别。比如胸肌对卧推的作用很大，对"碎颅者"的作用却一般。

动作： 不同的动作会募集不同的肌群，并且募集肌肉的时机、发力时长和收缩力量也都不相同，这会导致在不同动作下，神经系统的活动不同。窄距卧推和满握竞赛卧推的动作模式基本一致，而且募集的运动单位和肌肉发力模式也比较类似，但是运动单位的募集顺序和肌肉激活度也会有所不同。甚至即使是训练同一个动作，如果训练者使用了不同的技术，神经系统的活动差异也会很大。赛前我们不仅要调整训练者运动单位和肌群的神经功能，还要调整大脑功能，从而提高训练者的成绩。

力量举作为专项运动，在一定程度上确实需要追求极致的技术。不管你在备赛早期练了何种动作，为了在比赛中发挥出最佳实力，一定需要安排与规定比赛动作相应的技术训练。

现在我们从现实的角度来看看，如果赛前几周不练竞赛动作会造成什么后果。

（1）结缔组织受伤概率增高，因为它们不适应竞赛专项动作的力线（尤其是比赛中冲刺最大力量的时候）。

（2）力量输出能力较差，直接参加比赛会导致身体无法完全利用增肌期获得的肌肉，神经系统与肌肉的羽状角也未对竞赛动作进行相适应的调整和优化。

（3）试举时容易出现技术失误（比如硬拉时臀先起），因为赛前没有进行相应的技术训练。

我们说的这些后果都是前人在实践经历中所遭受过的。在 21 世纪早期，有许多训练者（多数来自西部杠铃）有一种"骄傲"，他们会在赛前什么动作都练，却唯独不练硬拉，在比赛中的硬拉热身是他们自备赛期以来的第一次硬拉。硬拉带来的疲劳感确实是非常高的（我们会在第五章详细剖析），但通过完全不做硬拉训练来规避疲劳积累并不是最佳的选择。总之，简单来讲，随着比赛日的到来，你的训练需要越来越接近竞赛动作。

大循环下的辅助动作

专项性在竞赛动作的训练中会非常明显的体现，但在涉及没有包含竞赛动作的训练时，我们也应该有意识地将专项性合理地运用到其中。在利用专项性来安排辅助动作时，我们通常会遇到两方面的限制。

1. 大局观

无论你做什么样的辅助练习，最终目的都是为了提高你的力量举成绩。除了活动度训练、技术训练、伤病管理（这确实也算是一种辅助手段，但通常不把它当作一种直接的体育训练），其他所有力量举辅助训练的目标，除了提高力量举成绩之外，都只能聚焦在两个方面：增加肌肉量和强化动作力量。

肌肉量：当你做增肌训练时，请确保你训练的肌肉真的是需要被强化的。如果你的目标是强化三角肌中束，而辅助动作却安排了大量的小腿训练，那就违反了专项性原理，因为这些辅助训练对实现你目标的作用并不大。刺激、恢复、适应的资源是有限的，训练某些部位的肌肉就意味着你会错过另外一些部位的训练，或者影响到它们的恢复。你应该去训练那些对竞赛动作最有效的肌肉，而不是那些对你的目标帮助并不大的肌肉。通常，对这些肌肉所做的辅助训练没有什么特别助益。有些关于辅助训练的传闻是毫无信服力的。例如，三角肌后束确实对卧推有所帮助，但与胸肌的作用相比呢？所以胸肌的优先级一定高于三角肌后束。

动作力量： 就像肌肉量一样，动作力量的训练也需要制定优先级。如果你在硬拉时，从地面启动的速度非常快，但在动作过程中逐渐开始驼背，那你就需要提高背部力量，而不是增加深蹲训练。寻找自己的弱点，然后选择合适的动作，这对高阶训练者来说尤为重要，我们会在后文详细解答这个问题。但弱势部位训练太多也可能产生问题，因为恢复速度会跟不上。我们会在第五章详细解析最大可恢复容量的概念，教你选择合适的训练容量。无论如何，辅助动作不应该随便安排，它需要更直接的有助于提高训练者的动作力量或者与这些训练动作相关的肌肉。这种避免随意安排辅助训练的需要就引出了辅助训练的第二个限制因素：避免非定向训练。

2. 避免非定向训练

所有不能促进专项适应的训练都是一种浪费，原因是与其做无用功，不如休息，或者安排更具专项性的训练。除了一些特殊的考量外，如果辅助训练无法增加力量举相关部位的肌肉量或强化相关动作的力量，那么这些训练可能就是没用的，甚至是一种浪费，以下这些便是例子。

- 小腿训练、高次数腹肌训练、肱二头肌训练。
- 过度的背部训练（有时可能是有用的）。
- 各种类型的有氧锻炼。
- 各种瑜伽、普拉提和活动度训练。

简单来说，如果你对自己做这个训练的原因还不明确，这就不是一个好兆头！

学习与训练适当的技术

除了一些荒谬的力量比赛，力量举的评判标准是非常清晰明确的。专业的力量举协会在比赛判罚的标准上会保持高度统一。我们的日常训练最终需要转化为比赛成绩，所以我们的训练需要和竞赛动作保持一致或接近。

助力带可以帮助提高硬拉的重量、组数和次数，暂停式卧推也许可以强化某些训练者的肩部力量。诸如此类的训练调整在非赛季时使用是可以的，但随着比赛日期临近，尤其是赛前一个月的训练，我们的训练动作必须要和竞赛动作保持完全一致。赛前一个月开始使用规范的竞赛动作来训练是比较恰当的时机，赛前一周才开始就太晚了，因为那个时候如果训练强度太高，就很难在比赛中较好地应用竞赛技术，所以在冲刺期一开始就切换为竞赛动作是比较合适的。

有一个经典的例子可以用来说明，太晚开始竞赛动作的训练会带来许多困难。一位训练者按照教练的要求，在比赛前的两三周一直进行弹力卧推训练，这是教练基于训练者弹力卧推的 1RM 所制定的每组 3 次的训练。但在比赛的前几天，教练却突然要求训练者停止弹力卧推，改为和竞赛动作一致的训练，即杠铃触胸停稳再推起。训练者一下子乱了阵脚，并且很可能无法完成训练，因为竞赛标准卧推可比弹力卧推难多了。这样错误的训练计划会打乱训练者的训练节奏，影响训练者的心态。如果在赛前才突然将训练动作调整为竞赛动作，不仅会降低训练者的训练重量，而且执行两种动作所需要的技术也有区别。从弹力卧推改为竞赛标准卧推、从砸地反弹硬拉改为竞赛标准硬拉，都需要花几周的时间来仔细地调整技术，训练者在这个过程中会觉得动作陌生、别扭。而在赛前冲刺期，训练者的训练重量非常大，这时候最需要避免的就是让训练者觉得动作陌生和不适应。

总结一下，我们需要学习适当的技术，日复一日地训练它，特别是在赛前的几个月，这样才能在比赛中发挥出最佳水平。

专项性原理应用不足

专项性原理是力量举训练中最重要的原理，为了提高训练的效率，我们需要将专项性原理恰当地应用在计划中，避免过度应用或者应用不足。在本书中，我们会专门讨论专项性的应用不足和过度应用，以及导致的不良后果。接下来我们首先讨论制订力量举计划时 3 个常见的专项性应用不足的例子。

使用与力量举不兼容的训练模式

由于训练模式的兼容性和定向适应这两个原因，并且身体从训练中恢复和适应的能力也是有限的，所以，所有的外部训练（指非力量举专项训练）都有可能干扰力量举训练，影响运动员的进步。各种外部训练形式对力量举训练的干扰是不同的，有些较高，有些较低。

判断外部训练对力量举干扰程度的 4 个主要指标如下。

（1）外部训练的容量。

（2）外部训练的影响 / 阻碍。

（3）外部训练的运动模式。

（4）外部训练的时机。

外部训练的容量越高，就越会对训练者进行力量举训练时的能量水平和训练后的恢复造成影响（继而降低训练成果）。除了力量举训练外，如果你每周还打 2 次网球，每次 1 个小时，这其实对你的力量举训练没造成什么干扰。但如果你每周打 6 次网球，每次都持续 2 个小时，这就很可能对力量举训练有害了。

外部训练对训练者生理系统的干扰程度也是重要的指标。如果除了力量举训练之外，训练者每周还额外进行 6 个小时温和的瑜伽练习，这只会对你的生理系统增加一些的压力，并不会让你的身体出现磕碰、瘀血，或者伤病。但是如果你还喜欢综合格斗（MMA）或者巴西柔术（BJJ），那么它们的训练强度、对人体造成的干扰，以及在运动中可能造成的伤害，你都需要慎重考虑。

外部训练的运动模式是非常重要的指标，此前我们在讨论训练模式的兼容性（作为专项性的子原理）时，就已经详细讨论了这个问题。与健美相比，马拉松训练对力量举训练的干扰更大，因为从生物化学、肌肉和神经层面来说，马拉松训练对力量举训练的阻碍更大。

尽管较少被关注，但外部训练的时机也会影响它对力量举训练的干扰程度。我们从两个角度来讨论训练时机：在训练日 / 训练周内，外部训练与力量举训练的接近程度，以及在一个力量举大循环内，外部训练的参与时机。为了减少外部训练的干扰，将它与力量举训练之间的时间间隔安排得越长越好，这也有助于提高每次力量举训练的效果，并且促进训练者的恢复和适应。举个例子，训练者早上踢足球，然后到晚上再进行力量举训练，要比 2 个项目紧接着练要好。以周为单位来算的话，比较好的安排是在周六、日练综合格斗、巴西柔术等，周二至周五练力量举，这样当你进行力量举训练时，身体已经能较好地从外部训练中恢复过来。长期来看，在一个大周期内，越接近比赛日，训练计划中的专项性要越强。也就是说，如果你必须要做外部训练，但又想力量举训练的效果最大化，我们建议在大周期的前期多做外部训练，而随着力量举计划的推进，不断降低外部训练的占比，将目标更加集中在力量举的训练、恢复和适应上。

苏联的一些力量训练者如果被选入举重项目的奥林匹克国家队，他们就需要接受这么一条明确规定：禁止参与任何可能会影响举重成绩的身体活动。教练们常用

的做法就是在一年的大多数时间内，将训练者带到集训营训练，让他们没有机会去参与任何外部训练与活动。但如今，多数人只是将力量举作为爱好，而不是职业，所以让训练者严格避免所有的外部活动是不太可能的。其实，也没有这个必要，只要这些外部活动能够充实生活，增加乐趣，就是值得的。但是，根据自己想要在力量举这项运动中取得的成绩，爱好者们可以根据以上的 4 个指标来决定选择何种外部训练，决定外部训练的活动量和参与时机，衡量力量举训练与外部训练的效果，从而更有效地提高力量举成绩。训练者不应该迷迷糊糊地参与外部训练，浪费自己的精力，或者在罪恶感中进行外部训练。

使用非专项性基础体能储备训练

许多知名力量举训练体系都详细解释了基础体能储备（General Physical Preparedness，GPP）的作用，并大力推崇它。基础体能储备主要是帮助训练者保持足够好的体型，从而能够在接下来的专项训练中获得最大化的效果。

而对于基础力量举训练，也被称为专项体能训练（Special Physical Preparedness，SSP），业界基本上已经达成了共识。许多 GPP 的训练方法都非常流行，但是也存在一些 GPP 训练在一定程度上违反了专项性原理。GPP 训练的整体目标是提高运动员专项训练的效果。对于力量举来说，GPP 训练就是提高训练者的肌肉量，为提高力量打下基础，并且提高训练者对 SPP 训练的恢复和适应能力。以当代周期化理论的视角来看，GPP 训练属于增肌期，在此阶段，力量训练者会提高目标肌群的训练容量和每组训练重复的次数（通常是每组重复 6~10 次），为增力期（SPP 训练阶段）做好肌肉量基础与训练能力的准备。力量举训练的专项性，以及想打下牢固训练基础等原因，训练者在 GPP 训练阶段应选择专项性非常高的动作，可以只改变竞赛动作的一些变量（如选择前蹲、窄距卧推、超程硬拉等），这些动作的训练对训练者后期成绩的提升有很高的迁移性。

如果力量举的 GPP 训练目的是增肌和提高专项能力，那么将 GPP 训练的内容安排为壶铃摇摆或推雪橇训练对力量举又有什么用呢？我们对此的回答是直截了当的，没太大作用。壶铃训练对力量举所需的肌群和动作的专项性都不够，同时此项训练又很难实现超负荷，对力量举动作的迁移性也不高。推雪橇训练通常是用来提高足球和橄榄球运动员某些运动能力的，比如加速能力等，但这是进行足球和橄榄球运动所需要的体能储备，而不是力量举。虽然动作不同，刚开始练也很有趣，但是像壶铃、高强度间歇性训练（HIIT）和推雪橇这些训练模式在力量举的 GPP 训练里没有太高的地位，因为它们对力量举的专项性不高，有很多更具专项性、更高效的动作可以替代它们。不是说力量举很特殊，才排斥这些训练模式的，而是因为每项运动都有其自身的专项性，GPP 训练一直都需要与专项性相结合。还记得我们在本书一开始的树状图吗？GPP 是在树枝上，而不是树干上。

设计计划时没有使用或遵循专项性

专项性应用不足的最后一个例子就是训练者选择了很多训练模式。这些训练模式虽然有时候看起来有用，但实际上极有可能与力量举背道而驰。在制订训练计划时，我们需要挑选训练方法、训练模式和训练动作，这其中的每一样都必须要有依据，而不是随随便便凭着自己的感觉选择。我们至少需要照顾到以下的一个方面：

·肌肉量　　　　　　　　·恢复

·力量　　　　　　　　　·适应

·冲刺　　　　　　　　　·伤病预防

·技术

而且这些方面的训练最终都需要与提高力量举成绩挂钩。比如，肌肉量指的是要提高力量举训练时需要使用的肌肉，而不是每一块肌肉都要练，技术指的是提高力量举技术，而不是其他运动的技术。

举个例子，机动性训练可以帮助训练者更好地掌握训练技术，从而让训练者在进行全程动作训练时更加安全和舒适。但是机动性训练做得太多也会带来问题，额外的机动性训练不会对力量举有任何好处。如果你的目标是练好力量举，那么你计划里的每一项安排都必须有理有据并与力量举直接相关，而不是九转十八弯之后才和力量举沾一点边。简单来说就是，如果你一时无法找到现在的训练和组次安排的依据，那么多数情况下，你现在的训练对力量举的专项性就不会高，我们建议你就不要再使用这个计划了，计划必须是与力量举的专项性密切相关的。

专项性原理过度应用

在上面我们谈到了专项性的应用不足，但其实专项性也可以被过度应用。专项性原理与变式原理在很多方面是相对应的，所以专项性的过度应用可能就是变式的应用不足，反之亦然。我们会在第七章介绍变式原理时详细讨论这个问题，但我们先来介绍几个专项性过度应用的例子。

常年使用"竞赛重量"训练

常年使用"竞赛重量"训练指的是训练者在一整年的训练中每个月、每周都大量安排每组重复 1~3 次的接近极限重量的训练。这个训练模式很有趣，因为它违反了许多基本的训练原理，但这里我们只讲 4 个原因，解释为什么这种训练违反了专项性原理。

1.训练过期

即使一个训练模式有效，但如果长时间只应用同一种训练模式也会降低训练者的适应效率，我们将这种现象称为过期。也就是说，如果你在一段长时间内都使用同一种训练模式，你的训练效率会越来越低，继而变成一种精力的浪费。这就引到了变式原理上，我们会在第七章介绍变式原理的时候详细讲解训练过期的生理原因。因此在某些极端情况下，专项性和变式是互相矛盾的，专项性过度应用也可以称为变式应用不足。

训练变式太少会降低人体对训练刺激的反应，继而降低训练效果。变式可以通过多种形式来实现，包括不同的动作安排、组间休息时间、训练重量和训练组次。例如，仅仅是改变训练组次，其他的安排保持不变，就能让训练进步一直持续下去。因此，长期使用竞赛重量（每组重复 1~3 次的大重量）训练的效果会越来越低，但此时只要将你的组次安排改变一下就又可以继续获得进步了。

训练过期并不是特指长时间使用大重量（每组 1~3 次）训练，只要你的计划都一直使用同一个固定的组次，也会有这个问题。大重量计划之后立刻接上小重量训练周期就可以有效缓解训练过期的问题。也就是说，相比于其他方法，大小重量组合的训练模式是比较有效的变式，能够帮助规避训练过期的问题。

2. 错过增肌训练

力量举训练有一个很重要的部分，那就是训练者不仅需要提高现有肌肉的力量，还需要增肌。除非你刚开始练力量举时就又矮又壮，而且在比赛中你会遇到的对手都是那种又高又瘦的新手，你比他们天生高了几个体重级（至少 5 个），否则，在一般情况下，你都需要调整身体肌肉量的比例，从而让自己变得更有竞争力。通常来说，确实是肌肉量越大，力量的增长空间就越大。

而一直使用我们刚才说的"竞赛重量"训练就会错过增肌期，因为增肌需要的是高容量训练，而非大重量训练。在容量相同的情况下，确实是训练重量越大，增肌效果越好，但是超过 80%1RM 的训练重量会让训练者非常疲劳，你很难在这个强度下坚持训练下去。所以，如果训练者只进行大重量训练，容量就上不去，也就无法保持快速进步。这种训练方式会浪费你作为力量举训练者的潜力，长久如此，你的竞争对手就很有可能把你远远地甩在后面。

那能不能在一次训练中先练大重量，然后再降低重量来提高训练容量，从而同时获得两种训练的好处呢？在一定程度上这是可以的，但前提是你的训练计划要对大重量和高容量有优先级的区分，一个为主，另一个为辅。如果你的训练安排是50% 的时间进行大重量训练，50% 的时间进行高容量训练，那么这两种训练结合起来的效果勉强还行，但是绝对谈不上出色。因为这样的训练结合会降低训练的增肌效果，五五开之中的高容量训练会在两方面影响大重量训练。首先，高容量训练会导致单次训练就大量积累疲劳，训练者很难快速恢复，那么在下一次训练中就很难再使用同样的大重量，同时还会影响到接下来的容量训练。其次，采用大重量训练会让训练者的神经系统适应单次最大发力的方向，降低了增肌期所需的多次数训练的神经适应能力。因此，从专项性原理来看，高容量训练与大重量训练之间是有矛盾的，如果不能处理好两者的关系，最终会导致两种训练都无法产生最好的结果。所以我们还是建议把目光放得长远一点，让每个模块的训练目标都更加明确，我们会在"阶段增益"一章详细讨论这个问题。

3. 错过基础力量训练

长期使用竞赛重量（超大重量）进行训练不仅会影响增肌，它还会造成一个不良后果，并且这个后果是与我们的认知相违背的，那就是这样的训练模式也会影响我们的力量增长。力量增长需要的不仅仅是足够大重量的训练（$\geq 75\%1RM$），同时还需要有足够的训练容量（组数 × 次数 × 重量），只有这样才能最大化地训练适应，提高训练效果。

采用每组 3~5 次的训练（使用更接近 80%1RM 的重量，而不是高于 90% 1RM 的重量）更能使训练者保持进步的速度。这样的计划能使训练更可持续，让重量和容量都有所兼顾。重量太大会积累太多疲劳，影响训练效果，从而无法稳固地打下力量基础。每一次无意义的大重量推举都会积累不必要的疲劳，影响你的能量水平和恢复能力。

4. 过度强调连续短期的备赛能力

常年使用极限重量训练，你或许能在力量举比赛前用几周的时间就调整好备赛状态。你只需要比平时的训练稍微降低点辅助动作的容量，并暂停 1~2 周的大重量训练就可以上场了。似乎你可以通过这种方法来常年保持竞赛状态。但从另一方面来看，细致规划与安排高容量、大重量训练的人却需要数周甚至数月的调整才能进入比赛状态。

这样看来，似乎常年使用竞赛重量进行训练确实也不错。但我相信一定有人会问：在现实的生活中，什么人会只有这么短的备赛时间？或者什么样的狂人会每个月都去打比赛？美国伟大的力量举教练路易·西蒙斯（Louie Simmons）曾经说过，他可以在几周内就让训练者进入比赛状态。但这又如何呢？对于各位读者来说，这世界上有那么多顶级的力量举比赛可以去参加吗？这种连续短期的备赛训练会影响训练者的长足进步。我们的目标是不断突破自己，而不是让自己长期备赛，所以这种连续短期的备赛能力也算不上什么优点。

变式动作太少

就像长期使用固定次数区间的"竞赛重量"训练（每组 1~3 次的大重量训练）会限制变式原理能带来的训练效果一样，太过限制训练计划内动作的选择也会降低计划的效果。因此，使用不同的变式组合会有至少两方面的好处：一方面是变式自

身带来的好处，另一方面是变式可以根据运动员的需求做出调整。

1. 变式自身的好处

过度使用任何一种训练模式都会导致人体的适应停滞，此时我们可以通过引入新的训练模式来解决这个问题。只要新加入的训练模式与其他的训练原理兼容（超负荷、专项性、疲劳管理），这些新动作就可以让训练者继续进步。举例来说，当训练者已经进行了几个中循环的竞赛卧推训练之后，他只要把训练动作换成窄距卧推，就能进一步增肌与增加力量。而当他接着使用了 1~N 个中循环的窄距卧推之后，再换回竞赛卧推，成绩就又可以更进一步。这样的方法在几个小周期内就可以看到效果，因为神经和肌肉会快速适应新动作，并在之前的基础上更进一步。

不仅如此，因为训练者在中间使用了数个中循环的窄距卧推，竞赛卧推也变成了一种新动作，也能够利用变式自身的好处，让训练者持续提高成绩。这种"删除+替换"的模式，即每间隔一段时间换一种训练动作的方法，能让训练者的身体对新的动作产生不适应，从而有效地预防训练者的进步停滞，提高训练效果。

2. 定向变式

训练变式是提高训练效果很好的工具，而且我们可以使用定向变式来进一步发挥变式的作用。运动员先天的遗传基因和后天训练经验存在差异，他们的肌肉、动作与技术的优缺点各不相同。有的运动员深蹲能力很强，原因是他的臀肌和竖脊肌异常强壮，但另一位运动员出色的深蹲能力强可能却是因为他强壮的股四头肌。虽然训练竞赛动作确实会对训练者的弱点进行弥补（例如，假设一位训练者的腘绳肌很强壮、股四头肌弱小，那么他练习深蹲动作肯定会对股四头肌造成更大的刺激，股四头肌的适应速度也会更快，最终有可能会追上腘绳肌），但仍然会有例外。

训练者通常会调整技术来规避弱点。例如，以臀肌发力为主导的训练者深蹲时通常会将屁股往后坐一点，这样的做法并不是生物力学上的最佳状态，但却可以最大化他们的深蹲成绩。而他们之所以这样做，其实是一种对自己臀肌强而股四头肌弱的妥协。持续这么练下去，不仅会降低训练者的进步速度，还会让他们的股四头肌与臀肌的差距越来越大。这个问题对高阶训练者来说非常重要，因为他们的弱点和优势非常明确；而对于初阶和中阶训练者来说，情况又不一样了，因为中级训练者还需要发展力量，新手的主要目标在于各方面一起进步。

还有一个常见的问题：人体运动的动力链中有一些部分比另外的部分能够承受更高的训练量。假设某位训练者的股四头肌每周需要 20000 千克的训练容量来增肌或者增力，但他的下背部只能承受每周 15000 千克的训练容量，如果超过这个量就会快速积累疲劳，大幅度增加受伤的概率。所以，也就是说你的深蹲训练也只能承受 15000 千克的训练容量，除非你不要腰了。

想要解决上面提到的问题，动作变式是必不可少的训练方法。举个例子，如果你的深蹲动作是以腘绳肌为主导，那么我们就把你的竞赛深蹲改为高杠深蹲，这样股四头肌的受力就会更多、刺激更大，并且也能保持腘绳肌不发生退步。如果一个训练者的卧推主要依靠胸肌发力，并且他的"锁定状态"（由骨骼关节代替肌肉承受压力的情况）很严重，我们就会建议他多练窄距卧推，以强化肱三头肌，然后临近正式比赛的时候再换回宽距卧推，这样就能比较好地解决训练者的"锁定"问题了。如果你的背部肌肉弱而腿部肌肉强，进行架上拉训练就可以有效提高背部的训练容量，强化背部，而且因为杠铃不是从地上拉起，也很好地规避了腿部的过度训练。

变式有这么多的好处，所以辅助动作训练在力量举里特别受欢迎，按理说也应该如此。但还是有不同的声音存在。有很多影响力大的训练者和教练极度推崇"坚持基础训练"，即在训练计划中不加入任何变式。他们只推荐别人进行比赛三项动作的训练（深蹲、卧推、硬拉）。尽管一些超级精英运动员和高阶运动员在比赛前只练竞赛三项动作，并且也取得了不错的成绩，但我们仍然坚持认为，如果全年都只进行三项动作训练并不是个好方法。

辅助动作与竞赛动作太相似

使用变式动作的目的是提供直接、有效和全新的训练刺激。因此，变式动作必须要有的放矢，并且产生足够的刺激来增肌和增力。新选择的动作要和竞赛动作有足够的区别，这样它们作为变式才能发挥效果。

执行力量举计划时，常见的一个错误是辅助动作的形式与功能都和竞赛动作太相似了，这样，辅助动作的刺激可能就会不足，也就无法完全发挥它作为变式的优点，以实现辅助动作真正的目的。举个例子，我们为了强化股四头肌会安排前蹲，但此时的前蹲并不是蹲起来就可以了，而是要特意去强化股四头肌。如果你用竞赛动作的方式蹲起来，就会变成身体前倾的"早安前蹲"，这样又会变成了以后链肌群为主导的深蹲，失去了前蹲强化股四头肌的作用。身体前倾的"早安深蹲"与竞赛深蹲相比，除了杠铃位置不一样，从生物力学角度上看基本是一模一样，所以它作为变式是无法提供新的刺激的。在练前蹲的时候，最好的方法应该是身体保持直立，尽量用股四头肌发力。在几个中周期的训练之后，你的股四头肌就会得到强化，继而可以帮助提高竞赛深蹲的成绩。简而言之，要保证辅助动作与竞赛动作的不同，这样才能完全挖掘变式动作的优点。这样的训练既能使训练者直接受益（利用前蹲来强化股四头肌），又能给训练者提供新的刺激（与竞赛动作不同的肌肉激活模式，从而推动进步，防止训练停滞）。

总结

用力量举的行话来说，专项性原理的意思并不是要所有的训练都采取大重量单次的训练，而是说使用的训练最终能够提高力量举专项成绩。换言之，训练要以竞赛动作需要募集的肌肉与肌肉力量为第一优先级。在任何备赛的大循环中，随着比赛日的到来，我们要逐渐以直接的专项性训练（严格竞赛规则下的极限重量试举）为最优先，逐渐降低辅助性训练，比如增肌训练和基础力量训练等。

重点

·专项性是一个范畴，囊括了能够转化成比赛成绩的一切训练。训练的专项性越强，转化为比赛成绩的效果越好。

·力量举训练的专项性需求包括了增肌训练、增力训练、技术训练、备赛冲刺训练、恢复、适应和伤病管理。

·定向适应是一个过程，我们重复使用训练刺激来强化适应。训练应当有的放矢，而不是在一次训练中什么都练，最后变得博而不专。

·非专项训练或者与力量举进步不直接相关的训练都可以适当舍弃，我们可以用这些时间和训练机会来做更加专项性的训练，或者用来恢复和 / 或适应。

·专项性不是说全年的训练都要完全模拟比赛情况。力量举训练者不是只能进行极限重量单次 / 两次的训练，而是通过动作、容量和强度的组合来强化最终的运动表现。

参考资料与拓展阅读

专项性的定义与相关内容

· *Principles and Practice of Resistance Training*
  《抗阻训练的原理与实践》
· *Periodization 5th Edition Theory and Methodology of Training*
  《周期化训练理论与方法论（第五版）》
· *Science and Practice of Strength Training*
  《力量训练科学与实践》
· *Essentials of Strength and Conditioning*
  《力量与体适能训练精要》
· *Training Principles: Evaluation of Modes and Methods of Resistance Training - a Coaching Perspective*
  《训练原理：从教练的角度评估抗阻训练的模式与方法》
· *Transfer of Strength and Power Training to Sports Performance*
  《力量与爆发力训练与运动表现的迁移性》

训练效果的迁移性

· *Training Transfer: Scientific Background and Insights For Practical Application*
  《训练的迁移性：科学背景与实际应用》

骨骼肌肌肥大的专项性

· *Non-uniform Response of Skeletal Muscle to Heavy Resistance Training: Can Bodybuilder Induce Regional Muscle Hypertrophy*

《骨骼肌对大重量抗阻训练的非一致性反应：健美运动员可以局部增肌吗？》

· *Whole Body Muscle Hypertrophy From Resistance Training: Distribution and Total Mass*

《抗阻训练带来全身肌肥大：分布与人体总肉量》

· *Non-uniform Muscle Hypertrophy: Its Relation to Muscle Activation in Training Session*

《非一致肌肥大与肌肉激活的关系》

· *The Adaptations to Strength Training：Morphological and Neurological Contributions to Increased Strength*

《力量训练的适应性：增力的形态学与神经学因素》

· *Regional Hypertrophy*

《局部增肌》

训练类型的互相干扰

· *Concurrent Training: A Meta-Analysis Examining Interference of Aerobic and Resistance Exercises*

《并行训练：用荟萃分析检查有氧训练与抗阻训练的干扰》

· *Concurrent Strength and Endurance Training: From Molecules to Man*

《力量与耐力并行训练：从细胞到人类》

疲劳与运动表现

· *Interactive Processes Link the Multiple Symptoms of Fatigue in Sport Competition*

《交互过程：体育竞赛中疲劳的多重症状》

· *Muscle Fatigue: What, Why and How it Influences Muscle Function*

《肌肉疲劳影响肌肉功能的现象、原理和方式》

· *Unraveling the Neuro-physiology of Muscle Fatigue*

《肌肉疲劳的神经生理学》

- *A Comparison of Central Aspects of Fatigue in Sub-maximal and Maximal Voluntary Contractions*
  《比较极限与次极限肌肉自发收缩导致的疲劳》
- *Principles and Practice of Resistance Training*
  《抗阻训练的原理与实践》
- *Periodization 5th Edition Theory and Methodology of Training*
  《周期化训练理论与方法论（第五版）》
- *Tapering and Peaking for Optimal Performance*
  《获取最佳成绩的冲刺与收尾训练方法》

活动度训练与运动表现

- *The Effects of Stretching on Performance*
  《拉伸对运动表现的影响》
- *Effect of Acute Static Stretch on Maximal Muscle Performance: A systematic Review*
  《系统评估急性的静态拉伸对肌肉表现的影响》
- *The Effects of Stretching on Strength Performance*
  《拉伸对力量的影响》

运动目的的专项适应

- *The Adaptations to Strength Training: Morphological and Neurological Contributions to Increased Strength*
  《力量训练的适应性：增力的形态学与神经学因素》
- *A Framework For Understanding the Training Process Leading to Elite Performance*
  《训练精英运动员的基础框架》
- *Exercise Physiology*
  《训练生理学》

第四章

原理2：超负荷

科学定义

超负荷原理是除专项性原理外最重要的训练原理。它对于力量训练计划的成功有着举足轻重的作用。超负荷原理在很早之前就被科学家们广泛研究，如今这条理论已经发展得非常成熟。训练刺激（无论是动作、组、次、单次训练）想要形成超负荷，需要达到以下2个条件。

（1）刺激不超过人体系统适应的阀值上限；

（2）刺激超过近期刺激历史的平均水准。

训练刺激想要带来有效且有益的人体适应，就不能超过人体系统适应的阀值上限。打破人体稳态（人体稳定保持的内部环境）会引发一系列的分子事件，从而导致人体产生一个新的适应过程，激活和诱导人体系统的改善，比如肌肉量的增加、力量输出能力的增强等。在阀值以内（在能够导致人体适应的最小刺激值与人体系统可以接受的最高刺激值之间），训练能够诱导出大量有意义的适应。低于这个阀值，人体系统或许也能形成一些适应，但是这些适应形成的速度太慢了，从训练的角度来说没有实际意义。

一旦受到阈值以内的训练刺激，人体就会开始产生适应。而人体适应能力的主要目的，其实是为了更好地抵御刺激干扰。因此，一旦人体对这种训练刺激形成了适应，那么下一次的训练刺激就需要比这次的更大，只有这样才能对人体产生有效的干扰效果，从而诱导出更大的适应反应。合理使用变式与疲劳管理确实能够形成连续性的超负荷，但在大多数情况下，它们也会相互干扰。所以，训练者每一次训练都使用比上一次更大的负荷是草率和不明智的。但是，我们还是应该保证每个阶段的训练刺激平均值比上一个阶段更高。只有这样，才符合超负荷原理的要求，训练者才能进步。

那么超负荷原理对于力量举到底有什么意义呢？

在力量举领域的定义

超负荷原理在力量举专项中的定义也分成以下两个部分。

（1）想让刺激转化为适应，训练必须达到最低的功能性强度和容量。训练的重量和容量必须足够，这样才能增肌；训练的重量（加上必要的最小容量）必须足够，这样才能够增力；训练重量要接近极限才能获得你在极限推举（1RM）时所需要的技术。我们要仔细地考虑这些因素，才能合理地将超负荷原理应用到力量举的训练中。

（2）随着时间的推移，训练的难度要逐渐提高。不过，这并不意味着每次训练的重量都要比上一次高，训练的容量都要比上一次大。但是从周、月和年的角度来看，训练的强度（杠铃重量）和容量（组 × 次 × 重量）需要不断提高，这样才能最大化地提高训练效果。

在力量举中，超负荷原理的应用基本上就意味着你的训练会越来越艰苦，因为你需要不断提高训练的难度，比如重量、组数和次数等。

训练原理重要性排序

超负荷原理在 7 个训练原理里面排行第二有一个重要的原因：专项性原理是当之无愧的老大。如果训练计划优先考虑超负荷，而非专项性，那么这周的力量举训练可能就是以 10 千米 / 小时的速度跑 4000 米，下周的训练就是以 10 千米 / 小时的速度跑 5000 米，而在此之前，你完成 5000 米的最快速度是 11 千米 / 小时。这样的训练安排不但没有违反超负荷原理，相反，还非常符合此原理的要求。但唯一的问题是没有了专项性原理的指导，训练的方向偏离了十万八千里。超负荷原理的应用需要在专项性原理的指导下进行，目的是提高目标专项的能力，而不是改善一些随机项目能力。

一旦训练专项确定，超负荷就变成了非常重要的原理，仅次于专项性。没有超负荷，适应就不会发生。如果训练者想实现负重 300 千克深蹲的目标，那么天天负重 100 千克进行深蹲训练是不可能帮他实现目标的。超负荷就是这么重要。事实上，只需要专项性与超负荷这 2 个原理，我们就可以制订出效果不错的训练计划了，虽然这样的训练计划与那些把剩余的 5 个训练原理囊括其中的训练计划相比还稍显逊色。

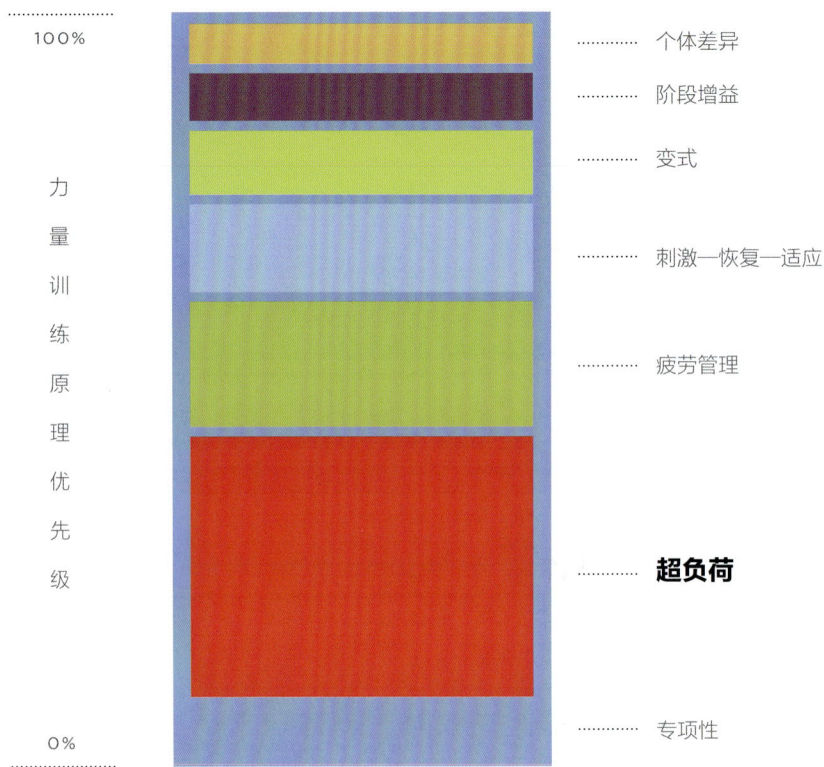

力量训练原理优先级

100%
- 个体差异
- 阶段增益
- 变式
- 刺激—恢复—适应
- 疲劳管理
- **超负荷**
- 专项性

0%

超负荷原理的正确应用

以最大可恢复容量进行训练

虽然每位训练者的情况各不相同，但都存在一个理论上的最大可恢复容量（Maximum Recoverable Volume, MRV）。我们会在下一章详细讨论 MRV。最大可恢复容量指的是训练者可以以此进行训练、恢复和受益的最高训练容量。

总的来说，训练容量可以分为以下 5 类。

（1）训练容量不够。无法刺激训练者产生任何有效的目标适应。

（2）训练容量中等。可以刺激训练者产生一些有效的目标适应，但量不够，并不足以产生最佳适应。

（3）训练容量接近 MRV。这是训练者能够获得最大效果的容量。

（4）训练容量略高于 MRV，但在短期、中期内训练者能够从中恢复。训练者也能够从此类容量中受益，但是效果没有上一类好。

（5）训练容量远高于 MRV。此类训练容量大大超过了训练者的恢复能力，无论是短期还是中期，都对训练者有害。

超负荷原理的应用应该在（2）和（4）之间。只要超过了最低强度的范围，并且容量在（2）和（4）之间，你就能取得训练效果。但如果容量在（3）和（4）之间，训练者就会多做功，疲劳和受伤的概率也会提高。所以我们建议将容量控制在（2）和（3）之间，并尽可能接近（3），这样的容量带来的训练效果最好。那么这个容量到底是多少呢？

确定 MRV 的最好方法是不断提高训练容量，直到在下一个训练阶段（无论是单次、小循环或中循环）因为高度疲劳而降低运动表现为止。举个例子，假设你现在在进行负重 150 千克，10 次 / 组的深蹲训练，并且打算每周增加一组训练，那么直到你的最后一组只能蹲 7~8 次时，这就恰好稍微超过了你在这个重量上的 MRV。另一种有效方法就是去检查疲劳清单：有没有感觉杠铃突然不合理地变重了？想去训练的欲望变得很低？睡眠和食欲出现了问题？如果以上问题都没出现，你就可以尝试再加一些容量。在大多数情况下，我们还可以用运动表现作为参考标准。如果你现在的训练既是高容量又有很高强度，但你仍然能坚持下去，那就说明这还没有超过你的 MRV。

如果你常年关注自己的训练容量、强度以及身体对它们的反应，那么你就能很好地判断自己可以从多高的容量中恢复和受益。人体对训练容量的耐受度会因为训练、营养和生活方式（睡眠质量、工作状况等）而波动，而且不同训练强度的 MRV 也会不同，60%1RM 强度训练的恢复速度肯定要高于 95%1RM。所以想要计算 MRV 并不容易。但是，如果你能大概知道自己对不同强度、组、次的容量耐受度，制订计划就会方便很多。

不要再懒惰和抱有幻想了，一直进行低于你可恢复容量的训练并不是最佳的方法。如果训练容量长期低于 MRV，你就很难发挥出自己的潜力，也无法突破自己的个人纪录。如果你很想取得优异的运动成绩，那么就去不断接近你的 MRV 吧，不要因为害怕过度训练就不逼自己。最优秀的运动员永远都是处在最大化训练效果和过度训练之间，运动就是这样。

满足超负荷增肌训练的要求

想要提高速度，你就要进行超负荷的速度训练（跑得更快一点）。为了提高力量，你就要进行超负荷的力量训练（练得更重）。同理，如果你想要增肌，那么你就要进行超负荷的增肌训练。但是，到底应该如何安排适当的超负荷增肌训练呢？

相比于速度与力量的超负荷训练，超负荷的增肌训练更难把握。

超负荷的增肌训练有两个因素：容量和强度。我们之前也提过，低于60%1RM强度的训练与更大重量的训练相比，激活肌肉增长细胞通路的效果并不好，所以这种训练强度并不适合增肌训练。其次，一旦达到训练强度的要求，训练容量就会直接决定增肌的效果。其实超过60%1RM强度的训练（65%与85%），强度因素对于增肌效果的差异就不如容量（比如1组与4组）的影响大了。增肌期的容量要一直增加，直到达到你的MRV。相比于增力，容量因素对增肌的作用更大，我们会在"疲劳管理"一章详细解释这个问题。但到底要使用多高容量的训练呢？我们在下文中会提供一些实用的指导，但其实还是和MRV相关。不过，对于大多数人来讲，训练容量肯定应该高于每周3组5次吧。

至此，我们已经确定了超负荷增肌训练的第一个部分。没错，你的训练重量至少要达到60%1RM，训练容量也要足够高，这样才能有效刺激肌肉生长。在第二个部分中，超负荷就意味着训练的平均难度要逐渐升高。

由此我们得出，在增肌训练中必须采取以下3种方法之一。

（1）容量足够高，强度逐步提高（比如每周提高 2~5 千克的训练重量，这样也间接提高了容量）。

（2）强度不变，容量逐步提高（比如第一周负重 150 千克进行 3 组 10 次的深蹲训练，第二周就负重 150 千克进行 4 组 10 次的深蹲训练，依此类推）。

（3）强度和容量均逐步提高（比如第一周负重 150kg 进行 3 组 10 次的深蹲训练，第二周就负重 152.5 千克进行 4 组 10 次的深蹲训练，依此类推）。

没有确切证据表明哪种方法更好，但许多知名教练和经典训练计划都采用过这 3 种方法中的 1 种。从大量实践来看，逐步提高训练容量应该是最好的方法，但逐步提高训练强度的效果也不会差到哪里去。从另一个角度来看，如果你的计划像下面这样：

第一周负重 140 千克进行 5 组 10 次的训练；

第二周负重 150 千克进行 4 组 8 次的训练；

第三周负重 160 千克进行 3 组 5 次的训练。

这种计划的增肌效果肯定不是最好的，因为训练容量每周都在减少。

满足超负荷增力训练的要求

增肌训练对最低强度有要求，又着重强调了容量；增力训练正好相反，它对容量有最低的要求，但将强度放在了首位。

增力训练所要求的最低容量低于增肌训练所要求的最低容量，这主要是因为增力训练的每单位容量带来的疲劳值更高。容量相同的情况下，大重量训练带来的疲劳值要高于小重量训练，我们会在下一章详细讨论这个问题。不仅如此，增力训练时，负荷重量的选择区间没有增肌训练时那么大，所以在增力期我们必须要将总体的疲劳程度控制得更低，因为过度疲劳会直接抵消掉大重量的超负荷训练的效果。如果你做的是高次数（但低重量）训练，那么即使你已经非常疲劳了，你还是可以再继续练几下动作；但如果你做的是低次数（但大重量）训练，比如说每组重复 3~5 次的训练，那么如果你非常疲劳的话就不能再继续锻炼下去了。我们会在"疲劳管理"一章详细解析这个问题（主要是和神经系统相关）。但是从本章的出发点来看，我们有充分的理由来说明增力训练对容量的要求要低于增肌训练。我们之后会提供一些实用的信息，但现在我们可以做出的一个结论就是每两周练 1 组 5 次的训练容量肯定低了，5 组 5 次的容量比较合适，但 10 组 5 次又太多了。

最快实现力量适应的最小强度通常在 75%1RM 左右，低于这个重量就无法刺激神经系统提高特定单位肌肉的力量输出能力。60%1RM 的强度确实能够增肌，新增长的肌肉也确实能让你增力，但这是一种间接的增力；如果你想要直接增力，那么就请将你训练的最低强度提高到 75%1RM。

至此，我们得出了超负荷增力训练的要求：容量中等，强度在多数情况下要大于 75%1RM。但这具体应该如何实现呢？

事实证明，通过提高训练容量、保持训练强度可以增肌，但这样的方法对增力是行不通的。在最佳的增肌实践中，训练容量必须增加，而对于训练强度增加与否并没有强制性的要求。增力训练则恰恰与之相反。为了实现增力训练的超负荷，训练周期内的容量没有必要改变太大，但强度必须要增加。

这就像如果你一直进行 3 组 10 次的训练，效果肯定不会是最好的，想要一直进步，我们一定要渐进式地增加强度。也就是说，无论你在什么样的周期内安排了什么样的训练计划，杠铃的重量一定要增加。从 75%1RM 的强度开始你的中周期，逐渐提高到（也有可能超过）85%1RM 或者 1RM，这才是最合适的方法。

长话短说，增力阶段的容量要适中，训练强度要从 75%1RM 开始，并且逐渐提高。

满足超负荷冲刺训练的要求

冲刺训练的目的是让身体系统能够更加稳定地输出极限力量，同时为比赛时的极限重量试举做准备。我们也会在"阶段增益"一章详细解释这个概念。

冲刺训练有几个主要的目标。

·让训练者适应接近 1RM 的负重。

·增强训练者在这些负重下所需要的特殊技术。

·保持训练者的基础力量水平。

·缓解疲劳，保持身体状态，在比赛前几天或几周将训练者的潜力开发出来。

冲刺期的计划安排可以非常复杂，但在本章我们只讨论这个阶段的超负荷要求。在这个阶段的末尾，我们会将容量和强度都降下来，这个时候疲劳管理要比超负荷原理更加重要了。但从整个冲刺期来看，超负荷原理的应用仍然非常重要。

冲刺期最重要的功能之一就是让运动员做好试举极限重量的准备，所以运动员一定要在此阶段进行超大重量的训练。在冲刺期，超负荷强度的最低阈值是 85%1RM，只有超过这个强度阈值，训练者在进行极限重量试举时的不稳定性才能

得到改善。详细地说，比如在以 75%~85%1RM 的强度做 3~5 次 / 组的训练时，训练者在这种次极限重量之下可以有一些技术上的微小误差，尤其是核心部位（腹部和下背）。出杠动作可以不用做得那么省力，因为训练者仍然有余力来稳定自己，调整自己的站姿。但是在极限重量的试举中，任何重点部位紧绷状态的缺失或者准备姿势的错误都会立刻降低几千克的力量输出能力，因为你的关节角度不在最擅长发力的位置，肌肉就会在更糟糕的杠杆上发力。不仅如此，准备姿势要尽可能省力，从而降低能量消耗，这样才能将所有的力气都用在试举中。在一个 3~5 次 / 组的训练中，准备姿势所消耗的这点能量是无关紧要的，但是在极限重量的试举中，它就有可能影响训练者突破极限。只有在训练中就使用接近极限的重量，才能让身体做好试举极限重量的准备，所以训练者要做 85%1RM 强度以上的 1~3 次 / 组的训练。

冲刺阶段的容量阈值非常低，比其他任何一个阶段都要低。这主要有 2 个原因。

（1）高容量训练会改变神经系统以执行大量次级重量下的收缩，这会直接干扰其执行 1RM 重量时所需的最大收缩能力。

（2）冲刺期使用的训练重量很大，这需要训练者降低疲劳度才能完成计划。疲劳同时还会影响到训练者技术的发挥，这对试举的成功与否有着举足轻重的影响。

冲刺期的训练推荐容量比增力期还要低，对于大多数的训练者来说，每次的主项训练只需要进行几组 1~3 次 / 组的练习。

至于训练计划的安排，这个阶段的容量基本保持不变，强度小幅度地逐渐提高（直到收尾期）。这种慢慢累进的训练计划可以让训练者从一个适当的重量开始，几周内逐渐加到极限重量。这样的方式可以让训练者把此阶段学到的技术慢慢融入到极限重量的试举中，以此来提高最终的运动表现。

超负荷的生理机能

在将超负荷原理应用到训练时也需要考虑到生理因素。特别是训练者应该对长期使用超负荷原理时的困难有所预期。

为了让力量举训练取得更好的效果，超负荷原理要求我们不断尝试使用从没用过的重量进行训练，不断突破自己的能力极限。随着你变得越来越强壮，这个过程会变得越来越骇人。比如你能够负重 200 多千克进行深蹲了，这时光是放在深蹲架上的杠铃杆都会因为被挂上太多杠铃片而出现明显的变化，更别提你还要将它扛起来了。如果每周还要在此基础上加 10 千克的重量，再联想一下自己在这个周期的最后一周时所需要完成的重量，你是不是在看到这个冰冷的杠铃时就已经开始头疼了？能够坚持下来的真的都是勇士。他们第一眼看到训练计划的时候也会被吓到，头皮发麻，觉得自己可能会受伤，但他们仍然坚持下来了，克服了自己内心的怯懦。还有更吓人的，训练者可能需要用自己的个人纪录做标准，在此基础上再增加训练重量，想想接下来的每一周要在自己个人纪录的基础上加 5 千克的重量蹲 8 次呢！

如果单单是看到训练计划就让你从生理上产生退意了，那么唯一的解决方法就是从心里接受它，接受计划的风险和你对计划的不适。坚强的心理素质对所有的运动都是必须的，而不是锦上添花。执行训练计划的时候，有些人会故意回避提高训练难度，不定期地更改计划，给自己安排减载。他们只在感觉好的时候苦练，还会降低辅助动作的容量，或者将超负荷的辅助动作换成低重量的简单动作。如果你对自己的要求不高，这些想法也是合情合理的，但效果肯定不那么好。如果你想超越自己，唯一的方法就是咬着牙把计划执行到位，不要多练，也不要少练。

世界上有许多顶级的训练者数十年如一日地执行着自己的训练计划，他们不刷微博，不上 B 站，只是慢慢地将自己推出舒适圈，不断提高自己的标准。

超负荷原理应用不足

容量和强度不够

1.容量不够

为了最大化地提高训练效果，超负荷原理告诉我们，训练容量要接近我们的MRV，我们会在下一章详细讨论MRV。为了提高训练效果，我们的日常训练容量要接近这个阈值。简而言之，如果训练者去健身房只做大重量训练肯定不是最好的方法。大重量确实要练，但训练容量也要足够，这样才能保证进步的速度足够快。每周只做1组或2组的主项训练肯定不是好方法。对于大多数的训练者来说，想要最大化地促进训练适应，训练组数和训练强度都要足够。如果你的训练组数做得太少，那么你的训练更像是测试，而不是超负荷，也就无法取得进步。

现在市面上有许多流行的训练计划提倡使用低负荷的容量进行训练，其中最主要的例子就是5-3-1训练计划。这个计划对于力量举初学者来说很棒，但是对于中高级的训练者就不太适用了。对于那些已经进行了2~3年训练的人来说，他们的MRV很有可能已经远远高于像5-3-1这样的训练计划所推荐的容量了。这些人只有通过增加每周训练的组数和强度才能获得更大的效果。

有些西部杠铃的衍生计划非常适合有装备力量举比赛，这些计划虽然容量不高，但也有其道理：负重越大，每次、每周或整个中周期的MRV就越低。例如，如果你需要负重500千克进行深蹲训练，那训练的组数肯定不能太多，按照这个强度，每周最多能做1~3组。这些计划本身没有问题，但就是不适合无装备力量举训练者，他们训练的相对强度完全无法和有装备训练者相比，所以无装备训练者需要更高的容量才能获益。无装备训练者执行有装备训练者的计划肯定不是好方法。

2.强度不够

为了提高训练效果，不仅仅容量要够高，强度也要够高。

力量举训练有3个主要的适应需求，所以也就存在3个最低的强度阈值。

增肌期最低强度：60%1RM；

增力期最低强度：75%1RM；

冲刺期最低强度：85%1RM（利用次极限重量来掌握技术）。

这些是平均数字，不是每次训练都要达到或超过这个阈值，但多数训练和平均的训练强度还是要达到这些值。如果肱三头肌的增肌辅助动作是肱三头肌下压N

组 30 次，那么这个强度差不多就是 40%1RM。这种训练的增肌效果不是最好的。如果你的增力训练是快速地进行 65%1RM 强度的推举，这样的效果也不是最好的。如果你在赛前几周不进行 85%1RM 强度的训练，你的技术和神经可能会不适应极限重量的负荷，比赛时的发挥容易不稳定，甚至发挥失常。

多数训练者在后面两个超负荷阈值（增力和冲刺）上不会犯错，但会在增肌期的强度阈值上栽跟头。真正的增肌训练也是要超负荷的，而且从形式上来看，这种训练更像是负重深蹲 N 组 8 次，而不是做腿屈伸 N 组 25 次。如果你非要选择后者，那最好有什么特别的理由来解释。

做太多速度训练

正如我们之前提到的，Powerlifting 可能是所有运动名称中最不恰当的一个。Power 是速度和力量的结合，但速度并不是力量举的评判标准，也不会对提高成绩有帮助。不管杠铃的移动速度有多快，极限重量的试举总是很慢的。力量举从本质上来说就是低速的运动，把它的英文名改成 Forcelifting 似乎更合适。力量举的目标是以深蹲、卧推、硬拉三项动作来测试选手的最大力量，赢家是力量最大的训练者，而不是速度最快的训练者。

但既然它已经是这个名字了，我们也就别再抱怨了。但这个名字中的 Power 也的确代表了某些不恰当的训练方法。速度训练就是其中之一，许多人过于推崇力量举中的速度训练了，但这只是毫无根据的盲目跟风，因为从过去这么多年的经验来看，它带来的帮助并不大。

最大动作意图（Maximal Intent to Move，MIM）是一个术语，描述了训练者推或拉杠铃的努力程度。真正地最大化动作意图，不仅可以提高训练者的比赛成绩，还可以增加训练对生理系统的益处。好的训练计划都会建议训练者在大多数主项训练中带着最大的意图与决心。杠铃速度会受到重量的影响，当负重强度达到 85%1RM 以上时，你手中的杠铃可能也就没法快速移动了。速度训练与 MIM 无关，它只是利用更轻的重量来提高动作速度，然后让训练者误以为这样就能够提高比赛时的试举成绩了。不过，这是毫无根据的。

速度训练有两方面的问题。首先，MIM 就已经完成了速度训练能带来的所有神经和肌纤维类型的改变，所以，任何关于速度训练优势的论断都不能基于这些改变。其次，速度训练会降低强度上的超负荷，而 MIM 不会。

既然速度训练对力量举的益处不会比 MIM 多，而且还会在强度上干扰超负荷的应用，那为什么我们不舍弃速度训练呢？在力量举训练中，或许真的应该这么做。有不少训练者采用了包含速度训练日的训练计划，也取得了不错的成绩。但真实的原因是这些计划中速度训练日的强度和容量都很低（几乎没人会在速度训练日进行 5 组 10 次的训练）。这种低容量、低强度的训练实际上是扮演了轻训的角色，它们强化了疲劳管理和恢复的作用。如果假定计划中的其他因素不变，恢复越多，肯定进步越大。

因此，我们对速度训练的结论如下：你完全可以将速度训练作为一种以轻训日的负重进行 MIM 训练的手段，其目的是管理疲劳。但绝不要想着去追求速度能力的发展，这对力量举来说没有任何意义。

辅助训练违反了超负荷原理

辅助动作的目标非常明确。在主项动作结束之后，辅助动作可以补足容量和强度，从而增肌和 / 或增力。与康复或预防训练（它们不属于主要的体育训练，而是需要在物理治疗师或相关专业人士的指导下进行）不同，辅助动作主要是为了增肌或增力。为了实现这 2 个需求，我们要在训练中合理应用超负荷原理，所以，如果违反了超负荷原理，辅助动作训练甚至是整体训练计划的效果都会大打折扣。选择辅助训练动作时也有 2 个标准：容量、强度。

1. 选择能打破稳态的动作

如果辅助动作的目的是增肌和 / 或增力，那就必须使用超负荷原理。超负荷能与许多动作结合到一起，从而打破人体稳态，在多数情况下，只有超负荷才能带来有益的适应。

按各练习打破人体稳态的能力，从大到小排列如下。

· 杠铃动作

· 哑铃动作

· 绳索动作

· 固定器械动作

不仅如此，复合动作打破人体稳态的能力要比孤立动作更好，这也需要纳入训练者考虑的范围。

在选择辅助动作的时候，只要不超过 MRV，我们就应该选择打破人体稳态能力最强、超负荷效果最好的动作。比如，窄距高杠深蹲肯定比腿屈伸好，窄距卧推的效果也肯定比飞鸟机夹胸好，直腿硬拉的效果也会比腿弯举好。

如果你的训练容量已经逼近 MRV，但仍然需要安排别的辅助动作（例如你的训练容量已经接近 MRV，肱三头肌也练得非常好了，但胸部却仍然很弱，需要加强），你就可以安排孤立动作或对打破人体稳态能力要求没那么高的动作来实现训练目标。而不是继续安排杠铃或哑铃复合动作（因为不能超过你的 MRV）。但这种情况并不多见，大多数情况下，辅助动作仍然首选上述排名靠前的动作种类。

2. 避免无法实现超负荷的训练模式

有些辅助动作不大能打破人体稳态，但仍然有一些用处，而且它们对 MRV 和疲劳的影响都不大。但还有一些训练模式对力量训练完全没有用处，做它们纯粹是浪费时间。

不稳定训练（在波速球等不稳定平面上的训练或使用摆动杆的训练等）会极大地干扰超负荷原理的应用，也无法实现你任何假定的适应。在此类训练中，你的神经系统会集中于保证你不要摔倒，而不是发力来移动重物。所以，这些训练模式对力量举来说几乎没有任何益处，练习它们只是会让你更擅长不稳定训练而已。

那海啸杠铃有什么用？这玩意儿又摇又晃。我们的结论就是，它对力量举训练没有任何好处，只会打乱你的超负荷安排！

没有做好训练记录

一旦确定了训练目标，超负荷原理就是最重要的训练原则。为了最大化训练适应，容量和强度都必须超负荷。为了实现超负荷，我们必须要确保训练既不能过分努力，又要比上一次努力。

将训练的努力程度与极限强度阈值相结合不是什么难事。如果你感觉杠铃异常重，通常情况下就没有超过强度阈值。结合我们之前讲的 3 个阶段的最低强度阈值，再利用计算器，双管齐下，问题就解决了。

计划容量要更难一些，但只要你的训练年限足够长，你就能大概知道自己需要做多少组和多少次。此外，想要达到自己最近训练刺激的同等水平，训练者就需要对力量举有更深入的了解，同时记录自己过去的训练容量和强度。在上个中周期里，你的冲刺小周期一共进行了多少组深蹲训练？ 4 组还是 5 组？如果没记清楚的话，就容易导致超负荷容量安排错误。上次深蹲的负重到底是 200 千克还是 205 千克？杠铃是 20 千克的还是 25 千克的？辅助动作有哪些？上次腿举就是使劲往器械上堆铁饼，一直到只能做每组 8 次为止，谁知道到底做了多少组，谁又知道到底有多重呢？

所以如果不追踪自己训练的努力程度，就会或多或少遇到一些问题，影响超负荷原理的应用。如果你实际的深蹲负重比自己预想的高 10 千克，那么接下来 2~3 个动作的超负荷训练就有可能受到影响，因为训练中实际使用的重量会有些轻了。特别是辅助动作，我们更要追踪其训练情况，这样才好规划训练的超负荷。将记录训练变成一种习惯，稳定的超负荷训练安排就会变得容易。

记录训练是一种好习惯，但记录训练重量不一定就意味着你每一次的训练都需要超负荷。有一些训练年限较长的运动员身上可能有不少伤，需要处理和应对。这样的训练者就需要根据伤病情况，不定期地安排减载。但如果训练者的状态特别好，我们还是有机会把规划好的减载训练换成超负荷的训练。对于那些逼近极限重量的训练，会导致大量的疲劳积累，所以训练者需要在其后立刻安排一个减载。真正的超负荷训练需要在一个稳定的环境里，尽量保持可持续。运动员不是每天都需要负重 400 千克进行深蹲训练，如果你真的需要进行这个重量的训练，但训练之后的状态又很差，我们就推荐你做一个减载，保持自己对重量的适应，预防伤病，但又不是直接停训。这种凭感觉的训练可能不是最好的，但有时比较适合实际的应用。

凭感觉的训练方法比较适合经历伤病或者意在控制额外疲劳的高阶训练者。大部分训练者还是按照计划进行训练比较好。你可能并不会总是"感觉"良好，但只要你的计划安排合理，紧跟着计划进行训练还是能保证超负荷的。新手如果跟着感觉随意进行训练，就有可能遭遇一些个人原因的影响，比如偷懒。大多数凭感觉进行的训练，最多也只是中等容量、中等强度。训练很艰苦，你又不是随时状态都很好，所以不大可能每次训练都能使自己达到足够的训练量。训练者们确实需要承认，很多时候就是因为想偷懒，而不是害怕受伤或者意外的疲劳积累等原因，导致的训练不到位。如果你不能保持每次训练都全力以赴，那就别凭感觉来，老老实实地按照计划进行训练吧。

超负荷原理过度应用

超负荷原理的过度应用会对训练有显著的阻碍，因为它会导致疲劳积累到无法控制的程度。我们讲的许多例子，将会在"疲劳积累"一章详细讨论。我们会在这里讨论一些由于超负荷原理过度应用所带来的急性副作用，至于长期的副作用，我们会在"疲劳管理原理的应用不足"中详细讨论。

过于频繁地训练到力竭

力量举训练者频繁地训练到力竭有 1 个优点，但也有 2 个缺点，所以综合来看，我们并不推荐这么做。

优点：可能会稍微提高单次训练增肌、增力的效果，但直至本书出版前都没有研究能确切地证实它。

缺点 1：训练容量相同的情况下，力竭会导致大量的疲劳积累。相比不力竭的训练，它可能会额外带来一点点的增肌和增力的效果，但更重要的是它还会带来与效果不成比例的疲劳积累。这就很有可能影响下一次训练（甚至是下一个动作）的恢复和运动表现。

缺点 2：训练到力竭，尤其是使用大重量训练到力竭会提高受伤风险的概率。在接近肌肉力竭的情况下，训练者的动作会变得不稳定。这种大重量下的不稳定非常容易导致急性损伤。不仅如此，深蹲时逃杠或动作失败（还有卧推，但比较少见）可能对训练者的人身安全造成极大的影响，即便有保护员也不能百分之百地确保安全。

总的来说，训练到力竭对健美运动员可能是一种有用的手段，特别是在这些运动员经常使用小重量或固定器械这类安全手段训练的情况下。但对力量举运动员来

说，力竭训练的不利性因素就多很多，我们不推荐这么做。

每一次训练都是超负荷的

随着训练容量和强度的增加，疲劳也会随之积累。容量对疲劳的影响很大，过高的容量会影响力量举训练者的训练能力，使他们无法举起他们应该举起的重量。这就带来了一个显而易见的问题：超负荷的训练本身似乎会导致之后的训练无法实现超负荷。

因此，为了使超负荷能持续下去，我们必须特意地把一些训练安排成非超负荷训练，从而达到缓解疲劳的目的。这就是我们所说的疲劳管理，即通过精心安排的训练来控制疲劳值，我们会在下一章详细讨论这个问题。我们有充足的证据证明，在任何一个结构完善、逻辑严谨的训练计划里，不是所有的训练都要超负荷，为了管理疲劳，有些训练应故意设计成非超负荷。

其实有很多训练方法可以帮助训练者实现这样的目的。比如安排低强度/低容量日（西部杠铃常用）；在一周内提高强度、降低容量来抵消疲劳（东欧常用，比如斯莫洛夫计划）。这些方法并没有违反超负荷原理，因为并不是每一次训练都这么安排。从整体来看，这些计划仍然在持续稳定地应用超负荷原理。

如果你试图使你的每一次训练都超负荷，那么你很快就会感到筋疲力尽，无法再继续你的训练计划。这样的训练方式并不是可持续的。

随意安排训练

有一天，你正与你最好的训练伙伴在一起训练，两人的状态都特别好，训练动作完成得既快又轻松。于是，你们决定不再遵照原本的计划，转而开始"随意又快乐"的训练，随意增加容量和 / 或强度。

随意训练对原计划的改变包括、但不限于以下训练方式。

·高组数、高次数弓步走。

·深蹲递减组训练。

·计划外的极限重量训练。

·二人无组歇交替训练。

·使用更强的那个人的训练重量来训练。

我们必须承认的是这种训练真的很快乐，而且绝对超负荷，能够引发适应。但然后呢？

如果你某次训练的难度突然提高，远远超过了你的恢复速度，那么它可能会影响你接下来的正常训练。不仅如此，难度的突然提高还会导致之后几次训练无法超负荷。可能需要到下一个中周期，你才能完全恢复身体以及对训练的敏感性，并重新从正常的（可持续）训练中获益。举个不那么恰当的例子，你先尝了某个米其林三星主厨的招牌菜，然后再去吃路边摊，那么路边摊肯定就食之无味了，随意训练也是这么一个道理。

这就是"快乐而随意"的训练可能会导致的问题。即使你的随意计划碰巧符合了总体规划（我不确定高组数、高次数的弓步走是否真的对力量举运动员有效），它也不能带来长期的好效果，并且还会降低未来超负荷的效率。人体的适应能力是有限的，随意训练通常会接近或超过这个上限，导致大部分的能量都会被用来进行人体自身的恢复，而不是被用来形成新的适应。因此，随意训练的效果是很有限的，而且它还会提高未来训练中超负荷的难度。所以它违背了超负荷的第 2 个定义，即训练刺激要超过近期历史的平均水平，能避免还是避免吧。如果你真的想和伙伴这么玩一玩，我建议你可以在减载前的最后一次训练这么做，这样可以规避它对疲劳和适应的干扰作用。

总结

抛开所有的技术细节和生理学定义，超负荷原理其实非常简单——苦练，并且越来越艰苦。确保你的容量和强度超过它们的最低阈值，然后逐渐提高难度。有成千上万种方法可以用来逃避超负荷原理的使用，偷懒一定比苦练简单。但大部分的力量举训练者都没有这样的问题，虽然他们也都能意识到训练越来越苦。不过，不断地挑战自己或许也是我们参与力量举这项运动的初衷。

所以，大部分的力量举训练者都将面临一个更大的挑战——不要在错误的时间苦练，要认真对待超负荷训练带来的疲劳。幸运的是，下一章会详细讨论这个话题。

重点

· 超负荷指训练打破人体稳态的程度。为了推动适应，训练必须对人体生理产生大量的压力。

· 超负荷可以由多种训练变量产生，比如容量、强度、训练频率、动作选择和肌肉力竭程度。

· MRV 是训练者可以训练、恢复和受益的最高训练容量。

· 力量举训练者应该尽可能接近 MRV 来训练，但是也要清楚，任何额外的训练模式都会影响力量举训练的恢复。比如保持训练重量不变，额外添加活动度训练，这样就会影响恢复。

· 力量举训练者需要寻找和优化自己的 MRV，有效的方法就是优先安排专项训练，尽可能避免非专项训练。

参考资料与拓展阅读

超负荷定义

· *Principles and Practice of Resistance Training*
《抗阻训练的原理与实践》

· *Science and Practice of Strength Training*
《力量训练科学与实践》

· *Periodization 5th Edition Theory and Methodology of Training*

《周期化训练理论与方法论（第五版）》

· *Training Principles: Evaluation of Modes and Methods of Resistance Training — a Coaching Perspective*

《训练原理：从教练的角度评估抗阻训练的模式与方法》

MRV 的概念

· *Principles and Practice of Resistance Training*

《抗阻训练的原理与实践》

· *Tapering and Peaking for Optimal Performance*

《获取最佳成绩的冲刺与收尾训练方法》

· *Resistance Exercise Over-training and Over-reaching, Neuro-endocrine Responses*

《神经内分泌系统对过度与超量抗阻训练的反应》

· *Fundamentals of Resistance Training: Progression and Exercise Prescription*

《抗阻训练基础：渐进与训练处方》

· *Resistance Exercise Volume Affects Myofibrillar Protein Synthesis and Anabolic Signaling Molecule Phosphorylation in Young Men*

《抗阻训练的容量对年轻人的肌原纤维蛋白质合成与合成代谢信号分子磷酸化的影响》

· *Exercise Type and Volume Alter Signaling Pathways Regulating Skeletal Muscle Glucose Uptake and Protein Synthesis*

《训练类型与容量变化对调控骨骼肌葡萄糖摄取和蛋白质合成的信号通路的影响》

训练因素对力量的剂量反应

· *Dose Response of Training Factors Influencing Strength*

《训练因素对力量的剂量反应》

· *Periodization 5th Edition Theory and Methodology of Training*

《周期化训练理论与方法论（第五版）》

· *Principles and Practice of Resistance Training*

《抗阻训练的原理与实践》

· *Strength*

《力量》

· *Application of the Dose-Response For Muscular Strength Development: A Review of Meta-Analytic Efficacy and Reliability For Designing Training Prescription*

《肌肉力量发展的剂量反应的应用：回顾研究设计训练处方的功效与可靠性的元分析》

· *Quantitative Analysis of Single vs Multiple-Set Programs In Resistance Training*

《量化分析对比抗阻训练中的单组与多组训练》

· *Muscular Adaptations in Low-vs High-Load Resistance Training: A Meta-Analysis*

《高、低负重抗阻训练的肌肉适应对比：元分析》

· *The Role of Resistance Exercise Intensity on Muscle Fibre Adaptation*

《抗阻训练对肌纤维适应的影响》

· *Effects of Low-vs. High-Load Resistance Training on Muscle Strength and Hypertrophy in Well-Trained Men*

《高、低负重抗阻训练对高阶训练者的肌肉力量和肌肥大的影响》

训练因素对肌肥大的剂量反应

· *Dose Response of Training Factors Influencing Strength*

《训练因素对肌肥大的剂量反应》

· *Single vs. Multiple Sets of Resistance Exercise For Muscle Hypertrophy: A Meta-Analysis*

《单组与多组抗阻训练的肌肥大：元分析》

· *The Mechanism of Muscle Hypertrophy and Their Application to Resistance Training*

《肌肥大机制与其在抗阻训练中的应用》

· *Is There a Minimum Intensity Threshold For Resistance Training-Induced Hypertrophic Adaptations*

《抗阻训练诱导肌肥大适应是否存在最低强度门槛》

· *Does Exercise-Induced Muscle Damage Play a Role in Skeletal Muscle Hypertrophy*

《训练诱导肌肉损伤是否帮助骨骼肌肥大》

· *Effects of Low-vs High-Load Resistance Training on Muscle Strength and Hypertrophy in Well-Trained Men*

《高、低负重抗阻训练对高阶训练者的肌肉力量和肌肥大的影响》

· *Muscular Adaptations in Low- vs. High-Load Resistance Training: A Meta-Analysis*

《高、低负重抗阻训练的肌肉适应对比：元分析》

· *The Role of Resistance Exercise Intensity on Muscle Fibre Adaptation*

《抗阻训练对肌纤维适应的影响》

原理3：疲劳管理

科学定义

训练必须要超负荷才能最大限度地提高训练效果，所以适当的训练会有规律地打破稳态。当稳态被打破时会有 4 个与训练有关的生理系统会受到负面影响。

（1）能量储备；

（2）神经系统；

（3）化学信使；

（4）组织结构。

只要训练是超负荷，并且频率足够，就能给训练者带来有效进步。但在 2 次训练之间，不是所有被打破的稳态和训练疲劳都能恢复。我们会在"刺激—恢复—适应"那章详细讨论最低训练频率的问题。现在我们想象一下，如果你每个月只训练一次，那么无论你练得多苦，应该都能完全恢复过来。但如果你采用了更高的训练频率，并且还在训练中逐渐提高了超负荷的水平，那么就并不是所有的疲劳都能在 2 次训练间恢复。疲劳会干扰运动表现、人体适应，甚至导致受伤。现在，我们来详细讨论一下这 4 个方面受到的影响，探究它们是如何让疲劳值越来越高的，用运动生理学家的话来说，这造成的结果就是"积累性疲劳"。

能量储备

能量储备大致能分成以下 3 类。

· 磷酸源［ATP（腺嘌呤核苷二磷酸）与磷酸肌酸］；

· 葡萄糖 / 糖原（大部分葡萄糖存储在骨骼肌中）；

· 脂肪（主要储存在皮肤下的脂肪细胞中）。

在力量训练中，如果每组训练的动作重复次数低于10，那么能量供给会直接来源于 ATP, 而 ATP 则是由磷酸肌酸系统和糖酵解的均匀混合物所提供。磷酸肌酸系统可以在几分钟内完全恢复，所以基本不会导致积累性疲劳。在做大重量训练时，脂肪直接提供的能量并不多，但却有助于恢复。而且，除非你体脂率为 0%，否则脂肪不会成为你恢复的一个限制性因素（是不是很开心？）。糖酵解系统既直接为高强度训练提供能量，也会为训练组间磷酸肌酸系统的恢复供能。所以，这就对力量举运动的表现来说举足轻重。血糖是糖酵解的底物来源（利用血糖形成 ATP，为肌肉收缩供能），训练时消耗的血糖主要是来自肌糖原，糖原是一种紧密堆积的支链碳水化合物，由成千上万个葡萄糖分子连接而成。肝和肌肉组织都可以存储糖原，肌肉存储的量更大，而且与运动表现相关，而肝糖原主要是用来维持安全的血糖水平，保证神经系统工作。

人体将摄入的碳水化合物分解成葡萄糖，再通过胰岛素和其他开门分子（gateway-opening molecules）（比如 GLUT-4）进入肌肉，形成肌糖原。艰苦训练会大量消耗糖原，所以训练结束之后需要补充足够的碳水化合物。如果血糖补充不足，体内的糖原储存水平便会下降。

这导致的负面作用如下。

· 降低训练强度（力量输出水平下降，尤其是每组的训练动作重复超过 3 次时）；

· 降低训练容量（大重量训练时所能够完成的组数下降）；

· 主观感知的困难程度提高（感觉训练难度提高了，在感知上觉得杠铃变重了）；

· 直接发出信号，关闭细胞中的合成代谢调节器（可能导致肌肉流失）。

训练强度其实对糖原影响程度不高，训练容量才是最大的影响因素。容量越大，消耗的糖原越多。补充糖原需要在饮食中摄入足够的碳水化合物，但这并不是一件容易的事，尤其是在以下两种情况下。

· 训练者需要控制饮食，以保证体重级别时；

· 训练者身体的损伤会导致延迟性肌肉酸痛（DOMS），这会直接干扰血糖的吸收和糖原的合成。

因此，如果你的训练非常辛苦，执行的训练计划容量非常高（高容量计划非常好，特别是对增肌效果），并且又在控制饮食，那么你的糖原水平会明显下降，从而影响到你的训练强度、容量和适应。这样不仅不会进步，低糖原的状态还会直接让你的肌肉停止生长！

在饮食和训练都正常的情况下，训练对糖原的影响就不大，也不会影响运动表现。通常要数周的力量举训练才会导致糖原水平出现巨大下降，但这也只需要几天就能完全恢复。补充糖原的手段包括：

·在饮食中提高碳水化合物的摄入；

·降低训练容量；

·降低 DOMS。

糖原恢复最多只需要几天，但下一个因素带来的疲劳就比较难恢复了，有时甚至需要几周的时间。

神经系统

神经系统包括神经细胞和神经环路。

·中枢神经系统（Central Nervous System, CNS）神经元；

·中枢神经系统胶质细胞；

·外周神经系统（Peripheral Nervous System, PNS）神经元（比如连接肌肉与脊髓的神经）。

虽然骨骼系统的细胞提供了训练所需要的力量，但神经系统的细胞才能激活和协调骨骼系统细胞的功能。训练，尤其是高强度、高容量的训练，会让运动系统的神经元进行重复的，甚至是最大水平的活动。这种高水平的神经活动会打破神经细胞的稳态，导致神经内外离子和信使细胞的不平衡。举个例子，乙酰胆碱（acetylcholine, Ach）是运动神经元与肌肉细胞之间的主要神经递质。随着持续多重的、高频率的神经刺激，乙酰胆碱所携带的从神经到肌肉的激活信号就有可能被消耗掉。科学家们在中枢神经系统（大脑和脊髓）内发现了许多类似的神经递质，而就算通过中枢神经系统内胶质细胞的帮助，它们中的大部分也需要数天到数周的时间才能完全恢复。

超负荷的力量举训练会打破中枢神经系统和外周神经系统的稳态，继而导致积累性疲劳。

疲劳的神经细胞和神经环路会导致以下副作用。

·神经驱动肌肉的能力下降，降低力量输出；

·神经协调肌肉的能力下降，导致在进行大重量训练时杠铃轨迹不稳、无法发挥技术等问题；

·中枢神经系统的学习能力下降，降低学习新技术的效率。

训练容量是导致神经系统疲劳的重要因素，但逐渐提高的训练强度对神经系统的影响更大，即便是相同的训练容量，强度越高，训练也会越疲劳。因此，进行

10 组 1 次 90%1RM 的训练对神经系统的压力明显会高于进行 1 组 14 次 65%1RM 的训练，而且这种影响对于其他会积累疲劳的系统来说也是相似的，比如糖原消耗等。

为了降低神经系统的疲劳，训练者必须降低训练容量，同时也要考虑降低训练强度。神经系统的恢复速度低于糖原的恢复速度，需要用数天到数周的低容量轻训才能完全恢复。

化学信使

化学信使常见的有以下几种。

·自分泌信使分子（细胞生长和增殖的调节因子）；

·旁分泌信使分子（前列腺素）；

·内分泌信使分子（睾酮、皮质醇等）。

细胞内外的信使分子在训练适应的过程中扮演着不可或缺的角色。为了应对各种训练刺激，合成代谢信号通路会被激活，继而带来正向的适应。但是由于疲劳或其他情况，合成代谢通路会关闭，分解代谢通路会打开，这就会降低人体的适应速度，甚至导致力量和肌肉量的退步。

虽然人体有各式各样的通路和分子与疲劳积累有关，但在 3 个不同的生理层面上，主要有 3 类信使分子与疲劳有关。

1. 自分泌信使分子

虽然肌肉细胞内各种不同的通路都与训练和疲劳相关，但科学家对于 AMP 活化蛋白激酶（AMPk）和哺乳动物雷帕霉素靶蛋白（mTOR）通路的研究是最多的，研究成果的影响也是最大的。mTOR 被合成代谢刺激所激活，即只有当饮食中的氨基酸进入细胞，糖原存储充足，然后再进行大重量训练时才可以激活 mTOR。它是细胞主要的"合成代谢开关"，传达指令，让人体增加肌肉以及从训练中恢复。

而 AMPk 可以被高容量训练、各种类型的有氧运动以及低能量和低糖原等情况所激活，它会让肌肉细胞适应耐力的方向，并且分解肌蛋白来供能。当训练容量和疲劳度都比较低时，mTOR 的激活程度会超过 AMPk 的激活程度，给人体带来正向的适应，比如肌肉量的增加。但是，如果高容量训练的持续时间太长，造成了疲劳积累，AMPk 的激活程度就会增高，mTOR 的激活程度会降低。更糟糕的是，高度的 AMPk 激活状态会直接抑制 mTOR 的激活，但反过来不行。因此，高度的疲劳会创造出一个 AMPk 激活程度高于 mTOR 激活程度的人体环境，那么在这种情况下，你训练的净收益当然也就是负的，即造成肌肉损失和力量下降等。

2. 旁分泌：前列腺素与其他旁分泌因素

虽然关于旁分泌因素的研究不多，但现在我们能明确的是它们在高度疲劳的情况下，分泌机制会出现不同，并且也需要数周的时间才能完全恢复。有研究表明，前列腺素和其他炎症因子与 DOMS 以及训练恢复有关。疲劳似乎会干扰这个系统，这些干扰甚至在疲劳出现明显的副作用之前，我们就已经可以检测到了。而且这些旁分泌因素仍然需要数周来缓和。

3. 内分泌：睾酮与皮质醇

睾酮有增肌、减脂、恢复神经、提高组织修复速度等 50 多种有益于训练的好处，它能够帮助训练者在生理上创造一个更有益于训练的人体环境。大多数用类固醇的人都只有一条相同的理由：（多数）类固醇的功能与睾酮类似。而皮质醇是细胞内一种可以提高能量获取和利用效率的激素，但它会分解肌肉。皮质醇是一种分解代谢激素，它的许多功

能都会与睾酮的功能相互抵消。

在本书涉及的所有研究中，关于睾酮和皮质醇与训练关系的研究是最古老的。斯堪的纳维亚国家首先发现，在持续高容量、少休息的训练情况下（数周到数月），运动员的睾酮会逐渐降低，而皮质醇水平会不断升高。同时，这些运动员的疲劳水平也会升高，并伴随着训练效果的降低，有时甚至还会使原有的运动表现下降。有趣的是，研究这种现象的运动学家推荐睾酮降低的运动员直接注射睾酮，于是运动员使用类固醇的时代开始了。抛开类固醇不谈，我们现在能明确的是（随着研究越来越多，结论也越来越明确），长时间高容量的训练确实会导致睾酮降低和皮质醇升高，形成一种不利于正向适应的激素环境。

训练强度对与疲劳相关的化学信使的影响并不大，但训练容量却会对其造成巨大的影响，尤其是持续的高容量训练会直接导致激素环境发生改变。所以主要的解决手段就是训练者要在合适的时机将训练切换到低容量的模式。激素环境从开始改变到影响训练需要花费数周的时间，利用低容量训练来重新调整激素环境也需要几周的时间。力量举训练者多数时间还是在做中等容量的增力训练（每组重复 3~5次），所以容量的影响并不大。但是如果除了主项外，训练者还添加许多健美模式的训练，或增加增肌模块的训练，这时就很有可能会遇到睾酮与皮质醇的问题。

组织结构

训练能损伤的身体组织结构包括。

· 肌肉细胞结构和蛋白质；

· 肌肉筋膜（覆盖肌肉的膜状组织）；

· 肌腱（连接骨头与肌肉的组织）；

· 韧带（连接骨头与骨头的组织）；

· 骨头。

在进行大重量训练时，肌肉对抗大重量所产生的力可能会对身体造成直接的伤害。每一次训练都会导致肌肉产生细微的撕裂，不过大多数的损伤都会在小循环或减载期结束后完全恢复。长期进行大重量训练（数周到数月）可能会导致筋膜、肌腱和韧带层面的细微撕裂，有时甚至会出现轻微骨裂。在短期内这些细微的撕裂和骨裂是无害的，因为它们不会影响组织的完整性。但是如果它们一直无法恢复，细微的撕裂和骨裂就会累积，形成身体局部的弱点，甚至导致结构损害和受伤。轻一点的情况可能是扭伤，严重的话会导致肌肉、筋膜、肌腱、韧带撕裂，甚至是骨质损伤。肌肉的恢复速度相对较快，筋膜和肌腱就慢多了，需要花费几周的时间。但是筋膜、肌腱等组织的损伤积累也比较慢，除非连续积累了几个月的疲劳，否则一般都不会出现问题。韧带和骨头的恢复时间更是比肌腱和筋膜还要长。

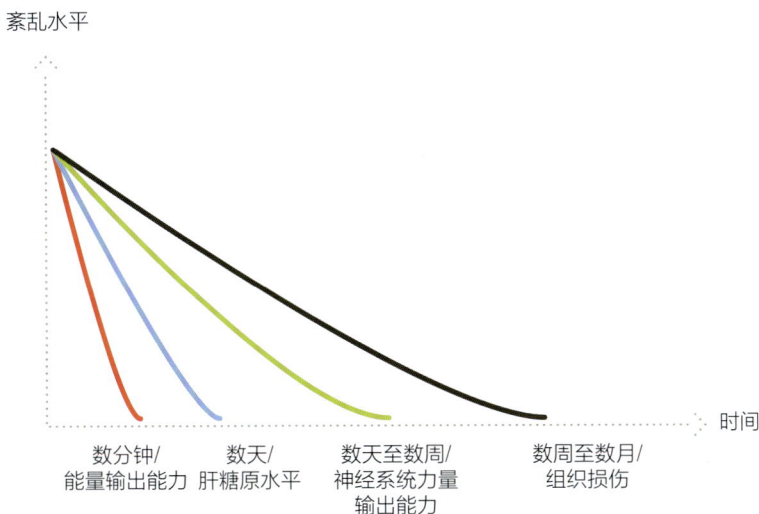

紊乱水平

数分钟/	数天/	数天至数周/	数周至数月/
能量输出能力	肝糖原水平	神经系统力量	组织损伤
		输出能力	

时间

训练后身体各系统的恢复速度

我们讨论这些疲劳和损伤的目的是想告诉大家，合理的力量举训练应该包括疲劳管理，训练者要学会在适当的时间缓解疲劳。如果你的训练完全不累积疲劳，这样虽然不会有受伤的风险，但是也没有超负荷和新的适应。所以，我们应该允许一定的疲劳累积，但要定期降低它，方法如下。

· 安排轻训日和休息日，恢复糖原存储；

· 安排减载周，缓解神经系统疲劳、恢复部分神经信使的功能、修复肌肉组织损伤；

· 安排低容量训练，恢复部分神经信使（比如睾酮和皮质醇）的功能；

· 安排主动休息，修复结缔组织（比如筋膜、肌腱、韧带和骨头），治愈疲劳带来的一些心理影响。

我们会在后文详细讨论疲劳管理原理的应用。

在力量举领域的定义

在力量举里，对疲劳的具体因素和影响进行讨论就意味着训练者应该设法在多个时间段内降低疲劳，以此来达到控制疲劳的目的。短期低水平的疲劳是训练过程的一部分，这是不可避免的，因为超负荷训练一定会带来疲劳。但高度的疲劳就会干扰运动表现、适应和身体组织完整性，这些对训练来说都不是好事。因此，在正常的训练中我们应该允许一定程度的疲劳积累，但要定期降低训练难度，将疲劳降低到可持续和不影响训练的水平，这样我们才能继续训练下去，并形成新的适应，帮助我们增力、增肌，提高力量举成绩。

不同程度的疲劳积累会产生不同的生理状态，我们对此进行了不同的命名和定义。训练者在训练过程中有以下 3 种疲劳值的训练类型。

低于或等于 MRV 的正常训练

如果你的训练介于完全不训练（过着普通人的生活，没有积累性疲劳）和接近 MRV 训练之间，那么你就可以被归为可以"足量恢复"的一类。你的疲劳值很低，不会干扰适应或运动表现，受伤风险也没有增高。这样的训练者基本没有疲劳管理的必要，全力以赴地训练吧！

超量训练（功能性与非功能性）

超量训练的容量介于我们讨论 MRV 时提到的（3）和（4）之间，这样的容量可以是有意为之，也有可能是无意的。如果你的训练容量超过 MRV 是因为恢复不够（比如这周没睡好），从而导致了疲劳升高，并带来一些副作用，我们就把这种现象叫"非功能性超量训练"。这个疲劳值不是因为训练刺激提高导致的，而是恢复不足带来的。因此，这种超量训练不会促进适应，只有苦练才能带来适应，恢复不足是无法带来适应的。如果是因为太疲劳，而不是训练容量太大导致的训练效果下降，那你就多安排一些休息，你就会重新获得训练效果。

功能性超量训练是指故意进行刚好超过身体恢复能力的训练，然后再降低训练难度，从而让身体既能从超量训练中受益，又可以从超量训练中恢复。所以从本质上来看，这是一种短期的过量且没有恢复不足的训练。如果你不懂疲劳管理，只是不断提高训练难度，感到累了就降低难度，那你就是在无意中采取了功能性超量训练的方法！功能性超量训练有效是因为短时间的疲劳积累是无害的，而训练越多，效果也越大。我们把这种短暂苦练之后获得效果的现象叫作超量恢复。一些研究显示，超量恢复不仅会发生在两次训练之间的恢复过程中，在之后的几周内都可能会持续有超量恢复的发生，只要你超量训练之后 1~2 周的训练容量远低于 MRV 就可以了。事实上，正常的训练都可能会有一些超量训练的情况。比如你的胸肌会在训练后的几天里处于超量训练的状态，然后逐渐恢复过来。所以一个人的训练容量从来都不是一直处于 MRV 以下的，而是要在 MRV 上下浮动，超过 MRV 的训练促进适应，低于 MRV 的训练保证恢复。我们可以把这种训练安排方式融入到中循环之中，将中循环最后一周的训练容量超过 MRV，然后接着安排减载。因为减载期的容量要远远低于 MRV，所以这样的安排既可以保证恢复，又可以促进适应。

特意安排超量训练是有益的，但必须要谨慎使用，尤其是对于安排的时机。如果超量训练的时间太长（超过 2~3 周），就会导致训练过度。

过度训练

当大多数人说他们"练过头了"的时候，他们真正的意思其实是指过度训练。过度训练是一种有害且需要认真对待的情况。过度训练通常发生在当你疲劳积累太多、持续时间太长，又没有采取措施来应对疲劳的时候。过度训练主要分为两种：中性过度训练和负收益过度训练。

1. 中性过度训练

如果你及时察觉到自己过度训练了，你就可以通过一些手段，及时恢复到正常的状态。我们很难说"及时"具体是什么时间，但我们觉得过度训练一个月可能是个粗略的指标。训练者及时采取措施的话，也许需要花 2 个月左右的时间恢复到之前的水平，然后又能继续进步，并且这样不会有任何持续性的负面影响。为什么需要这么长的时间才能恢复到原本的水平呢？训练者需要几周（甚至是 1 个月）的时间来做轻重量、低容量（差不多是 MRV 的一半）的训练来降低疲劳，然后再花几周（也许是 1 个月，甚至更多）来恢复到以前的水平，这样才能继续进行超负荷训练，形成新的适应。中性过度训练不会有持续性的负面影响，但它会浪费你几个月的时间。我们还是要尽量避免，但这不是过度训练最有害的形式。

2. 负收益过度训练

负收益过度训练会带来长期的负面影响。如果训练过度的程度太严重和/或持续时间太长，那么训练者想要恢复到原来的运动水平可能要花几个月甚至是 1 年的时间！如果这个过度训练发生在某位训练者职业生涯的末期，那么他很有可能永远都无法恢复到之前最好的运动水半。

即便是训练者的状态恢复了，过度训练导致的伤病也有可能影响训练者的运动表现和后续的训练。负收益过度训练有可能导致训练者遭受到持续的关节损伤、瘢痕组织（后期可能会在训练中被撕裂）和慢性炎症。是的，或许从负收益过度训练中恢复过来以后，你确实可以继续进步，但你的身上已经增添了一些伤病，或很难应付的问题。因此，我们的建议是训练者要尽可能避免这种过度训练。

虽然负收益过度训练听起来有些骇人，但在力量举里其实非常少见。相比于对抗、耐力和团队运动，力量举还算是一种低容量、高强度的运动，那些想要过度训练的运动员在真正达到过度训练的状态之前，很有可能已经受伤了，因此并没有这样的机会。对于负收益过度训练，风险最高的是那些容量巨大且每天都需要频繁进行的训练，例如体能、技术/战术训练等。而力量举需要训练者长期处于低疲劳状态，这样才可以成功地进行大重量的力量训练，因此进入负收益过度训练的概率不高。但我们仍要知晓它的副作用，因为力量举训练者还是有机会进入这种状态，我知道一个训练者进行了 2 个月的"保加利亚容量计划"后就进入了负收益过度训练状态。

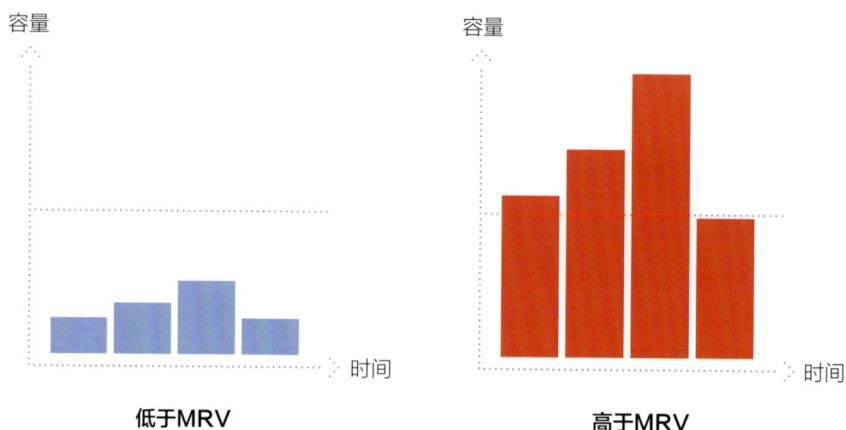

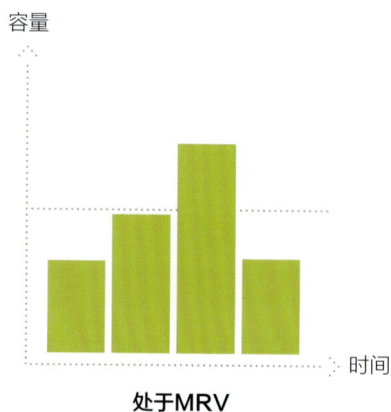

低于MRV

高于MRV

处于MRV

中周期与 MRV 的关系

上面左上图是指从来不接近 MRV 的训练，这种训练的刺激不够，因此效果也就不够好。右上图里的训练从一开始就一直超过 MRV，这是一种不可持续的状态，因为训练者会积累大量的疲劳。下图里的训练是最有效的训练结构，训练容量接近 MRV，并在减载之前超过 MRV。

训练原理重要性排序

疲劳管理是重要性排名第 3 的训练原理。它没有专项性重要，因为专项训练是疲劳的来源；它没有超负荷重要，因为在力量举里，艰苦的训练一定优先于休息，没有超负荷就无法成为专业的力量举选手。没有人想上了赛场之后只拿平平的成绩，观众也会好奇这人来赛场是干嘛的。

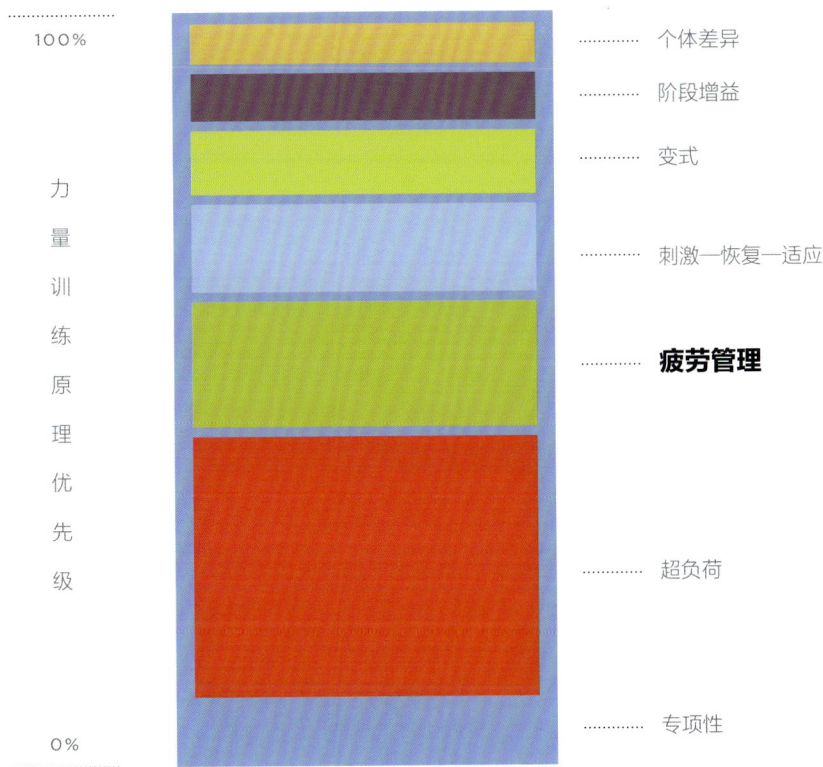

除了专项性和超负荷，疲劳管理就是最重要的原理了。如果你完全不管理疲劳，训练就会事倍功半，训练艰苦，效果又不好，甚至可能还会停止进步、运动表现倒退或者受伤。疲劳管理可以让你在合理应用专项性和超负荷的情况下，持续地训练下去，这 3 个原理就已经为力量举训练计划打下坚实的基础。仅仅使用这 3 条原理，你就可以制订出一个可以长期使用、效果出众的计划了。有许多非常出色的训练者，其训练计划使用的核心原理都没有超过这 3 个。但有多少不进行管理疲劳的优秀训练者呢？至少我从来没有遇见过！如果你不使用这 3 条核心原理，你的运动生涯要么平平淡淡，要么持续时间短，要么既平平淡淡又持续时间短。

疲劳管理原理的正确应用

最大可恢复容量

想要正确应用疲劳管理原理的核心其实非常简单，但如果想要完全理解它，并能够进行细致的疲劳管理则又会变得很复杂。有趣的是，我们可以从超负荷原理入手来讨论如何有效地管理疲劳。

超负荷定义的第一部分表明，我们的训练存在一个阈值，只有超过这个阈值，才能有效地形成适应，但这也会积累疲劳。如果训练低于这个阈值，我们训练时积累的一点点疲劳会在休息日消散，也就完全没必要进行疲劳管理。但这种训练就会没有意义，因为它既没有积累疲劳，也没有形成新的适应。我们要承认的是合理的超负荷训练一定会积累疲劳。

超负荷定义的第二部分告诉我们，为了进一步提高进步的速度，我们要不断提高训练刺激，从而打破人体当前的生理状态。这意味着每次训练所带来的疲劳会越来越高，从下面的柱状图可以看到，每个小循环的疲劳积累速度越来越快。最终，疲劳会打乱人体生理节奏、降低训练效果，并且首当其冲受到影响的就是运动表现。

所以，我们一开始就给 MRV 下了很明确的定义。MRV 指的是身体可以承受并恢复的最大训练容量，低于这个容量的训练，超负荷效果不够好，而超过这个容量的训练则会降低运动表现。力量举训练有 4 个阶段，MRV 也有 4 个标准。

（1）增肌阶段 MRV：高于该容量的训练会导致肌肉流失。

（2）增力阶段 MRV：高于该容量的训练会降低基础力量。

（3）冲刺阶段 MRV：高于该容量的训练会降低极限力量的输出、影响技术熟练度。

（4）主动恢复阶段 MRV：高于该容量的训练会降低恢复速度。

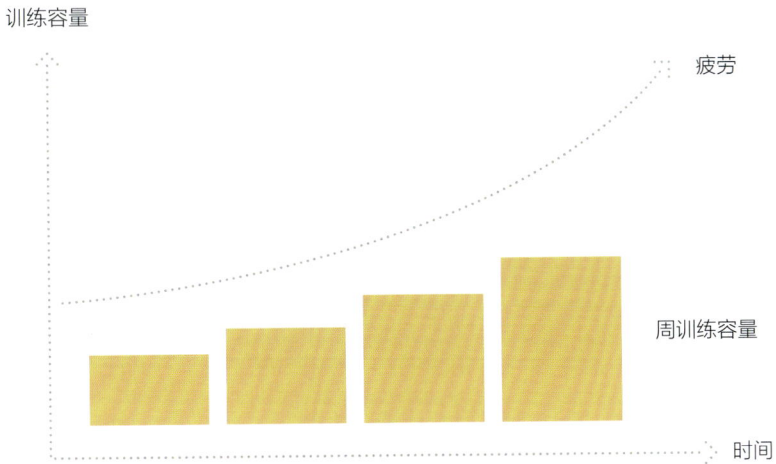

训练容量

疲劳

周训练容量

时间

超负荷训练下的疲劳积累

4 个阶段下的 MRV 各不相同。

（1）增肌阶段的 MRV 是所有阶段里面容量最高的。你可以状态差到极致，你可以神经系统非常疲劳，你也可以没有劲，但你仍然能够进行 60%1RM 强度以上且容量足够的训练来增肌。即使是化学信使的转变速度提高了，增肌速度也只会降低一半。

所有的训练都会激活 mTOR 和 AMPk。如果你练对了，mTOR 的激活程度会高于 AMPk 的激活程度，其结果就是你的肌肉得到增长。但是随着训练导致的疲劳不断积累，每次训练中 AMPk 的激活程度会越来越高，最终超过 mTOR，导致肌肉流失。这个过程也与旁分泌信使（睾酮和皮质醇）有关。增肌训练最终可能会导致疲劳爆发，那时我们就要降低容量，但总的来说，增肌阶段的 MRV 一定是高于其他3 个阶段。

在实际的训练过程中，我们很难确定增肌训练的 MRV 是刚好达到了还是超过了，因为我们大部分人都没有机会用放射性 3H 亮氨酸来直接追踪肌肉的生长。但是，我们仍然有一些"土方法"来大致估计一下。如下症状代表着你可能超过了增肌阶段的 MRV。

· 完成 60%~75%1RM 强度训练的能力下降；

· 训练不容易有泵感；

· 训练后第二天不是酸痛，而是感觉空虚、虚弱或疲劳；

· 训练时没有精神，没有苦练的动力。

（2）增力期的 MRV 要求至少维持住力量表现。因此只要训练者无法维持力量输出水平、无法举起超负荷所必须的重量，那么他的训练容量就是超过了 MRV。为了保证力量不受影响，神经系统一定不能过度疲劳，糖原储备、睾酮水平等也不能太低。因此，增肌期的疲劳值和 MRV 一定不适合在增力期使用，增力期的 MRV 应该低一些。

辨别训练者在增力期的 MRV 是否过高的方法很简单：如果你做每组 3~6 次的重量的能力下降了，力量输出不如之前了，那么你的训练容量可能就刚好在或超过了 MRV。例如，你第一周能负重 200 千克做 3 组 5 次的训练，第二周能负重 205 千克做 3 组 5 次的训练，但第三周负重 210 千克只能做两三次的训练，这就说明你的力量输出水平下降了，训练容量超过了 MRV。

（3）对冲刺阶段的 MRV 进行估计的难度要高一些，但如果从多方面来看，它判断起来又是最直观的。冲刺阶段的 MRV 要远低于增肌和增力时期的 MRV，训练者为了举起最大的重量，必须把疲劳值降得很低，并保持足够好的神经系统状态。如果你做每组 3 次的训练时状态很棒，技术也完成得很好，你的训练容量就处于或低于 MRV，但如果你提高训练容量之后无法完成每组训练应做的次数或技术表现下降了，就有可能超过 MRV 了。

（4）主动恢复阶段的 MRV 指的是在保证最佳恢复速度的情况下，能够进行的最大训练容量。恢复情况很难直接测量，我们在大多数时候必须使用研究成果揭示的容量指标来估算此阶段的 MRV。研究显示，主动恢复阶段的 MRV 差不多是增肌期 MRV 的 1/4。

1. 从中周期的角度看 MRV

我们通常（或应该）从中周期的角度看待运动表现，所以 MRV 也可以从中周期的角度来定义。换句话说，从单次训练的角度来看待 MRV 是没有意义的，因为在这种情况下，轻训就能让你基本上完全恢复。讨论 MRV，最好的范畴是中周期，因为这是评估运动表现与应用 MRV 最合适、最现实的时间范围。但这也不是说每个中周期内的小周期都要接近 MRV 训练，安排一些超量训练也有许多的好处，所以我们要在每个中周期的末尾有意地让训练容量超过 MRV。为了能从超量训练中恢复和适应，我们需要在超量训练之后安排一次低容量的减载。所以为了获得合适的累积与减载的比率，我们要恰当地应用超负荷原理（从最低强度阈值开始逐渐提高难度），并且在超量训练之后安排训练容量低于 MRV 的小周期，但小周期的容量要逐渐接近 MRV。这样做可以提高我们的训练效率，同时让训练可持续地发展下去，还能防止我们因为频繁超量训练而过度安排减载。

累进期初期和中期的训练容量应该接近 MRV，然后在累进期末期（减载期之前）超过 MRV，这个容量的平均值就是整个中周期的 MRV，这个数字基本上也是一个标准中周期的中－末阶段的容量。所以从这里开始，我们所谈的 MRV 就是指每个中周期内的平均 MRV。

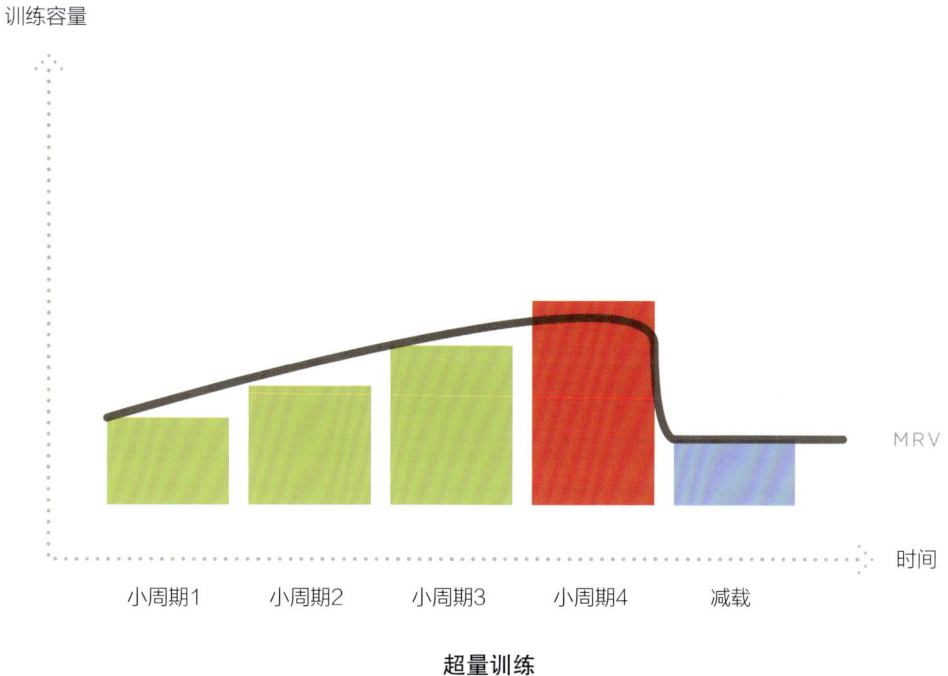

超量训练

MRV 在单个中周期内的波动

MRV 在训练新周期开始时的起点都很低，因为它需要增长空间来逐渐实现超负荷，随后曲线会在第四周逐渐平稳，最后在减载期突然降下来，为下一个中周期做准备。

2. 从运动员个体的角度看 MRV

我们一直是从理论角度来讨论每个训练阶段的 MRV，但运动员个体也有许多变量会影响 MRV。我们大致可以将这些变量分成 2 类：强化训练能力与促进恢复。促进恢复这一类的变量对提高 MRV 来说绝对是必要的，因为过多的强调训练能力的提升只会让你更加疲劳，提高你超过 MRV 的速度。但是仅强化恢复能力也是不够的，在大多数情况下，训练容量也必须相应增加，以充分利用新增强的恢复能力。

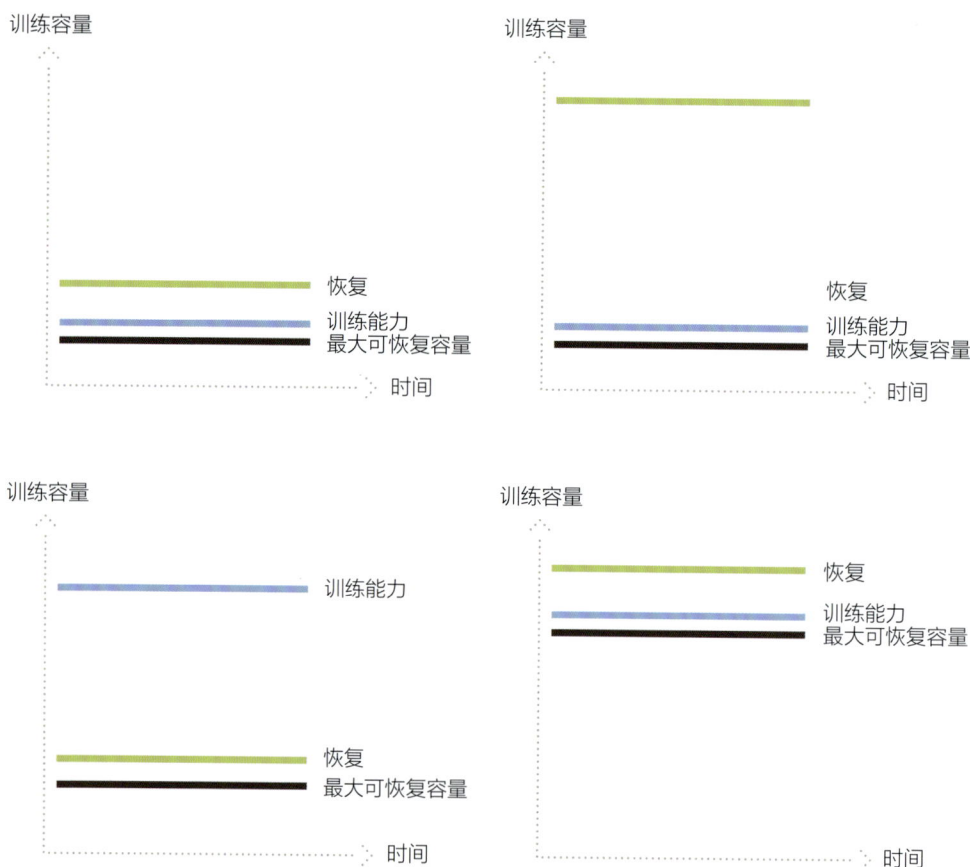

訓练容量 · 时间 (四个图表)

- 训练容量 | 恢复 | 训练能力 | 最大可恢复容量 | 时间
- 训练容量 | 恢复 | 训练能力 | 最大可恢复容量 | 时间
- 训练容量 | 训练能力 | 恢复 | 最大可恢复容量 | 时间
- 训练容量 | 恢复 | 训练能力 | 最大可恢复容量 | 时间

最大可恢复容量、训练能力与恢复

在现实生活中有许多变量会同时影响恢复和训练能力。充足的睡眠和良好的营养可以允许你练得更努力（继而提高你在特定强度下的训练容量），还能加速恢复和提高适应，继而提升你的 MRV。药物（比如合成代谢类固醇）可以提高训练者能够承受的刺激量，加快恢复的速度。生活压力和其他的身体活动可能对训练能力的影响没那么大，但会大大延缓恢复的进程，继而影响你提高 MRV。在增力阶段前强化高容量训练的能力（或安排增肌期）可以提高增力期的训练能力，但这对恢复能力的强化效果并不好。为了提高 MRV，训练能力和恢复能力都需要提高。

这里的道理非常简单，如果你想要有更高的 MRV，并从高容量训练中获益（只要你能恢复，容量肯定是越高越好），你必须同时保证努力训练和恢复。这意味着随着你的训练越来越艰苦，你的恢复模式也同样需要得到改善。我们很少听到顶级运动员的睡眠或者饮食不好，他们都很擅长安排自己的生活，排解自己的压力。

你的恢复能力会随着训练年限的增长而得到增强，因为长期的训练（数月甚至数年）会强化你的训练能力，继而提高你的 MRV。因此我们建议，最好不要照搬成熟的精英训练者的训练计划，因为你可能还没有强大的恢复能力来应对他们的训练容量。

3. 从运动员群体的角度看 MRV

MRV 不仅会因为个体运动员训练经验的积累而发生改变，不同运动员之间的 MRV 也会不同。两位运动员的睡眠和休息时间可能不同，一位运动员的饭量可能比另一位更大，而另一位运动员可能用药了。如果你能亲眼看看保加利亚国家队队员的训练环境，你就会发现他们的食物、药物、睡眠和按摩都唾手可得，你也就不难理解这些运动员非同寻常的训练容量了。如果你受到这些保加利亚运动员的鼓舞，想要疯狂地提高强度、容量和训练频率，那么我建议你先去看看他们的恢复手段。

除了这些外部环境和手段的不同，基因也是有差异的。不同运动员之间训练能力、恢复能力、MRV 差异很有可能是基因导致的，而与外部环境、生活方式的关系并不大。有些训练者就是能每天只睡 3 个小时，然后去健身房大练特练；而有的训练者只要少睡 1 个小时，就可能会发生超量训练了。基因是不能选择的，所以也没必要对基因这个话题恋恋不舍。但你硬要和训练伙伴们使用同样的训练强度和组次就是毫无意义的，因为它从理论上就出了问题。我们在某种程度上都存在着不同，这会在训练容量上反映出来，只有意识到这一点，我们才能提高训练效果，挖掘自己的潜力。

4. MRV 与相对强度

有数不清的因素会决定 MRV，比如训练阶段、运动员的训练能力、恢复能力和其他各种五花八门的因素。但我们之前提到的一个概念对 MRV 影响深远，值得我们单独讨论一下。

相对强度（我们在第一章解释了它的定义）基本上可以理解为在每一组训练中，肌肉接近绝对向心力竭的程度。如果在某个重量的负重下你要重复做 5 次训练动作才会完全力竭，但这一组你只做了 3 次，那我们就可以说你在力竭前保留了 2 次。我们也可以说，要达到力竭，你需要做更多的训练。

力竭对疲劳的影响非常大，因为在同样的强度和容量下，力竭组积累的疲劳比非力竭组高。比如你一组可以完成 5 次动作，那么对于你来说，在相同负重的情况下，完成 1 组 5 次的训练与完成 5 组 1 次的训练相比，一定是前者积累的疲劳更多。仅仅是一两组的差别不大，但所有的训练都这么进行的话，在相同容量下，上述前者积累的疲劳就会高很多了。

简单来说，力竭训练会降低你的 MRV。如果你想在持续进行力竭训练的同时仍然能恢复到能够勉强保持每周超负荷训练的状态，就需要你大大降低训练的容量。高强度训练（High Intensity Training，HIT）需要每一组动作都训练到力竭，所以这种训练无一例外的是训练容量都不高。容量对增肌和增力的影响都举足轻重，所以这种训练方式对它们的效果都不太好。因此，有意地降低 MRV 绝对不是好主意。

完全力竭的训练不利于获得较高的 MRV，但在相同训练容量和强度的情况下，相比于不力竭的训练，力竭训练的增肌和增力的效果都会好一点。非力竭训练的适应效率并不高，我们之前在讲超负荷原理时讨论过这个话题，大家可以翻回去看看。综合我们目前讨论得到的结果，我们可以得出结论，最好的训练方法就是接近力竭（足够接近训练者的最大强度阈值），但又不完全力竭。力竭会不成比例地积累疲劳，并急剧降低 MRV，这是我们力量举训练者不想见到的。

如果真的要使用力竭训练，那么在每个中周期的累进期的末期做力竭训练可能会有效。首先，累进期之后紧接着是减载期，所以积累的疲劳不会干扰下一个循环的训练。其次，之前几个中周期的训练超负荷在稳定增长，我们需要一些极端的手段来诱导出进一步的适应。最后，在减载前的最后一周使用远超过 MRV 的训练可能会在减载期诱导出超量补偿。事实上，我们可以在累进期的最后一个小周期定制一个力竭训练（可能没那么力竭，但应在安全范围内尽可能接近），但记住这应该是考虑到力量举的其他所有应用原理而量身定制的。

影响疲劳积累和消除的训练变量

关于疲劳积累和消除的速度，讨论这个话题与讨论 MRV 有些不同。当你正好按照或接近你的 MRV 开始训练的时候，你能在疲劳开始积累且 MRV 开始降低之前训练多长时间？一旦你开始减载，降低 MRV，你需要多长时间才能消除疲劳？这些事和规划每日饮食、选拔运动员等不同，因为这些事需要更多其他的细节因素才能判断出来，比如动作类型（如高杠深蹲、低杠深蹲等）、训练水平、体型、力量、肌纤维类型和技术等。性别可能也是因素之一，但前面的因素会更重要一些。

1. 动作类型

我们在"超负荷"一章讨论过，相比于自由重量训练和复合动作训练，器械训

练和孤立动作训练打破稳态的能力并不强。也就是说在组数、次数、强度相同的情况下，杠铃训练积累的疲劳程度一定高于器械训练。这不是坏事，伴随疲劳而来的是进步，所以多数情况下，杠铃动作是更理想的训练形式。如果因为某种因素，你必须控制疲劳，并且你也可以接受或许不算是最佳的训练适应，那么器械训练也是很好的选择。

孤立动作训练积累的疲劳不多，因为这些动作基本上无法实现训练的高容量。真正的容量积累需要涉及重量、组数、次数和行程（计算总做功），复合动作的行程更长、负重更大，所以做功的速度更快。不仅如此，孤立动作募集的肌群更少。稳态被破坏的肌群越少（募集相应肌肉的神经系统活动度越低），积累的疲劳也越少。因此，肱二头肌弯举 5 组 10 次积累的疲劳永远都比不上做 5 组 10 次的杠铃划船，因为弯举要用到的肌肉太少了。

我们有一种方法来判断动作带来的疲劳值，那些行程更长、负重潜力更大（能上多少重量）、募集肌肉更多的动作积累的疲劳更多。根据这些标准，我们可以把力量举的动作进行排序。

最疲劳：硬拉。行程中等（多数情况下比深蹲短），负重潜力最大，募集肌群最多。

中等疲劳：深蹲。行程最大，负重潜力中等，募集肌群中等。

最不疲劳：卧推。行程最短，负重潜力最小，募集肌群最少。

从这个排序里，我们能得到 2 个重要信息。首先，在组数、次数一定的情况下，卧推积累的疲劳消除速度比硬拉快，所以相比于硬拉，卧推的训练频率可以更高一些，而深蹲的训练频率则可以介于卧推和硬拉之间。其次，在赛前为冲刺而控制疲劳的时候，我们建议首先降低硬拉的强度，深蹲其次，卧推最后，从而留下足够（但不可以太长）的时间来消除疲劳、保留适应。我们会在"SRA"和"阶段增益"这两章详细解析这两个问题，还会讨论动作类型、疲劳类型等带来的差异。

2. 训练水平

常年的训练会带来生理适应，我们也会逐渐知晓自己能力的边界，恢复系统的运行速度与训练系统的进步速度有时候是不一样的。训练时，肌肉分解糖原产生乳酸，而心脏与肝脏会清理血液中的乳酸。你的肌肉越大、神经系统对它们施压越多（这会随着训练水平的提高而改善），体内产生的乳酸就越多。但是心脏和肝脏并不会随着训练有太大的改变，所以随着你训练水平的提高，体内的乳酸积累越来越多，而身体清除乳酸的能力却进步不大。同理，免疫系统（对两次运动之间肌肉的恢复至关重要）的进步空间也不大，而训练对身体的损害却可能会逐渐提高。胃肠道系统也是如此，身体对营养的需求越来越大，而胃肠道的吸收能力却基本不变。

你的训练水平与恢复能力相差越大，你积累疲劳的速度就越快，消除疲劳的速度就越慢。

高阶训练者经常因为使用低频率训练而受到外界的争议，但只要考虑到他们已经接近自己运动水平的巅峰，大家也就可以理解他们需要使用这种方式来保证自己的恢复。

3. 体型

这条就十分简单了：体型越大，负重的潜力就越大，但需要打破稳态的组织也更多。无论你多么刻苦地训练肱二头肌，它们也能几天就能恢复过来。但如果你用相同的组数和次数来训练你的股四头肌，我保证你在一周内走路都会一瘸一拐的。

这种观察结果适用于 3 种不同的常见现象。

· 募集肌肉多的动作会导致更多的疲劳（硬拉＞深蹲＞卧推）。

· 同一位训练者如果体型增大，那么其疲劳积累的速度会更快、疲劳释放的速度会更慢。

·不同体型的训练者有不同的疲劳积累模式。通常来说，训练者体型越大就需要越低的训练频率，也需要更长的时间来消除疲劳。

不仅是体型，身高的影响也非常大。迈克博士身高 1.68 米，而查德身高 1.88 米，即使训练的组数、次数、重量完全一样，查德训练时做功也会更多，因为查德的杠铃行程更长。瘦高型的训练者积累疲劳更快，而疲劳消除会更慢。最好的例子就是萨里切夫（Kiril Sarychev）的卧推训练，他大概每 10 天才进行一次大重量卧推训练。这种超级低频率的卧推训练在一般情况下是没有意义的，但萨里切夫的个人情况如下。

·他需要推每组 5 次超过 270 千克的重量。

·他手臂和胸部的肌肉量超过了许多训练者的股四头肌和臀肌的肌肉量（赛季体重 180 千克）。

·身高 2.03 米，卧推行程超过了许多 90 千克级别训练者相扑硬拉的行程。

所以，考虑到他的这些特殊因素，萨里切夫每 10 天练一次大重量卧推也就情有可原了，毕竟他的卧推行程超过了许多 90 千克级别训练者的相扑硬拉的行程。

4. 力量

你的力量输出能力越强，你所能造成的稳态破坏也就越大。简单地说，力量越大的训练者，破坏自己身体稳态的能力越强，疲劳积累越快，恢复速度越慢。有趣的是，这也与训练强度有关，相同容量的情况下，越接近 1RM 的训练，积累的疲劳越多。有装备训练者的训练强度出奇的高（甚至超过 1RM），所以西部杠铃体系为有装备训练者制订的计划是每周只进行 1 次大重量上半身训练和 1 次大重量下半身训练，这是最优秀的训练者搭配最好的药物所能够恢复的最快时间了。我们再来谈谈另一个极端，无数的训练者证明了"每天都深蹲"这个训练计划是非常高效的，从持续几周时长的"集中训练"的角度来看，这种计划的效果非常好。但是这种反馈多数来自非顶端的训练者，顶级的力量举训练者对此的反馈并不好。所以，这是一个两极化非常严重的话题，训练水平最高的训练者反而使用最低频率的计划〔李烈（Eric Lilliebridge）可能就是最极端的例子〕。

在追求力量的道路上，为了保证自己的恢复，你们需要定期安排减载小循环，降低训练的容量、强度、频率和 / 或使用变式等。

5. 肌纤维类型

人类的骨骼肌系统由快肌纤维和慢肌纤维组成。快肌纤维收缩速度快，对大重量抗阻训练反应好（增肌效果更好）。慢肌纤维收缩速度慢，对大重量抗阻训练反

应差（增肌效果差），力量输出能力也更弱。但也是因为慢肌力量输出能力弱、血管分布多，所以相比于快肌纤维，慢肌纤维承受稳态破坏的能力也更强，恢复速度更快。

快肌纤维比例高的肌群恢复速度慢，慢肌纤维比例高的肌群恢复速度块。总的来说，上半身的快肌纤维比例较高，下半身的慢肌纤维比例较高（尤其是股四头肌和臀肌），这也解释了为什么深蹲的动作行程长、负重大，却更耐疲劳。但有趣的是，多数人的腘绳肌是以快肌纤维为主的，所以像硬拉这种募集上半身肌肉和腘绳肌的动作非常容易导致疲劳。

不同个体的肌纤维类型也不相同。从人体骨骼肌系统的整体来看，有的人可能快肌纤维占60%、慢肌纤维占40%，另一个人可能刚好相反。快肌纤维比例高的人，力量输出能力更强，疲劳积累更多；而慢肌纤维比例高的人，能够完成的训练容量更高，恢复速度更快，疲劳积累更慢，MRV 也更高。但慢肌纤维多的人成为力量举顶级高手的并不多，因为慢肌纤维对大重量抗阻训练的适应性更差。

6. 性别

女性在疲劳消除方面，天生就有两大生理优势。

·女性肌肉中的血管分布更多，因此恢复速度更快。

·女性很少出现极端的快肌纤维与慢肌纤维的分布比例。虽然个体和性别差异都会导致肌纤维比例不同，但多数女性的肌纤维比例都集中在平均分配的数值附近。这意味着女性对稳态打破更耐受，恢复速度比男性更快。

所以相比于男性，女性疲劳积累的速度更慢，疲劳消除的速度更快，但这种性别优势并没有在男女之间拉开巨大的差异。与男性训练者相比，女性训练者普遍体格更小、动作行程更短，肌肉也不如男性发达。

7. 技术

假设两位训练者的训练重量一样，技术更好的训练者耗费能量会更少，自身受到的冲击力也会更低。硬拉会造成那么大疲劳的另外一个原因就是它是一个杠杆作用很差的动作。它不像深蹲和六角杆硬拉那样，杠铃路线完全垂直，并且和身体的重心重叠。硬拉时，脊柱周围的肌肉和后链要非常用力才能控制前倾的身体并挺直脊柱，这就对身体造成了极大的疲劳。杠杆作用不佳时，尤其是动作的压力中心远离了所有关节的总旋转中心时，可能需要辅助肌群最大限度地发挥支撑作用（有时辅助肌群甚至会超极限发力，比如"早安蹲"的向心阶段，竖脊肌的发力便超越了100%）。

低效率的训练会导致额外的能量、肌肉和神经系统的消耗，带来更多的疲劳积累。随着训练者的训练经验逐渐变得丰富，他们的技术会越来越熟练，疲劳管理也会做得越来越好。此外，牺牲动作的标准度，并以此来换取多做几次动作，会让你更快进入疲劳状态。所以，良好的技术不仅能降低疲劳积累的速度、提高疲劳降低的速度，而且还会提高你的 MRV，继而带来更多额外的好处。

训练的疲劳管理策略

本书讲的是力量举，所以我们就不详细讲训练以外的疲劳管理方法了，比如饮食、休息、药物等，但我们会在拓展阅读里提供一些书籍供大家参考。

关于训练的疲劳管理策略，有 4 个方法值得单独提出来进行讨论：休息日、轻训、减载和主动恢复。这几个方法根据时间范围进行划分，并且与疲劳的 4 个主要机制相对应（甚至是重叠），也就是对应着能量储备、神经系统、化学信使和组织结构的破坏。

1. 休息日

休息日应该是最流行、最被广泛接受的疲劳管理方法。休息日的训练容量为0，它可以让身体消除疲劳，为下一个小周期的训练做准备。有趣的是，休息日的好处不仅在生理学上得到了验证，还有心理学上的原因。研究显示，很多情况下轻训（尤其是低容量轻训）恢复生理疲劳的效率比休息日高，那为什么运动员还要按捺着迫切想要训练的心情来休息？这其实主要有两方面的原因：

· 多数情况下，休息日和轻训对疲劳降低的效果基本一致。即使存在不同，也基本上可以忽略。但休息日提供了另外一个好处（下文将介绍），这个好处比它的这个小缺点更大。

· 休息日也可以帮助缓解心理疲劳。压力是逐步积累的，即使心理疲劳（也就是人们常说的"心好累"）不会导致组织结构和生理上的损伤，它也会加剧疲劳的积累。比如，整理背包、摇蛋白粉、去健身房、热身和甚至是稍微活动一下筋骨都可能会造成压力。如果你是照着超负荷的标准进行的艰苦训练，那么压力就更大了。比如说上周训练时，你做完深蹲感到非常难受和痛苦，那么现在你即使只是整理健身包也会给你造成心理压力，更别提走路或坐公交车去健身房了，这些事情造成的压力都会超过轻训日所带来的一点点好处。

总而言之，休息日是疲劳管理必不可少的手段之一，它对心理疲劳的恢复效果让它成为所有力量举计划中必不可少的一部分。至于要休息几天，需要考虑2个限制因素。

在讨论这些因素之前，我们要提醒一下，下面的讨论是基于为了得到最好的运动成绩。如果因为时间安排等问题，你只能每周练3次，那就休息4天吧，这也没问题，但额外的休息日肯定会对训练效果造成影响。除了一些外部的限制条件，还有2个限制因素：心理疲劳释放的最低需求以及超负荷训练与休息日的关系。

（1）消除心理疲劳的最低需求。在理想情况下，训练者是不需要休息日的。但是我们之前也提过，心理疲劳使得休息日成为一种必需，所以顶级的计划中根本没有连续训练7天的计划，每周至少要休息一天。"练6休1"在理论上是可行的。笔者常年"练5休2"（不仅是自己的训练，学员们也是这么安排），并觉得这种安排的效果更好。对于不使用药物的力量举训练者来说，连续的休息日尤其重要。连续休息可以极大地缓解心理疲劳，并且让训练者更想训练。如果你连续在健身房训练，无论是进行大重量的苦练还是轻训，都会让你更快地进入平台期（实际上，在早前的文献中，平台期就是指积累的疲劳）。离开健身房 1~2 天可以让训练者更渴望训练，为下一个小周期的超负荷训练做好准备。

（2）超负荷训练与休息日的关系。在一个小循环训练内，一定会有超负荷训练。为了尽可能提高超负荷训练的效果、提高训练的难度，我们要在 2 次训练之间尽可能多地安排休息。2 次训练之间的休息时间越长，下一次超负荷训练的效果就越好。比如，安排周一大重量深蹲、周二大重量卧推、周三大重量硬拉，你的训练状态肯定不如在周一大重量深蹲、周三大重量卧推、周五大重量硬拉这样的安排好。所以，最好的训练计划都会把超负荷训练尽可能平均安排在一个小周期内。

在任何一个有效的训练计划内，只考虑训练的集中性会让一个计划被超负荷训练、容量训练和轻训所填满，而无法安排休息日。所以极端是不可取的，最好的计划要在 2 个因素之间取得一个平衡，也就是在休息日以外尽可能平均分配各种训练。

有证据显示，完全平均分配训练也不是最好的选择，所以我们会在下一节讨论轻训。休息日不仅会缓解生理疲劳（这也是一种变相的神经系统营养素），而且可以补充底物（主要是糖原）。休息日不会对化学信使的恢复有太大作用，因为它们需要更长的时间才能恢复到正常水平（我们之后会详细讨论）。休息日可以帮助修复肌肉和其他细小的结缔组织损伤，但肌腱和骨质损伤需要更长的时间才能修复。

2. 轻训

我们会在"刺激 - 恢复 - 适应"那章详细讨论轻训，但现在我们有必要指出，超负荷训练会对身体造成刺激，而轻训和休息日是促进恢复和适应的最好手段。在轻训中穿插大重量的辛苦训练会干扰适应进程。

轻训可以带来以下好处。

· 促进恢复和适应。

· 在不增加疲劳的情况下，训练动作技术。

· 能从很大程度上防止训练者因连续休息而导致的退步，这从长远来看会给训练带来巨大的好处。

好了，现在我们已经知道轻训有用了，但什么是轻训？如何准确定义轻训？休息日就是休息日，不言自明，无须定义，但关于轻训的定义，不少人还是会有一些疑惑。事实上，轻训的意思就是不需要达到超负荷的训练，这样就不会积累任何额外的疲劳。为了显著地减轻疲劳，轻训的容量要远低于 MRV，但为了防止训练者退步，其容量和强度又不能太低。

　　训练容量和强度太高会导致疲劳一直存积在体内，无法减轻或消除。而在轻训日积累疲劳可能是最坏的情况了，因为我们之前也提到过，在休息的时候没有得到足够的恢复会影响适应的进程。如果轻训期间仍然产生疲劳，那这样的轻训只是浪费时间（产生疲劳的减载期也是如此），因为它既不能消除疲劳，也不能产生适应。容量太低的轻训会把它变成休息日的"健身房一日游"，加速适应衰退（不利用适应就会失去它，我们会在"阶段增益"一章详细讨论适应），导致轻训变得毫无意义。

　　容量和强度相比的话，容量对疲劳的影响更大，所以每次轻训的容量都应该比正常训练时的容量低。同时，强度对维持适应的作用最大。所以，如果目标是消除疲劳、保持适应，那么大多数的轻训都应该是低容量、高强度的训练。唯一的例外就是冲刺阶段的轻训，因为那时的训练强度超过了 90%1RM，如此高的强度已经成为了疲劳的主要来源，所以安排会比较特殊。但总的来说，我们推荐按照以下方法安排轻训。

　　（1）增肌阶段的轻训。

　　容量：超负荷训练日的 50%

　　强度：超负荷训练日的 90%

　　（2）增力阶段的轻训。

　　容量：超负荷训练日的 70%

　　强度：超负荷训练日的 70%

　　（3）冲刺阶段的轻训。

　　容量：超负荷训练日的 90%

　　强度：超负荷训练日的 50%

　　随着训练负重的提高，MRV 降低，强度对疲劳的影响越来越大。因此，随着阶段变换，轻训时的负重确实应该越来越轻。安排轻训时会遇到两个常见的错误，其中最为常见的就是训练者选择降低强度并提高容量。没错，选择更轻的负重确实使我们的训练更"轻"了，但容量的提高势必会导致更多疲劳积累，这个错误在增力和冲刺阶段最常见。举个例子，如果你在正常的训练日进行负重 100 千克 5 组 5 次的训练，但在轻训日却安排了负重 60 千克 5 组 10 次的训练，那么后者的容量提高了。可能因为强度的降低，总容量导致的疲劳积累没那么多，但这也仍然没有起到轻训应有的作用。从超负荷的角度来说，训练的刺激不够；从轻训的角度来讲，

又没把疲劳降下来，所以两边都没有变好。在冲刺阶段，容量已经非常低了，所以多次数、小重量的训练会产生比正常训练更高的疲劳值。

另一个错误就是强度降得不够。在增力和冲刺阶段，强度对疲劳的影响非常大，所以单单靠控制容量已经不够了。当强度超过 80%1RM 时，如果只把训练从 3 组 5 次降低到 3 组 3 次就很难缓解疲劳了。但这个问题在力量举里不常见，但仍然值得注意。

3. 安排轻训的时机

轻训一定是必要的，就像其他的疲劳管理手段一样（休息日、减载和主动休息）。训练者每周可以进行 1~2 次轻训，然后在增力和冲刺阶段提高轻训的频率，因为此时低容量训练变得越来越重要。而在增肌阶段，使用轻训就没有很强的理论基础。

在增力和冲刺阶段的每个小周期的末尾，可以做 1~2 次轻训，从而消除疲劳，为下个小周期的超负荷训练做准备，并且还可以训练技术。

至于它在消除疲劳方面的作用，轻训的作用和休息日基本是一样的，其最大的好处是恢复糖原存储和缓解神经疲劳，对化学信使和组织结构的恢复帮助不大。

4. 减载

糖原消耗导致的疲劳只需要几个休息日或轻训就可以完全恢复。但是神经系统的疲劳、化学信使的破坏和肌肉、筋膜的轻微撕裂则无法在短短几天的低容量、低强度的训练中恢复过来。但幸运的是，这些疲劳也需要较长时间的积累才会影响到运动表现和适应。训练超负荷导致的诸如神经系统疲劳、化学信使的破坏和组织损伤等，必须通过一个时间较长、目的更集中的阶段来缓解与消除，这也就是我们常说的减载。

和轻训一样，减载也遵循同样的原则，通过降低训练的容量和强度来消除疲劳。也就是说减载训练的安排要足够简单，才能有效地消除疲劳，但同时也要有一定的难度，从而能够刺激身体、保持适应。减载还有一个需要注意的方面是时长。无论疲劳有多大，神经系统、化学信使和组织损伤的恢复都需要耗费较长的时间。平均的减载时长是一整个小周期，但这也只是其中一种操作方法。不过在大多数情况下，减载大概会持续一周。

减载期的训练容量和强度的安排与轻训类似，但也有差别。比如减载的平均强度应该比轻训低，因为虽然两者的容量都很低，但高强度不利于组织的快速恢复。而且刚得到恢复的撕裂部位的结构仍然不强，为了保证它不会再次被撕裂，减载后半段的强度仍然不能太高。综合考虑各种因素，我们推荐的减载安排如下。

（1）增肌阶段的减载。

小周期前半段：

容量：超负荷训练日的 50%

强度：超负荷训练日的 90%

小周期后半段：

容量：超负荷训练日的 50%

强度：超负荷训练日的 50%

（2）增力阶段的减载

小周期前半段：

容量：超负荷训练日的 70%

强度：超负荷训练日的 70%

小周期后半段：

容量：超负荷训练日的 50%

强度：超负荷训练日的 50%

（3）冲刺阶段的减载

小周期前半段：

容量：超负荷训练日的 90%

强度：超负荷训练日的 90%

小周期后半段：

容量：超负荷训练日的 50%

强度：超负荷训练日的 50%

这种安排不适用于赛前冲刺的最后一个中周期，因为这时需要的是一个减量收尾（taper），我们会在"阶段增益"一章详细讨论这个问题。

减载期的安排需要完全照搬上面的数字吗？绝对不是，这只是我们从文献、教学和训练经验中总结出来的平均数值。有许多减载范式都证明是有效的，只要核心没有偏离就行，而这个核心就是从超负荷训练中空出一周来降低强度和容量，从而消除疲劳，为之后的训练做好准备。

5. 安排减载的时机

减载可以极大地降低疲劳（事实上，几乎可以消除所有的疲劳），并为之后几周的超负荷训练做好准备。所以减载非常适合放在中周期的末尾，并在之后搭配3~5周的累进训练。轻训是帮助训练者为下一个小周期（或周）的超负荷训练做好准备，而减载则是帮助训练者为下一个中周期（或月）的超负荷训练做好准备。

减载之后，训练者的糖原重新获得储备（假设训练者有热量平衡或热量盈余的饮食），神经系统完全恢复，化学信使（尤其是皮质醇和睾酮）恢复到至少是一个可持续的水平，肌肉和筋膜上的细小撕裂完全恢复。训练者状态良好地准备迎接下一个超负荷训练的中周期。但这还不是疲劳管理的全部细节，为了完全把疲劳降到0的水平，我们需要一些更强有力的手段。

6. 主动休息阶段

一个大周期（几个月甚至是1年）的艰苦训练结束之后，即使在训练期间定期地安排减载，身体也需要进行一些调整。比如神经系统，尤其是中枢神经系统，在减载期也只能恢复到90%~95%，并且随着下一阶段训练的开始，可能会渐渐产生一些新的问题。化学信使可能会长期过高，使得训练者无法获得最佳的运动表现和适应。最重要的是肌腱、韧带的细微撕裂以及轻微的骨裂都会积累，这也是后期伤病最主要的来源。

从中周期的范畴来看，减载是消除疲劳非常有效的手段，但从大周期的范畴来看，我们则需要另一种方法，那就是安排主动休息。主动休息和减载类似，都由轻负重训练组成，但主动休息的时间更长、强度更低。减载也就持续 1 周左右，但力量举的主动休息期通常是 2 周。主动休息期少于 2 周会导致训练者无法得到有效的恢复，从而影响下一个大周期的效果，但多于 2 周就会导致训练者失去适应。补充一点，在减载期的前半段时间里，训练强度还是比较高的，但主动休息期的安排却不是这样，它全程的强度和容量都不高。

因此，我们推荐的主动休息期安排如下。

容量：超负荷训练日的 50%

强度：超负荷训练日的 50%

7. 主动休息的时机

理想的主动休息期应该安排在大型比赛之后，取决于训练者的参赛频率，大概 1 年可以安排 1~2 次。肌肉越大、力量越大、水平越高的训练者会积累更多的组织损伤，因此每年更需要 2 次主动休息。比赛之后的 2 周几乎是完美的主动休息的时机，因为这时距离下一次比赛还遥遥无期，所以暂时的运动表现退步（主动休息时会发生退步）是可以接受的。比赛后第 1 周完全不训练，第 2 周再去健身房进行主动休息期的训练计划也是完全可行的，但如果训练者的心理压力没那么大，2 周全部都进行主动休息期的训练计划，效果会更好。在主动休息期，你可以改善动作的技术和机动度，这两项是在做大重量训练时很难改进的。我们会在疲劳管理的过度应用中详细解释这个问题。

从训练者心理的角度来看，主动休息可能是疲劳管理策略里最艰难的手段了。整整 2 周只做 50% 的训练强度和容量非常煎熬，许多人会在主动休息阶段的末尾开始抓狂。但这也是好事！因为此时疲劳已经归零了，训练者已经对接下来的艰苦训练跃跃欲试了。为了迎接接下来的训练，想训练想到抓狂肯定是个完美的开始！

自我调控和主动疲劳管理

疲劳管理的目的是降低疲劳水平，防止累积性疲劳干扰超负荷训练和适应进度。至此我们只讨论了规划性的或主动的疲劳管理形式。几天的训练之后，我们的糖原储备会减少，所以我们需要安排轻训和休息日；几周的训练之后，我们的神经系统会疲劳，所以我们需要定期安排减载；几个月的训练之后，我们的化学信使会紊乱，组织损伤会积累，所以我们需要定期安排主动休息。从理论上来说，完成这些似乎就可以做到万事大吉了。

但是，所有的这些疲劳管理手段都是基于对疲劳累积的相对精准的预测。如果你的糖原正好在第 5 天的训练中消耗一空，那两天的休息完全可以恢复糖原储备。但如果你的糖原在第 3 天就消耗完了呢？如果用两个休息日你没法完全恢复呢？并且每周的训练也不可能完全一样。总而言之，现实生活中充满了各种不稳定因素。也许你某天要帮朋友搬家，耗费了你大量的糖原。也许你这两天工作压力大，吃的也不好。也许你这两天睡眠不好，神经系统的疲劳度也太高了。也许你觉得胸肌有点轻微撕裂，导致训练不在状态。面对这些问题，你还能够严格地执行现有的计划吗？当然还有一种可能，那就是如果你的疲劳水平比预期的低呢？这确实是个好问题，如果在这种情况下还严格执行之前制订好的计划就会降低训练效果。你这个中周期明明可以进行 5 周的超负荷训练，那为什么要只练 4 周呢？这乍一看好像差距没那么大，但一年后可能会变成 2~5 千克的训练差距，5 年后差距就更明显了，这些差距可能就是让你错失比赛冠军的重要原因。

为了解决这个难题，我们有一种策略叫"自我调控"。疲劳的自我调控要求训练者持续关注自己的疲劳水平，最直接的方式就是追踪自己的训练状态。但我们也有其他的方法，比如通过关注早上起床时的静息心率、训练欲望、饥饿感和性欲等都可以很好地评估自己的疲劳值。以训练状态为例，如果减载前的最后一周你安排的是负重 200 千克 5 组 5 次的深蹲训练，但你每组完成得都很轻松，觉得自己能多蹲 2~3 次，那么接下来你真的应该减载了吗？评估该问题时，我们要考虑两方面的内容。

1. 累进与减载的比例

如果你已经会不定期地进行疲劳的自我调控，那很棒，这样我们就可以讨论下一个相关话题了。累进与减载的比例（A:D）是一个值得讨论的问题，因为训练越多，它的比例就越高，这也意味着你可以取得的进步越多。但是，额外的休息日、轻训和减载会降低累进与减载的比例，浪费你本该用来提高自己的时间。在极端情况下（我们会在"疲劳管理的错误应用"中详细解释这个问题），随意地调控累进与减载的比例会导致一种恶性循环，例如，你进行了 1~2 周容量远高于 MRV 的训练，疲劳积累太多，继而开始采用不定期的减载或持续性的轻训，然后感觉状态恢复了，又开始进行容量远高于 MRV 的训练。这种恶性循环会降低训练者的训练效率和运动表现，这就是自我调控的一个局限。

2. 训练计划的干扰

自我调控疲劳的第二个局限是它有可能影响整体的训练规划。例如，你本来需要 8 周的增力周期来实现目标，但你把增肌周期延长了 2 周（因为你一直受到疲劳问题的困扰），那么你就只有 6 周时间来增力了。虽然这样你的肌肉量可能比预想的多，但是新增的肌肉并没有足够的时间来转化成力量，所以很有可能你在比赛中的成绩也并不会因此得到提高，但体重却增长了！因为力量举比赛的日期是固定的，为了获得最好的成绩，训练需要提前规划好，所以留给每个阶段的调控空间并不会太大，这就是自我调控的第二个局限。

那么如何进行自我调控才能既能提高训练效果，又能规避它的 2 个局限呢？

（1）持续关注 MRV。如果你不知道自己的 MRV，那么你极有可能长期处于过度疲劳或训练不足的状态，这会导致你的累进与减载的比率不协调，并干扰你的训练计划。因此我们推荐的最佳方法就是找到自己的平均 MRV，然后严格地按照它执行计划！如果你实际上只能练 6 组 10 次的深蹲，却强行练了 10 组 10 次，那么你的累进与减载的比率肯定会失常。如果你能从 10 组 10 次的深蹲训练中恢复过来，却只做了 6 组 10 次，那么你的训练周期势必就要延长，这也打乱了你的训练规划。训练和恢复能力可能会有一些波动，MRV 的估计值肯定也不是完全精确，但至少我们得到了一个起点。不要跟着感觉来训练，这样你就不需要跟着感觉来管理疲劳了。

（2）调整组数和重量来微调疲劳。如果你一直在追踪自己的 MRV，并严格地在根据它训练，但仍然觉得没那么累，这时我们就推荐你在不大改计划的情况下提高训练的组数或重量。如果你规划了 4 周的累进期，但是第 2 周太轻松了，那么第 3 周就不要只提高 5 千克的负重了，可以试试提高 7.5 千克，或者增加 1~2 组的主项训练。这与你多安排一周训练的效果是一样的，但又不会打乱你的整体计划安排。这种调整需要你清楚自己的训练能力，通常高水平的训练者和潜心钻研训练多年的训练者才可以做到。尽量向他们学习吧，然后努力做好，这与训练的年限无关。

（3）安排额外的轻训，不要轻易减载。还是用上文中的例子来举例，如果你的疲劳积累太多，导致第 2 周的训练难度太高，那么降低疲劳同时又不影响累进与减载比率的方法就是把剩下的训练日改成轻训。总的来说，轻训持续的时间不长，保存适应的效果要比减载期好。当中周期内疲劳积累超过预期时，这是最好的处理方法。这种策略需要你对自己诚实、不要自负，同时对自己的能力有清晰的了解。当然训练者也需要做出努力，为了使整个中周期的效果最大化，训练者在疲劳超过预期的时候不能做减载，而是改为轻训来降低疲劳。

总而言之，计划是必须的，然后才是自我调控。当训练容量低于 MRV 较多时，最好的应对方法是略微地提高容量和强度。当训练容量略高于 MRV 时，我们可以把本周接下来的训练全部改成轻训以自我调控疲劳，从而规避突然的减载，并防止累进与减载比率的降低。如果你需要不定期安排减载，那么你极有可能高估了自己的 MRV。最后，自我调控要求训练者不可以自负（防止训练者任性地提高容量和强度），对自己的能力有一定的了解（知道何时该苦练、何时该休息），所以自我调控和训练者的训练经验相关。新手（多数的新手还是应该有个教练）严格执行计划就好，因为新手自我调控疲劳的能力并不高，调节的需求也并不多（新手不会积累太多的疲劳，而且低疲劳也是可以进步的）。随着训练者训练经验越来越丰富，就可以逐渐实施自我调控疲劳了。有个注意事项值得一提，自我调控是高阶训练者一个很实用的手段，不过也正是因为他们对自己的 MRV 了解多，因此就更有可能调整自己的计划，但有时候这反而会影响到计划的整体安排。

疲劳管理原理应用不足

长期容量过大

之前讨论超负荷原理的时候，我们做了一个排行榜，这对我们讨论长期容量过大的问题也非常重要。

总的来说，训练容量可以分为以下 5 类。

（1）A 类训练容量不够，无法刺激训练者产生任何有效的目标适应。

（2）B 类训练容量中等，可以刺激训练者产生一些有效的目标适应，但量不够，并不足以产生最佳适应。

（3）C 类训练容量接近 MRV，这是训练者能够获得最大收益的容量。

（4）D 类训练容量略高于 MRV，但在短期、中期内训练者能够从中恢复。训练者也能够从此类容量中受益，但是效果没有 C 类好。

（5）E 类训练容量远高于 MRV，此类训练容量大大超过了训练者的恢复能力，无论是短期还是中期，都对训练者有害。

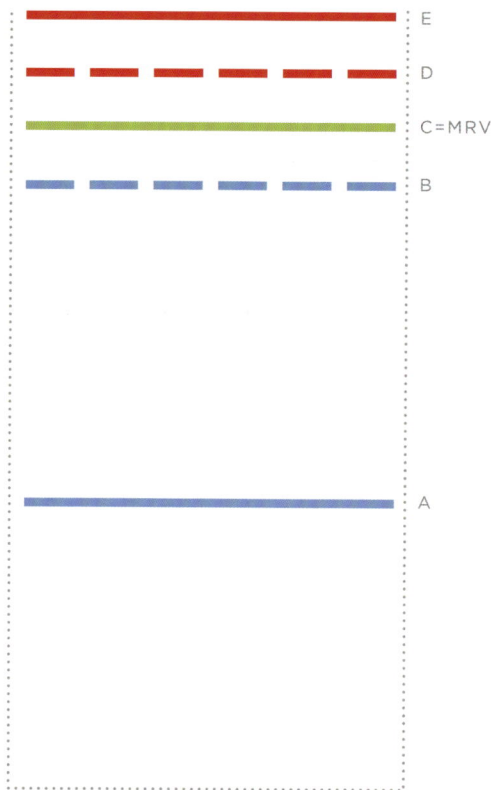

训练容量与 MRV

在上图 C 类的情况下，你训练得越多，就会越有成效。C 类就是指 MRV，即身体可以从训练中恢复并受益的最大容量。一旦超过这个阈值，并持续训练超过一周以上，训练就不会带来额外的效果了。疲劳管理可以让训练者超过 C 类这个上限，因为功能性超量训练也是有额外好处的。但这只是短期内的特意安排，并且最好是安排在中周期减载前的最后一周，从而能及时地降低疲劳。

疲劳管理原理的应用不足会导致容量频繁超过 D 类，甚至是长时间地超过 D 类，这必然会带来平台期或训练效果不高等问题，而且长时间的过度训练甚至会导致训练者退步。

有 3 个原因会导致训练者的训练容量长期超过 MRV。

1."硬核"心态

首先，你是力量举训练者。力量举肯定是很"硬核"的运动，但如果更具体一点，它也只是在部分时间内很"硬核"。如果你认为自己需要经常使用那些真的很有可能会让你受伤的负重来训练，那么即使你不练力量举，因为这样的心态，你也有可能是强盗、杀手或武士。严肃地说，力量举确实需要一个"硬核"的心态以迎接挑战，不轻言放弃，擅长苦中作乐，并从痛苦中寻求进步。这种心态可以帮助我们坚持训练、严格控制饮食、突破自我极限。但是如果这种心态太过于极端就有可能让你失去理智。挑战困难、尝试着突破自我确实是好事，有时我们需要这种心态，但绝不是强迫自己在行为上走极端。如果训练者习惯于把训练搞得超过 MRV，那这种训练肯定不会带来什么好处。在这种情况下，训练者需要面临抉择：是坚持自己的"硬核"，还是取得真正进步，每位读者都会做出自己的选择。

2. 照搬高手的计划

许多读者可能会对此觉得惊讶，但在世界上这么多人里面，能成为艾德·科恩（Ed Coan，20 世纪知名力量举训练者）的只有一个，能成为轮子哥（Larry Wheels）的也只有一个。高手们的计划对于普通训练者来说是非常有用的工具。通常情况下，他们计划的结构会很有帮助，但计划的容量却不一定适合你。事实上，高手们的训练计划的容量是告诉你那位高手在某个特定时间里的 MRV 是多少。有些顶级训练者的训练容量大到离谱，他们的恢复能力也十分惊人，但我相信他们也会说，在训练计划中最重要的是你能承受多少容量，而不是在计划上写下多少容量。所以如果你直接照搬这些人的计划，很有可能在你的力量举生涯的早期就已经开始超过你的 MRV 了。这会导致你会早早地进入平台期，甚至是退步。如果你真的觉得自己可以追随着那些顶尖高手练，那就试试尤里〔尤里·贝尔金（Yury Belkin），俄罗斯知名力量举训练者〕的计划吧，但如果你训练到一半就得了横纹肌溶解症，我们是不会赔钱的。如果你打算学习某位高手的计划，我们建议你从一个非常低的容量开始，然后循序渐进地提高容量，并在感觉到自己训练过度时及时降低容量。

3. 互相攀比

这个问题可太普遍了，我觉得犯错的人都应该给自己一巴掌，提醒自己不要再犯这样的错误。地球上的每一位力量举训练者肯定都或多或少犯过这个错误。

在上面我们提过了照搬高手的训练计划是不可取的，每个人的 MRV 才是计划的核心。每个人的基因不同、饮食不同、睡眠情况不同、家境不同，还有人会用药。大家区别这么大，为什么你会想着大家的训练必须要一样呢？

"Ins 上 ××× 可以负重 ××× 深蹲 5 组 10 次！所以我也能！"

每个人都犯过这样的错误，但这不是好事。我们练力量举的目的是为了自己变强，而最好的方法是利用好自己的 MRV，使用其他人的 MRV 从 MRV 的定义上就错了。讲个冷门知识：快肌纤维比例高的训练者从基因上来说就更擅长力量举。但快肌纤维越多，每次训练打破的稳态就越大，恢复就越慢。事实是肌肉量越小、力量越少的训练者恢复速度越快，因为他们没有那么大的力量来大量地打破稳态，也就没有那么多的肌肉损伤需要修复。损伤越少，需要恢复的地方就越少。一个马拉松运动员的训练容量可能和一个非常优秀的力量举运动员的训练容量一样，甚至可能更高，但这是否就意味着他们更加擅长力量举呢？绝对不是。这只是意味着他们不擅长刺激，却非常擅长恢复。

如果你执意要追求高容量，原因可能是你的训练伙伴、死对头或者健身房里的某个大块头也这么练，那么你可能是会有一点机会来验证自己是否在基因和天赋上超过常人。容量耐受度越高，力量举的天赋就越好，但即便是这样也需要你的恢复速度能跟得上，不要因为喜欢就过度训练。依照自己的 MRV 训练，并努力提高它，这是你自己的数据，也是你训练的核心。毕竟，你自己的训练还是要靠自己来完成。

"我的训练伙伴这么练，我肯定也能！"

长期使用过大的重量

我相信每位力量举训练者都喜欢大重量训练，这也是必须的，因为这是力量举的一部分。虽然大重量训练对力量举的成绩至关重要，但长期进行过大重量的训练又是另外一回事了。长期使用过大的重量会导致产生至少 3 个问题，我们会分别从赛前 8 周使用超过 90%1RM 的强度、非赛季使用超过 90%1RM 的强度和不定期地使用轻训这 3 个方面来解析这些问题。

1. 增力阶段的容量不足

提高力量确实需要持续地进行大重量（75%1RM+）的训练，只练小重量肯定是不行的。而且不仅训练的重量要大，身体也需要一次又一次地受到足够高的训练容量的刺激才能完全激活人体系统，促进力量适应。假设你进到一个房间，左手边有10 个灯的开关，每个开关都管控着一个 100 瓦的灯泡；而右手边只有 1 个开关，连着一个 200 瓦的灯泡。假如我们的目标是让整个房间更亮，而且不能同时打开两边的开关，请问你怎么办？1000 瓦肯定比 200 瓦亮啊！所以你肯定会选 10 个功率小的，而不会选 1 个功率大的。力量举训练同理，90%1RM 强度的训练产生的增力刺激肯定高于 75%1RM 强度的训练，但你可以做更多 75%1RM 强度的训练，从而带来更多的增力刺激。在 95%1RM 的强度下，你每次训练的主项的动作次数有多少？ 5 次，如果你天赋超人，也有可能是 8 次。但如果把强度换成 80%1RM 呢？ 40%1RM？50%1RM？容量对训练举足轻重，使用超大重量无法积累足够的训练刺激来造成增力适应。在这种情况下，我们就需要降低训练强度，提高训练的容量。

2. 可持续性

好了，刚才已经说服你降低训练的强度来提高容量，那一天两练行不行？该如何评价这种超高频率的训练？这会引出一个更严肃、更有争议性的问题：累积性的疲劳失控。

在特定容量的情况下，训练强度越高（越接近 1RM），疲劳积累就越多，尤其是神经系统的疲劳。假设你深蹲的负重极限是 200 千克，我们有很多种训练方法来实现 1600 千克的总容量：

40 千克 4 组 10 次（20%1RM）；

80 千克 4 组 5 次（40%1RM）；

160 千克 5 组 2 次（80%1RM）；

180 千克 9 组 1 次（90%1RM）。

研究显示，容量一定的情况下，训练重量越大，疲劳积累就越快。但看看上面的数字，如果你深蹲负重的最大值是 200 千克的话，那负重 40 千克深蹲 4 组 10 次很难吗？也就是个热身。这会让你浑身酸痛吗？肯定不会。这会让你感觉到很累吗？也不可能，并且第二天你还能接着这么练一次。负重 160 千克做 5 组 2 次的深蹲比较合适，这基本达到了我们赛前冲刺的最低强度标准。但如果你深蹲负重的最大极限是 200 千克的话，负重 160 千克深蹲 5 组 2 次难吗？肯定不舒服，但我觉得你肯定也能坚持 1 周这么练 2~3 次。然后再看看负重 180 千克 9 组 1 次的深蹲训练，这就要好好琢磨了。这可不是轻易就能完成的训练，我甚至不推荐你这么练，它会让你在之后至少一周的时间变成"废人"。

容量相同，结局却大相径庭。从单次训练的角度来看，90%1RM 强度训练的增力效果确实要好于 80%1RM 强度的训练，而且会好很多，但我们 1 个月不能只训练 1 次呀。使用 80%1RM 来训练，训练的频率就可以高出许多，而且单次训练积累的疲劳也没有那么高。所以不要迷恋单次的训练效果，训练的可持续性同样重要。

在现实生活中，长期使用大重量进行训练的例子比比皆是，但许多高手常会讲他们曾经因为这么做而导致了哪些问题、哪些伤病。西部杠铃的那帮人确实是长期用 90%1RM+ 的强度训练，但是他们一周也有一半的时间只做 60%1RM 强度的训

练。所以，西部杠铃的计划也是可持续的，猜猜他们训练计划的平均强度是多少？差不多是 75%1RM。

经常冲刺自己的负重极限，无论是从短期（单次训练）还是长期（1 个月甚至是更长）来看都违反了疲劳管理原理。但为什么还是有那么多训练者推崇持续做 90%1RM 强度的训练呢？其实这是个青春故事，要从高中开始谈起。

3. 炫耀与训练

力量举训练者经常在一起讨论他们的高中训练往事，每次谈起来肯定都是笑声一片，因为不管你是在美国、日本还是法国，所有人在高中的举重室都会做同一件事：冲刺极限！

高中生的训练方式就是冲刺自己的负重极限，然后稍微练练"辅助动作"（弯举、飞鸟等），这就算一天的训练啦！并且过两天继续这么干。

在某个时间段，希望不是在高中毕业后太久，你会意识到频繁地冲刺极限只是一种炫耀。真正的训练没有冲刺极限那么爽，但整体效果却是天壤之别。超大重量的训练无法积累足够的容量，所以从现代训练的角度来看，频繁冲刺负重极限体现的更多是一种炫耀的心态。冲刺极限确实好玩，力量举的核心也是突破极限，但频繁冲刺负重极限不会让你突破极限，你需要稍微降低重量，让训练更具可持续性，并且积累更多容量。

如果你想提高训练效果，那么训练方法就要以容量为优先，调整强度。把超大重量的训练留到冲刺期，从而压榨出你新增肌肉的力量，提高你的运动表现。

不做减载或不主动休息

本章我们讨论了一些重要的疲劳管理的手段，包括休息日、轻训、减载和主动休息。超负荷训练会积累疲劳，为了防止疲劳积累而干扰训练，我们需要用这些手段来降低疲劳。如果没有使用这些手段来控制疲劳，你基本上就出现了以下两种情况：

1. 你的训练根本不够

有些人以"从不减载"为骄傲。"兄弟，我训练很苦的，但我从不减载。"但仔细观察他们的计划就能发现，他们的训练计划重量不大，难度也不高。力量举最常见的错误之一就是高估了自己的训练容量。可能这些人的训练负重是很大，但一周只进行 2 组 1 次的大重量训练，刺激根本不够。即便是加上辅助动作，他们的训练带来的疲劳也根本不需要减载或主动休息。换个说法，如果你训练后不需要管理疲劳就可以一直接着练的话，那么你的"苦练"根本就不苦。

2. 疲劳管理方法过时

你在使用过时的方法对疲劳进行自我调控：即长期高强度、高容量的训练导致受伤或筋疲力尽后，要花几周的时间来休息。

如果你确实做了足够的训练，但仍然不减载，不出意外的话，8 周左右你就会训练超量。运气好的话，你只是轻微拉伤一些肌肉，但即便是这样，你也不得不降低 1~2 周的训练容量和强度或直接以停训来恢复。这样的循环往复真的是最好的方法吗？当然不是，每隔 8 周，你就会有 3 周的时间在原地打转，甚至倒退。你本可以用这 3 周的时间变得更好的。当然，假设你运气好，8 周之后你一点也没有受伤，但事实上你也正在冒训练过度的风险，后果可能更棘手。

你采用过轻训吗？没有，对吧。许多计划根本就没有轻训这个概念。那减载呢？这也是必须要有的，并且每次比赛后主动休息 1~2 周也是个好主意。

减载期的训练太超负荷

我们调整训练计划来降低疲劳是为了什么？当然是为了降低疲劳。听起来很奇怪，但有时训练者制订的降低疲劳的计划并没有真的把疲劳降下来。

对疲劳影响最大的因素就是容量。从打破稳态这个角度来看，容量的影响要远比强度大，所以在管理疲劳时，我们要优先考虑容量。现在许多有效训练计划的短期疲劳管理手段就是保持强度、降低容量。

容量具有强大的影响力，所以在大多数的疲劳管理时期一定要降低容量，尤其是在像减载这样的较长时期内。但现在很多训练者犯的错误是他们只降强度，不降低容量，这种减载模式的效果非常差。这种"减载"真的就是减掉杠铃重量而已，许多训练者用这么低的重量进行训练根本没有真实感，他们甚至会怀疑这到底是不是真的在训练。但大家又都是热爱训练的好同学，所以很有可能就会在无意中提高每组的动作次数，甚至为了"充充血""找找训练感觉""练练技术"而提高组数。这种"减载"训练的难度其实更高，但因为重量减了，所以大家就觉得自己是在"减载"了。

这种训练模式确实能降低神经疲劳，但作为减载来说它是不合格的。强度降低后，相关的适应可能会丢失，力量和肌肉都有可能发生退步。不仅如此，因为容量并没有降低太多，这种"减载"之后，你的累积性疲劳可能不减反增！那可就太烦心了。

减载时最好不要耍小聪明，比如提高容量或选择更有难度的动作等，从而让自己更有训练的感觉或满足自己每时每刻的进步欲。减载就是为了消除疲劳，没有别的目的，更不是为了在减载期有所进步。如果减载期的训练难度太高，那么疲劳肯定不会降低，这就势必会影响下一个周期的训练。对减载来说，难度越低，效果就越好。那减载的时候好想苦练、好想做大重量该怎么办？去买点刺激的动作游戏，然后在家尽情地玩吧！每个力量举训练者都不喜欢减载训练，但这又是必须的。

疲劳管理原理过度应用

从来没有足够努力

疲劳积累确实很可怕，长时间艰苦的训练一定会带来一些不好的影响，比如状态不好、效果不多，甚至是受伤。有些训练者对疲劳的恐惧过深，所以他们走向了另一个极端，以至于疲劳从来没有真正的积累太多。造成这种情况的原因有 3 种，

而这 3 种原因都会导致令人失望的结果。

1. 容量不足

一个能确保疲劳永远不会积累到干扰训练的方式就是将训练容量长期保持在较低的水平。这种现象确实很常见，其效果也确实非常吸引人。长期进行低容量训练的好处就是从来不会积累太多疲劳，所以每次训练的状态都会很好，你也不会觉得空虚、艰辛、没有动力或者失落，因此你可以把训练强度升高。这种感觉会让训练者觉得自己的计划很棒，但事实可能要让你失望了。实际上，只有让你感到不适的训练容量才会促进适应和进步，虽然这也会给你带来疲劳。低容量训练带来的感觉确实很棒，但也到此为止了，因为你的训练变成了一种持续不断的炫耀，而不是能让你进步的过程。

2. 强度不足

从短期来看，这不算是个大问题，因为力量举训练者很少会犯这种错误，大家都爱练大重量。所以通常情况下，更常见的错误是强度太大，而非强度不足。

但话说回来，最近有些人推崇力量举训练不用进行负重太大的训练。他们宣称只要容量足够，即使使用小重量（50%1RM左右）也可以获得和大重量一样的训练效果，甚至还能改善技术并进一步提高容量，所以它比传统的大重量训练还要好。事实真是如此吗？我们之前讨论过，60%1RM左右强度的训练能增肌，从而能帮助训练者打下基础，然后在增力期获得更多的力量。但50%1RM强度的训练，从理论上来说就很难有好的增肌效果了，除了降低疲劳，几乎没有什么别的好处。所以，如果你一直都做小重量训练，那么你受伤和疲劳累积的风险几乎为0，但肯定也要和更大的进步说拜拜了。

虽然力量举训练者很少在主项动作上犯这种错误，但辅助动作就不一定了。如果辅助动作的强度不超过60%1RM，那么效果也不会好到哪里去，即使是像肱三头肌下压和绳索面拉这样的动作也一样。换个直白点的说法，如果你不是为了管理疲劳，那要么就使用足够大的重量来苦练，从而提高训练效果，要么就别练，留出时间来恢复。50%1RM左右强度的训练不上不下，无论是做主项动作还是辅助动作都没有什么好处，还是别练了。

3. 对力竭训练过度保守

力竭训练的可持续性确实不高，但训练越接近力竭，适应效果就越好。我们称每组训练接近力竭的程度为相对强度，只要疲劳被控制在一定的程度之内，相对强度越高，适应效果也越好。如果你每组负量只做1次就力竭了，那么从可持续的角度来说，你疲劳累积的速度太快。但从另一个极端来讲，如果你每组的重量要做8次才力竭，那你肯定不会进步太大。

对力竭训练过度保守会影响增肌、增力和冲刺训练。研究表明，增肌训练越接近力竭，效果就越好，所以因太过保守而导致的损失非常直观——增肌效果不好。那么增力训练呢？使用85%1RM的强度，你每组能深蹲或硬拉多少次？5次？但用75%1RM的强度，你差不多就能做10次。因此，如果在75%1RM的强度上，你需要做8次2组才能达到需要的训练容量。但在85%1RM或以上的强度（增力期和冲刺期的多数时间都是这个强度），只要4次1组就能达到力竭。强度如果提高到90%1RM，那么每组只能做0次或−1次！所以对于力竭太保守和太激进都不是好事。

减载频率过高

如果你中周期第1周的训练就大大超过了MRV，那你肯定会积累许多疲劳。

如果你第 2 周继续这么干，那么第 3 周肯定会成为你人生中最痛苦的 1 个训练周，所以你决定减载，然后在第 4 周继续苦练。实际上，多数的训练者都会在第 3 周的时候仔细琢磨一下训练，稍微减载一点，降低一点容量，从而能平安度过第 4 周的训练。

但有些训练者就是"硬气"，训练绝不减载，全速前进，那么结果很有可能就是我们之前讲的恶性循环：苦练—不得不减载—苦练。保守来说，这种情况的累进与减载的比例大概是 2∶1，经过每 2 周的艰苦训练就需要跟上 1 周的减载训练，结果就是你每年的 1/3 时间都要用来减载，再加上比赛前的调整期和比赛后的主动休息，满打满算每年刻苦训练的时间只有半年了。

为了避免这种 2∶1 的情况，我们建议第 1 周的训练难度不要太高，然后每周逐渐提高难度。根据我们的经验，这样可以把累进和减载的比例提高到 3∶1 或 4∶1，从而极大地压缩减载的时长，将宝贵的时间更多的用在超负荷训练上，而不是毫无意义的休息。

使用过于轻松的疲劳管理手段

降低训练刺激来消除疲劳是训练过程中不可缺少的一部分，但有时我们提前规划好的疲劳管理手段太简单。这会导致两个显著的问题，并且是由三个疲劳管理的错误所引起的。

1. 使用过于轻松的疲劳管理手段所造成的问题

（1）训练成果的损失增加。疲劳管理阶段的训练难度过低或根本不训练会导致训练成果的额外丧失。疲劳管理有 2 个目的：消除疲劳和保留训练成果。在疲劳消除阶段，我们需要有一个最低的训练容量和强度阀值，高于这个阀值便可以保留更多的适应（力量、肌肉量和技术）。如果训练者在疲劳管理阶段退步了，那就需要额外的训练才能恢复之前的训练成果，所以不合适的疲劳管理方式会降低训练者的进步速度。

（2）消除疲劳的效率不高。虽然说具体机制还没有彻底研究清楚，但在疲劳管理阶段，相比于不训练，采用适当训练会消除更多的疲劳。这听起来有点违背常识，但是在世界范围内关于多种其他运动的研究都证实了这一点。从疲劳管理的角度来看，轻训的效果要优于完全不训练。因此在管理疲劳时，我们不要完全不训练，而是要保持最低强度的训练。

2. 导致使用过于轻松的疲劳管理手段的原因

（1）无规划的休息日。导致训练成果丧失和疲劳消除效率不高的一个主要原因是无规律的休息日。虽然，在疲劳影响训练时，如果你继续训练下去，状态肯定不会太好，受伤的风险可能也会提高，但你不要直接停训。在多数情况下，轻训比休息日对于疲劳消除的效果更好，并且还能保留更多的训练成果。但如果你实在太难受了，甚至连轻训都无法完成，那你就需要看医生了。

（2）减载周不训练。和无规划的休息日一样，有人在整个减载周都不训练，那么无论是对于消除疲劳还是保留训练成果来说，这么做的效果都不好。如果你的心里太难受了，甚至连健身房都不想去了，那么很有可能你的训练已经超量，这时你就需要重新考虑当前的运动量和强度是否适合了。如果情况真的很糟糕，你可以在减载期的前半周休息，然后后半周做些轻松的训练，这样你既可以不去健身房训练，也能保留一部分训练成果，同时把疲劳消除掉。

（3）非定向的主动休息。比赛会导致生理疲劳，尤其是化学信使的改变和组织损伤，这就需要更长时间的减载了，我们把这种较长时间的疲劳管理手段称之为主动休息。主动休息一般持续 2~4 周，在一个较长的时间范围内把训练容量和强度都降低，从而让身体慢慢恢复，降低之后的受伤风险，并为训练者下一年的训练打下基础。

虽然主动休息不会让你增肌增力，但可以提高你在其他多方面的能力，从而帮助你在下一个大周期获得更多的进步，具体如下。

技术： 使用轻重量训练时，训练者可以尝试新技术或优化老技术。大家都知道降低重量可以优化技术，但到底什么时候练技术最合适呢？毕竟全年的大部分时间都需要使用大重量训练来提高成绩。所以，我们建议在主动休息阶段尝试和练习新技术。如果合适，我们可以在下一个大周期立刻使用它；如果不合适，也就不会在接下来的训练中一直挂念了。

活动度： 机动性是技术、力量和灵活性的结合。既然在主动休息阶段我们不能做增力训练，那我们就可以多练练活动度，正式训练时你会发现，机动性的改善会为我们的训练带来很多好处！活动度训练不会太累，而且训练成果很容易保留，所以即使我们在此之后不再怎么进行活动度的训练，它还是会保留下来。活动度训练的目的之一是防止在之后的训练中出现活动度受限的情况，这种问题导致的后果还是很严重的。所以，如果你在主动休息后的常规训练中能坚持做一些低水平的活动度训练，以保持从主动休息中获得的益处，这会对你的训练非常有效。

康复：从理想的情况来看，力量举训练是不会让人受伤的。但是在现实世界中，我们总是免不了遇到各种擦伤、扭伤等。想要同时进行康复和常规训练几乎是不可能的（你如何能在做大重量训练的时候疗愈伤病呢？）。所以，最好将康复训练放在主动休息阶段，以获得更好的成效。

其实我们可以将主动休息看作是正常训练的延续，只是训练的强度和容量降低了，在这个阶段我们可以把重心放在技术、活动度和康复训练上。和其他的阶段一样，主动休息阶段也需要有明确的目标。有些人觉得力量举训练太累了，想在主动休息阶段改练健美调剂一下，但从长远来看，这样做并不会给你带来什么好处。对一项运动的认真态度和付出意味着即使是在恢复和休息阶段，你也要为其未来的进步做准备。

总结

如果你耐着性子把这章认真读完了，那么你肯定会意识到疲劳管理对于身体和训练的重要性，也会学到很多关于它的知识。不过如果用力量举的基本术语总结一下，这也是一个相当简单明了的原理。

　　疲劳管理的目的就是将疲劳降低到一个适当的水平，使它不会影响训练者的运动表现和进步。超负荷的训练一定会导致疲劳积累，我们可以定期使用一些手段来管理疲劳，比如休息日、轻训、减载和主动休息。但这一切的基础是对自己不同阶段训练（增肌阶段、增力阶段和冲刺阶段）的 MRV 有清晰的了解，只有这样才能最大化地利用超负荷原理并从中恢复。MRV 是动态的，你可以根据自己的训练能力和恢复能力来调整它，所以我们需要持续关注它来保持最佳的训练效果。

重点

・训练会带来进步和疲劳。为了获得最大的训练效果，我们必须定期消除疲劳来促进恢复和适应。降低短期和长期疲劳的系统性过程就是疲劳管理。

・超负荷训练导致的疲劳会带来 4 个问题：能量基质耗尽（主要是糖原储备）、神经系统紊乱、化学信使转变（细胞间信号物质、激素、自分泌和旁分泌系统）和组织损伤（肌肉、肌腱和骨头等）。

・疲劳管理要因人而定，对一个人有效的措施不一定对另一个人有用。力量举训练者应该选择自己的训练容量和疲劳管理策略。

・疲劳管理的手段包括休息日、轻训、减载和集中训练后的主动休息。

参考资料与拓展阅读

疲劳管理概念

・*Fatigue Management In the Preparation of Olympic Athletes*
　《奥运会训练者备赛过程中的疲劳管理》

・*Principles and Practice of Resistance Training*
　《抗阻训练的原理与实践》

・*Periodization 5th Edition Theory and Methodology of Training*
　《周期化训练理论与方法论（第五版）》

・*Tapering and Peaking for Optimal Performance*
　《获取最佳成绩的冲刺与收尾训练方法》

· *A Framework For Understanding the Training Process Leading to Elite Performance*

《训练精英运动员的基础框架》

疲劳来源

· *Fatigue During High-Intensity Intermittent Exercise*: *Application to Bodybuilding*

《高强度间歇运动带来的疲劳：在健美运动中的应用》

· *Mechanism of Muscle Fatigue in Intense Exercise*

《肌肉在激烈运动过程中的疲劳机制》

· *Recent Advanced in the Understanding of Skeletal Muscle Fatigue*

《骨骼肌疲劳的近期研究》

· *Exercise and Fatigue*

《运动与疲劳》

· *Physiological and Psychological Fatigue in Extreme Conditions*: *Overtraining and Elite Athletes*

《极端情况下的生理与心理疲劳：过度训练与精英运动员》

· *Overtraining Syndrome in the Athlete*: *Current Clinical Practice*

《运动员的过度训练综合征：目前的临床实践》

短期与长期疲劳监测

· *Fatigue Management In the Preparation of Olympic Athletes*

《奥运会训练者备赛过程中的疲劳管理》

· *Science and Practice of Strength Training*

《力量训练科学与实践》

· *Monitoring of Performance and Training in Powing*

《运动表现与训练监测》

· *Monitoring Training Load to Understand Fatigue in Athletes*

《监测训练负重与理解运动员的疲劳》

第六章

原理4：刺激—恢复—适应

科学定义

刺激—恢复—适应（Stimulus–Recovery–Adaptation, SRA）指的是发生在训练过程中与训练之后的过程，也就是增肌和增力的过程。该术语出自瑞典生理学家汉斯·塞利（Hans Selye）的一般适应综合征（General Adaptation Syndrome, GAS）。每次训练期间再加上这次训练之后到下次训练之前的时间就是一个可以被 SRA 完整描述的过程。请看下图。

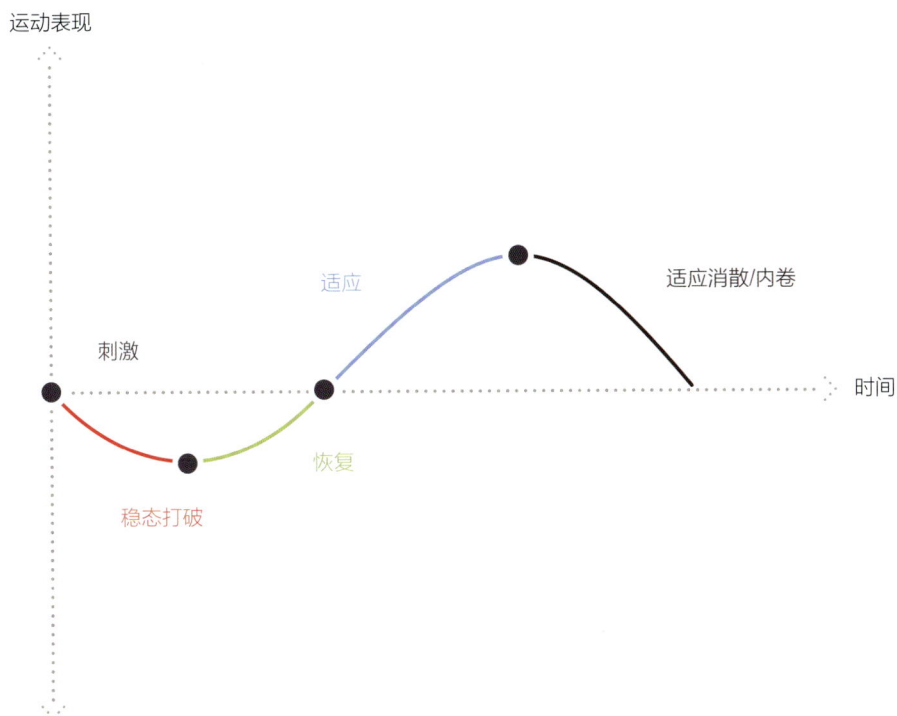

运动表现

刺激

适应

适应消散/内卷

时间

恢复

稳态打破

SRA 曲线

刺激

训练的过程就是刺激的过程，这个过程会干扰身体的力学系统和分子系统，导致运动表现退步和信号联级放大，从而帮助受干扰的系统得以恢复和适应。根据干扰程度的不同，运动表现退步会持续几个小时到几天；在艰苦训练后的几天时间里，功能性肌肉的大小会减少，因为免疫系统和卫星细胞需要修复受损的肌纤维，在这个过程中，肌肉的激活和使用会受到影响。神经系统也有相似的过程，所以超负荷训练后的几个小时到几天的时间里，训练都会受到影响。

在身体的适应极限以内，干扰运动表现越多、时间越长的刺激，就越能提高适应效果，但整个 SRA 循环远不止于此，我们会在本章的后面几节讨论这个问题。

恢复

身体受到刺激以后，恢复系统就会立刻开始工作，修复被打破的稳态，并努力尝试着将系统功能恢复到正常的水平。但如果稳态被打破得太多，恢复系统便需要数小时或数天来恢复人体系统的机能。值得一提的是，在恢复期间，如果继续进行超负荷训练则会进一步打破人体稳态。但如果这额外的破坏也没有超过人体的恢复能力，那么在恢复完成以后会产生更大的适应峰值，这就是我们有意安排超量训练的原理。不过，如果在恢复的过程中出现了连续的超负荷刺激，并且它们的刺激量太大以至于身体无法恢复，那么这就会导致恢复不完全，影响适应进程。

除了偶尔使用的功能性超量训练，超负荷训练之后一定会安排休息或非超负荷的训练，从而保证恢复进程不受影响。

适应

恢复与适应同时发生。严格来说，适应是指从刺激发生时的初始运动表现到（恢复后）运动表现的提升程度。事实上，刺激的过程刚结束，适应就会与恢复同时开始，但适应结束的时间要晚于恢复，因为适应的过程更复杂，身体需要长出新的组织结构或重组当前的组织结构才能实现进步。重新达到过去的运动表现总是比建立新的运动表现容易得多。

在适应的过程中，超负荷训练会直接干扰适应进程，并降低本次刺激引发的适应上限。这点非常重要，它告诉我们在安排功能性超量训练之后，必须合理安排接下来的训练和休息。

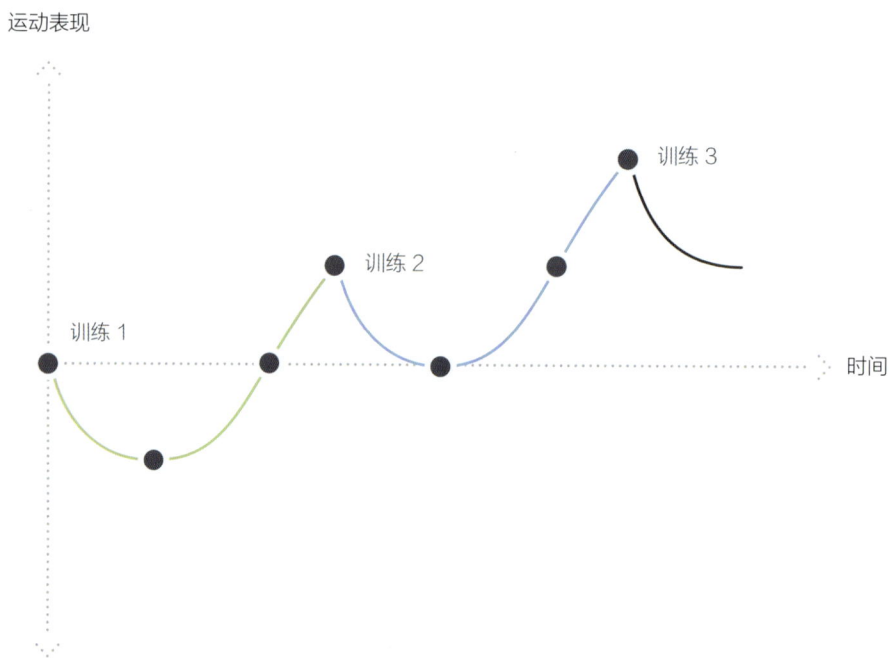

理想情况下的 SRA 曲线

更重要的是，刺激、恢复和适应组成了所谓"训练—休息—训练"范式的必需过程。相比于每周随机训练，或集中几天训练，然后集中几天休息这些训练方式，SRA 原理要求我们计算训练刺激，并在下次训练之前安排充足的时间消除超负荷训练的影响（恢复与适应）。换句话说，训练的目的变成了合理安排训练，从而保证下次训练被安排在上次训练的 SRA 曲线峰值，并循环往复下去，这样就可以以最快的速度推进适应过程。训练安排过早会干扰适应进程，训练安排过晚则会导致训练者退步。

专项系统的 SRA 曲线

只要超负荷训练产生的刺激打破了稳态，SRA 曲线就会产生。在现实世界中，每一次训练都会产生 SRA 曲线，而我们所谈的 SRA 曲线是指所有单次训练后所产生的 SRA 曲线的平均曲线。只要某个系统经历过超负荷，它就会有自己的 SRA 曲线。在力量举训练中有 4 种值得我们讨论的 SRA 曲线，每一种 SRA 曲线都有自己的平均持续时间，它们分别是神经系统的技术能力曲线、肌肥大曲线、神经系统的力量输出曲线、纤维排列 / 结缔组织曲线。

1. 神经系统的技术能力曲线

训练会提高神经系统执行技术的能力。中枢神经系统和外周神经系统都会参与到肌肉的有序收缩和放松中，并且还控制骨头按照特定的轨迹移动。针对技术的训练越多，越能刺激技术的进步，但训练者也会因此在这方面产生更多的疲劳，所以训练结束后几个小时之内，技术一定是不如训练之前的。但是每个周期的训练结束之后，恢复和适应就会促进技术的提高。在多数的人体动作中（指的是相对简单的动作，比如力量举三大项），技术的适应过程很少超过 1 天的时间，并且通常情况下还会比这个时间更短。因此，几乎在所有的运动项目中，一周内进行多次技术训练是普遍存在的，而且有些训练者经常还会在同一天内进行多次训练。

所以如果目标只是提高技术，那我们几乎可以每一天都对其训练几次。但实际上，每周只训练几次就够了，尤其是那些技术已经成熟的训练者。而且力量举不是一项只靠技术的运动，肌肉量和力量输出也相当重要。

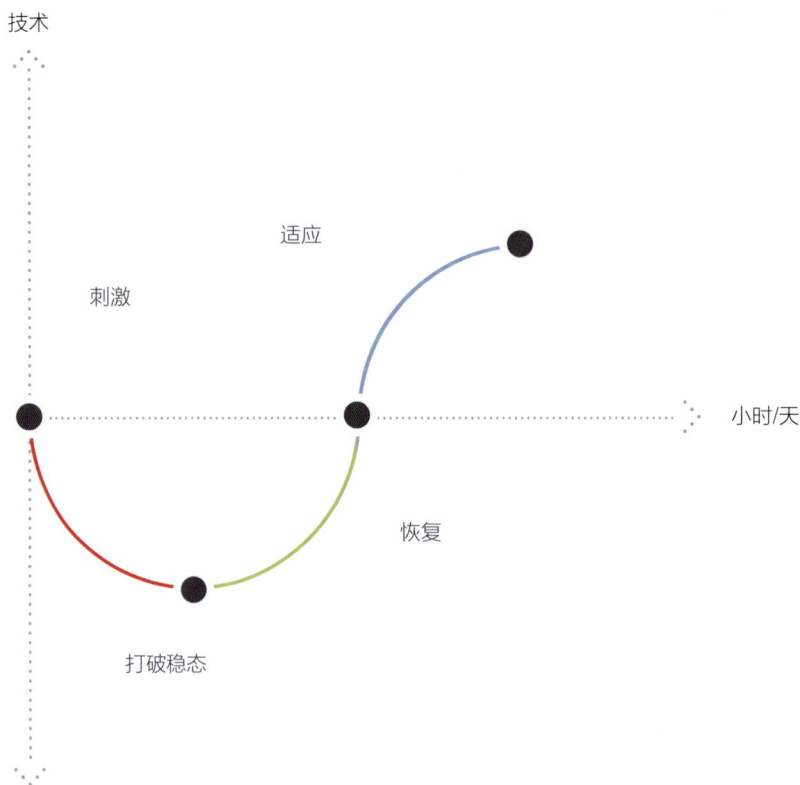

技术

适应

刺激

小时/天

恢复

打破稳态

技术 SRA 曲线

2. 肌肥大曲线

对力量影响最大的生理学变量是肌肉量，所以肌肉量的变化对力量举计划来说至关重要。在超负荷训练中，肌肉的分解代谢效率会提高，肌肉体积实际上会减小！但是训练结束之后，FSR（Fractional Synthetic Rate of Muscle Growth，即局部肌肉合成速率）曲线会转为正向，并会持续数天（在大多数情况下至少持续1天）。

除了直接的肌肉生长，肌纤维的羽状角也会随着训练而优化。羽状角是肌纤维与其牵拉肌腱之间的相对角度。不同动作的最佳羽状角不同，所以每次训练一个新动作，羽状角就会开始改变，该过程大概持续数周。每次训练时，肌肉会维持羽状角，训练结束之后会发生优化。羽状角的 SRA 曲线和肌肥大 SRA 曲线的时间节点相似。

根据稳态被打破的程度、肌纤维类型、个体的训练水平、肌肉量、目标肌群的不同，肌肥大 SRA 曲线也会有所不同。但是肌肥大 SRA 曲线的时间节点通常是以天来计算，如果我们的目标是增肌，我们每周可以超负荷训练 2~4 次。肌肉量较小的新手似乎能从更高频率的训练中受益，因为他们的技术适应和肌肥大适应都能得到很快提高。而高水平训练者的技术相对稳定，对肌肥大的刺激也已经有一定的耐受度，因此，他们必须更多地依赖以下 2 个因素来提高自己的力量举水平。

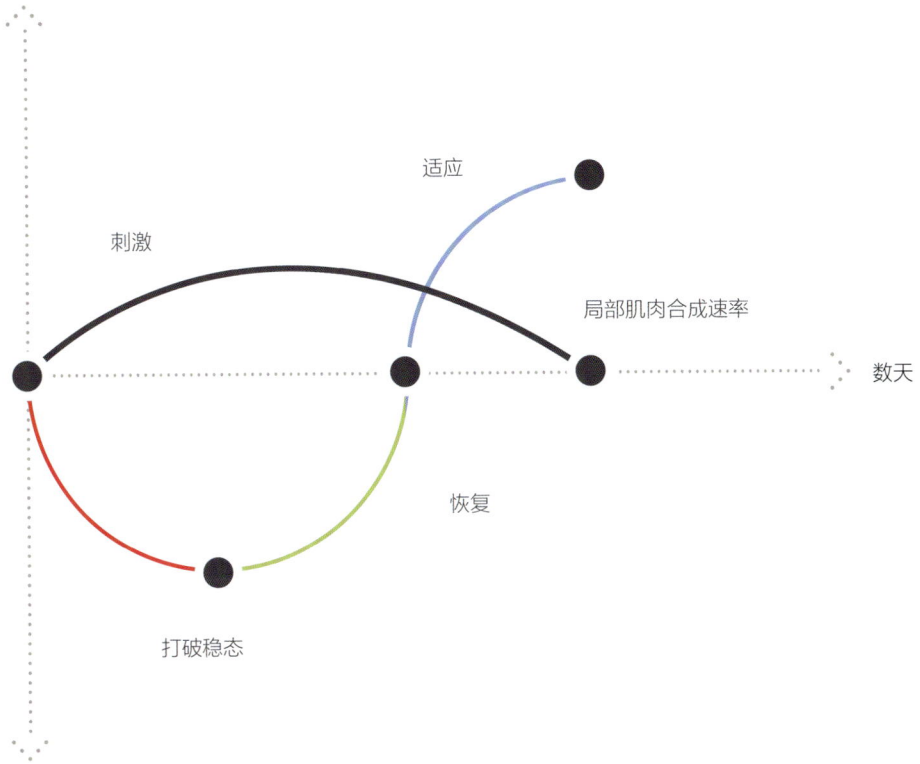

局部肌肉合成速率与 SRA 曲线

3.神经系统的力量输出曲线

在这里，我们讨论神经系统的两大功能，这两大功能与力量举密切相关。一个功能是协调肌肉以特定的顺序放松和收缩，从而形成特定的动作模式，这决定了身体的发力模式和杠铃移动的方式。另一个功能就是控制动作的执行幅度。更详细地说，神经系统能够向肌肉发出信号，通知其进行力量输出。这个功能可以通过训练来提高，同时研究表明，在肌肉量相同的两位训练者中，运动经验更丰富的人的力量输出能力更强，形成这种现象的很大一部分原因就是神经系统的激活度和可训练性。每次对神经系统能力的超负荷训练（方法就是大量的力量训练）都会通过短期抑制，恢复和适应遵循着 SRA 曲线。平均来说，神经系统介导的力量输出 SRA 曲线需要大约 1 周的时间才能达到适应峰值，但水平更高、肌肉量更大、训练经验更丰富的训练者的神经系统的力量输出 SRA 曲线时间更长，大概 2 周的高容量、高强度训练才能达到。

如果我们的目标只是提高神经系统的输出力量的能力，或许我们可以每周只训练 1 次，甚至频率更低。事实上，有装备训练者进行超自己无装备 1RM 成绩的超负荷训练时就是这么干的！西部杠铃体系的运动员针对每个肌肉群每周只做 1 次超负荷训练，不过考虑到这些训练者已经有非常好的技术且肌肉量足够（类固醇可以让训练者在低容量的情况下保持肌肉量），这么做也是有一定道理的。

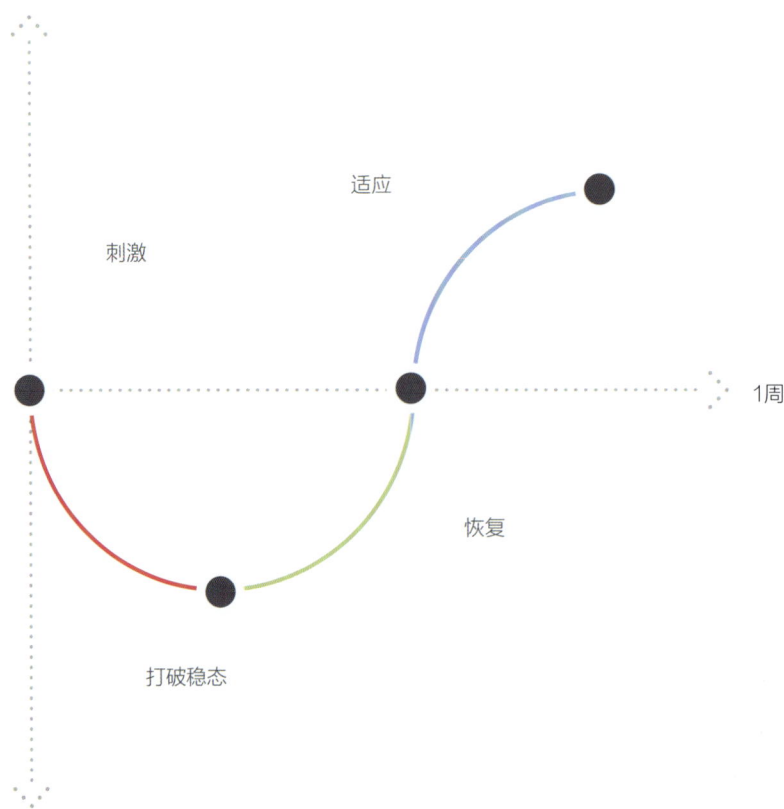

神经系统的力量输出 SRA 曲线

4. 结缔组织曲线

大重量训练会损伤结缔组织，这种损伤也会刺激适应过程，但因为肌腱、韧带和骨头中的毛细血管分布不多，所以恢复的时间会相当长。促使结缔组织结构改变的刺激会持续数周至数月地抑制组织的完整性。越来越难的训练会持续损伤结缔组织，尤其是肌腱。只有在较轻重量的训练（增肌或主动休息阶段）时，结缔组织才有机会恢复，并发生超量补偿。如果我们的训练目标只有结缔组织的适应，那么训练就可以安排为连续几周的超大重量训练，然后紧接着做几周几乎没有负重的训练。在这种情况下，其 SRA 曲线的终点就是应力性骨折愈合的时间。

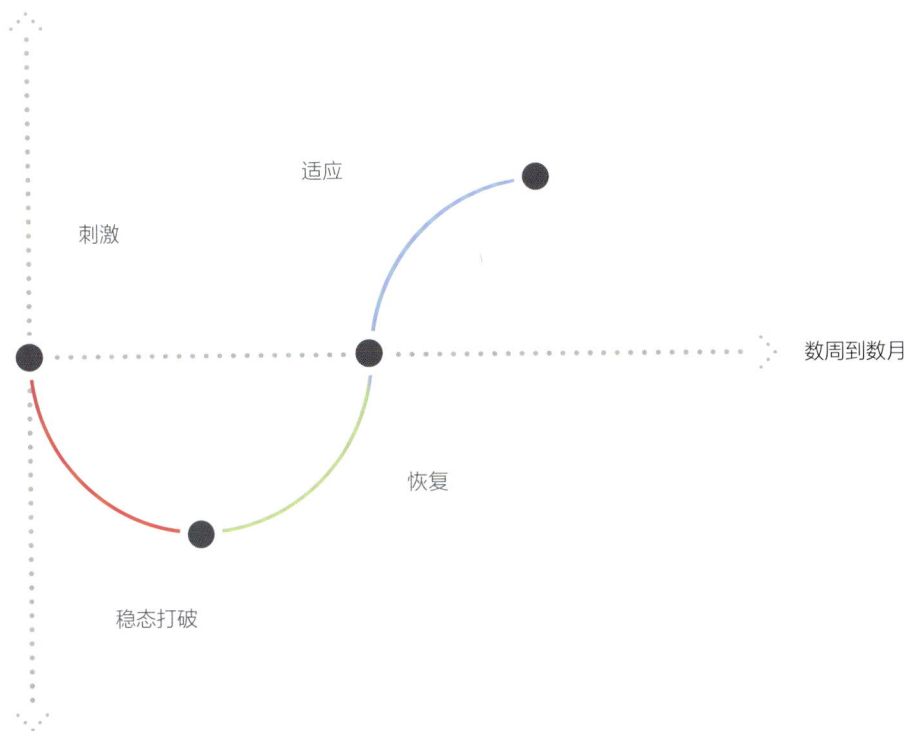

刺激

适应

数周到数月

恢复

稳态打破

结缔组织 SRA 曲线

SRA 曲线的相对幅度与训练频率

正如我们之前讨论过的，每次负重训练都会产生 4 种独立的 SRA 曲线，并且会引起技术的改进、肌肉的肥大，还会增强神经系统力量输出的能力，强化结缔组织。但不同训练的侧重点不同。

轻重量技术练习： 技术神经适应在其生成的 SRA 曲线中变化幅度最大，因此在进行此训练时，技术系统会经历更多的疲劳，但也会获得更大的适应。

增肌训练： 在增肌强度范围内的高容量训练会使肌肉生长的 SRA 曲线上升最

多，而对其他系统影响较小。

增力训练：对神经系统力量输出的 SRA 曲线的提高最大，对其他系统影响较小。

冲刺训练：高于 90%1RM 强度的低容量训练会显著提高技术和力量输出的 SRA 曲线，同时也可能会极大地提高结缔组织重构的 SRA 曲线。

为了集中目标，我们需要做的是把下一次训练安排在上一次训练的 SRA 曲线的适应性高峰上。

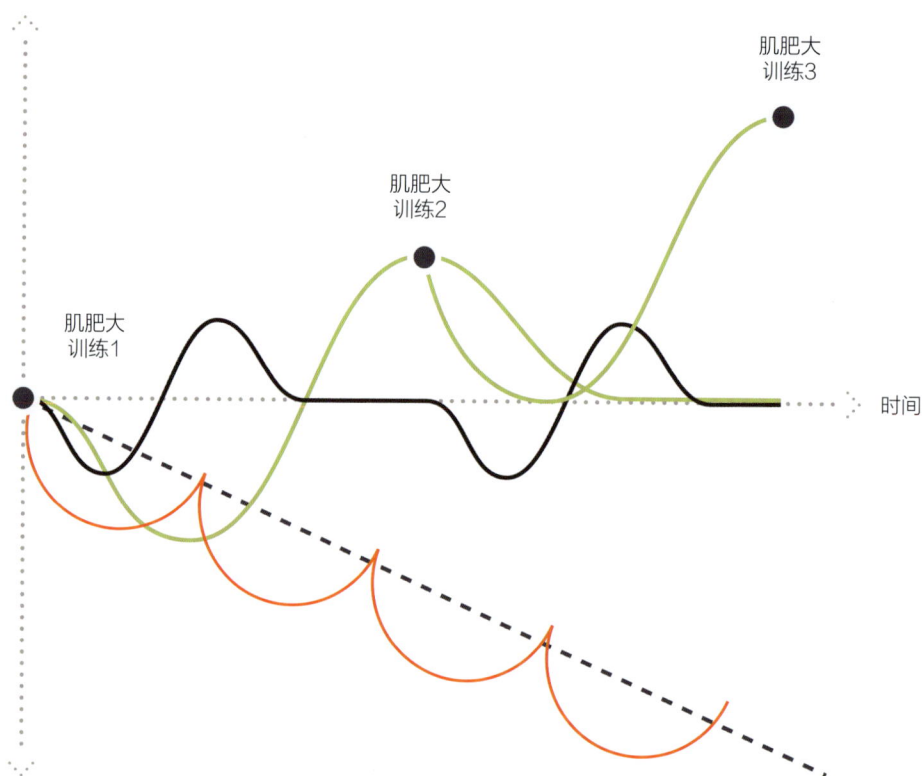

训练时机与单一 SRA 曲线

现在，假设我们要均等地训练这 4 个系统，我们可以直接平均分配 4 个 SRA 曲线达到峰值所需的时间，然后在曲线峰值处安排我们的训练。

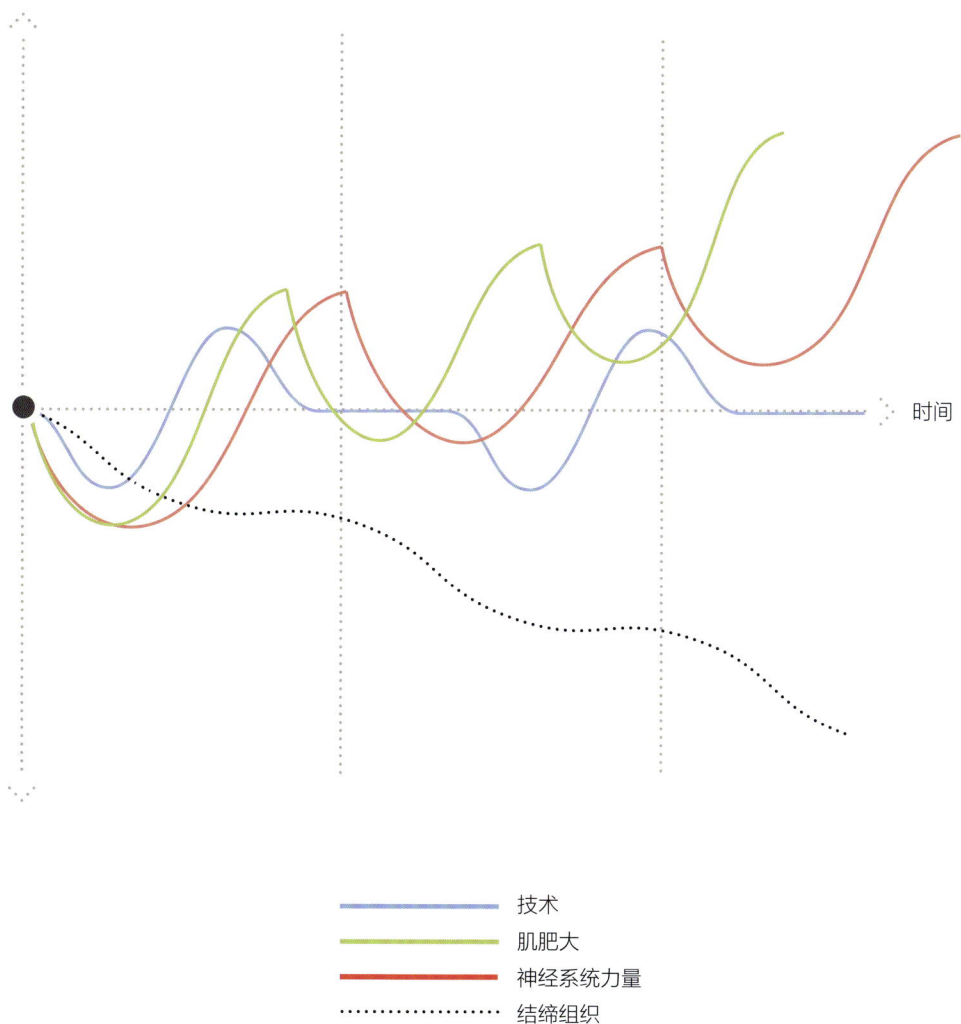

技术

肌肥大

神经系统力量

结缔组织

训练时机与 SRA 平均曲线

对于中阶训练者来说，这可能会导致每 3~5 天对每个主项 / 身体部位进行一次训练。这样做可以兼顾到所有的系统，但会违反阶段增益原理（我们会在"阶段增益"这一章详细讨论这个问题），所以这不是最好的方法。相反，我们可以按照这样一种方式来安排训练，即所有系统都受到训练，但特定系统的优先级是根据训练阶段的需要来确定的。因此我们可以根据不同的阶段目标，更具体地安排训练频率。

提高和维持技术的训练频率是这 4 个系统中最高的，训练频率的范围大概是每周 4~7 次。

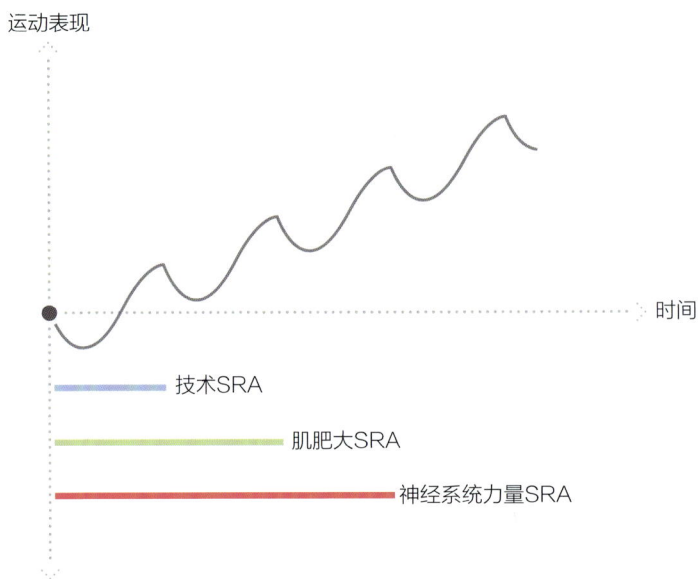

强调技术发展的训练时机

为了最大限度地促进肌肉生长（或预防减脂期肌肉减少），我们的训练频率要比技术训练的频率低一些，多数训练者每周每个肌群只需要练 2~4 次。

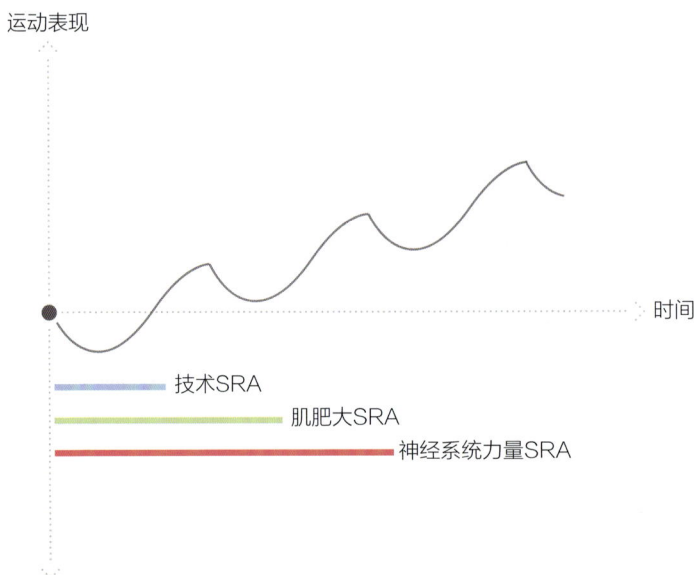

强调肌肥大的训练时机

增力时期的训练频率与所有系统的平均 SRA 相似，即每个肌群每周训练 1~3 次。同时还可以在其中穿插轻训来减轻疲劳，维持更多的肌肉和技术的适应。

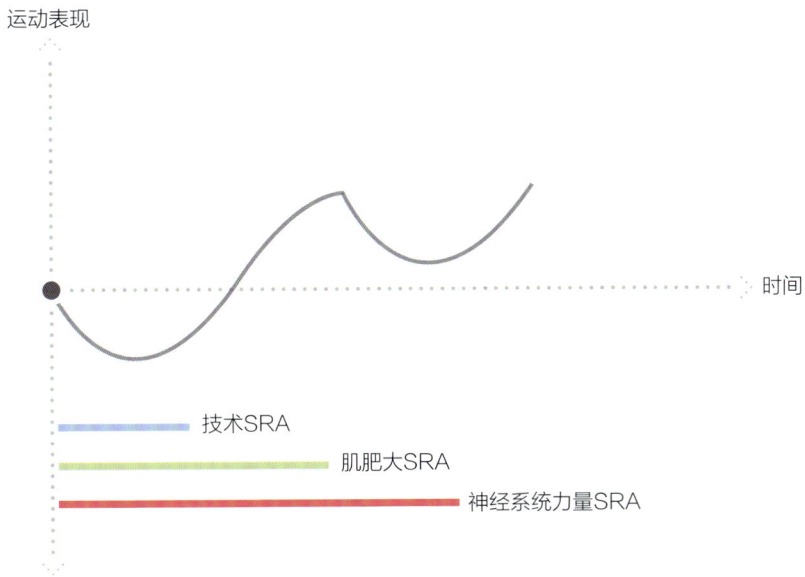

强调增力的训练时机

冲刺训练的强度最高，所以训练频率要低于所有系统的平均 SRA 曲线，但也只是低一点。所有系统的平均 SRA 曲线由于结缔组织完整性曲线不成比例的长度而产生了严重倾斜。冲刺训练的频率大概是每个肌群（每个主项）每周 1~2 次，可以在其中穿插轻训来减轻疲劳，维持肌肥大和技术的适应。

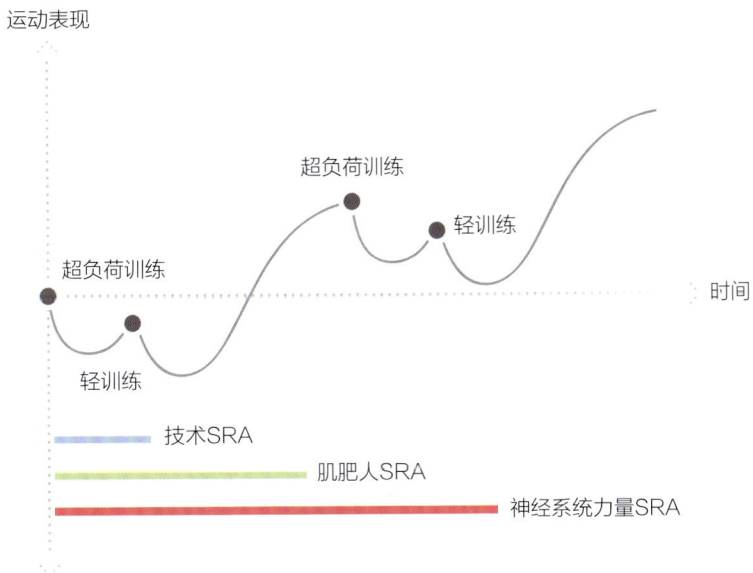

强调冲刺的训练时机

到目前为止，除了结缔组织，我们已经介绍了所有的曲线。幸运的是，只有增力和冲刺期的高强度训练才会抑制结缔组织 SRA 曲线。在增肌阶段、减载和主动休息阶段，结缔组织 SRA 曲线会到达恢复和适应阶段。结缔组织的适应非常耗时，其 SRA 曲线会超过单个中周期，甚至是大周期，而技术训练的 SRA 曲线只要几个小时！

在力量举领域的定义

就像所有其他的原理一样，SRA 原理可以很容易地运用到力量举中。在恢复阶段，超负荷地训练某些能力（如技术、力量、冲刺等）会降低最终的训练效果，所以训练者需要在超负荷训练之后，安排非超负荷训练或者足够的休息。此外，两次训练之间的间隔时间太久会导致 SRA 曲线回落到基准数值（如果你长期停训，SRA 曲线甚至会低于原来的数值），所以停训时间太长会造成不良的后果。

每个 SRA 曲线的适应峰值在某种程度上是由训练刺激的程度决定的（见下图）。举个例子，一次非常艰苦的增肌训练会导致整个 SRA 循环要 3 天才能完成，而轻松一些的训练或许只需要 2 天。在这个问题上还有一些稍微复杂的情况，我们会在下节详细讨论，但这告诉我们力量举训练的频率也可以很高，只要两次训练之间有足够的休息就可以了。要达到这一目的，我们可以在两次苦练（通常容量高也算苦练）之间穿插轻训或者降低训练难度。

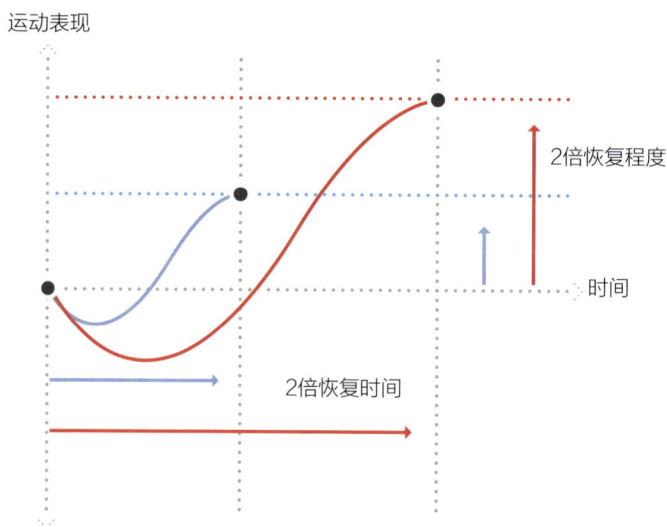

训练程度对 SRA 时机的影响

简单来说，这就是努力训练、休息、恢复，然后再努力训练的循环往复。能力的提高是在恢复和适应过程中产生的，这些大多发生在健身房之外，但刺激却只有通过训练才能得到。如果你在应该休息的时候仍然坚持训练，这样并不会让你得到最好的结果。但是，如果你在应该训练的时候休息，结果同样会很糟糕。

训练原理重要性排序

SRA 原理在重要性排序中没有取得更高的名次，主要有以下两个原因。

一是只要训练频率不是太离谱（比如 1 天 2 练或 1 周 1 练），通常的训练频率都可以训练到我们刚才提到的 4 个系统，即便效果不是最好，但也不会太差。如果你的训练没有做到超负荷或者疲劳管理没有做好，那肯定不会进步。但如果你训练计划的框架和频率不犯大错，至少能有长期稳定的进步。

二是 SRA 结构和训练频率安排不合理，既有坏处也有好处，但与违反专项性、超负荷和疲劳管理原理的负面影响相比，这一点坏处就显得很小了。而且如果训练频率过高，但疲劳管理做得不错，那这就是功能性超量训练，能带来较高的训练适应。此外，如果训练频率太低，那么总体积累的疲劳就不会过多，因此就可以提高每一个训练的难度。

基于以上原因，即使违反 SRA 原理，尤其是不那么严重的时候，也并不会对训练计划造成太大的影响。正如我们在"专项性原理"那一章说过的那样,有些原理不是"决定成功与否的核心因素"。不是核心,但 SRA 原理却是非核心原理中最重要的一条,所以它在 7 条原理中排名第 4。只要把专项性、超负荷和疲劳管理做好,即使计划中没有很好地应用 SRA 原理,训练者也可以取得一定的成功,但完美的计划一定会包含 SRA 原理的应用。

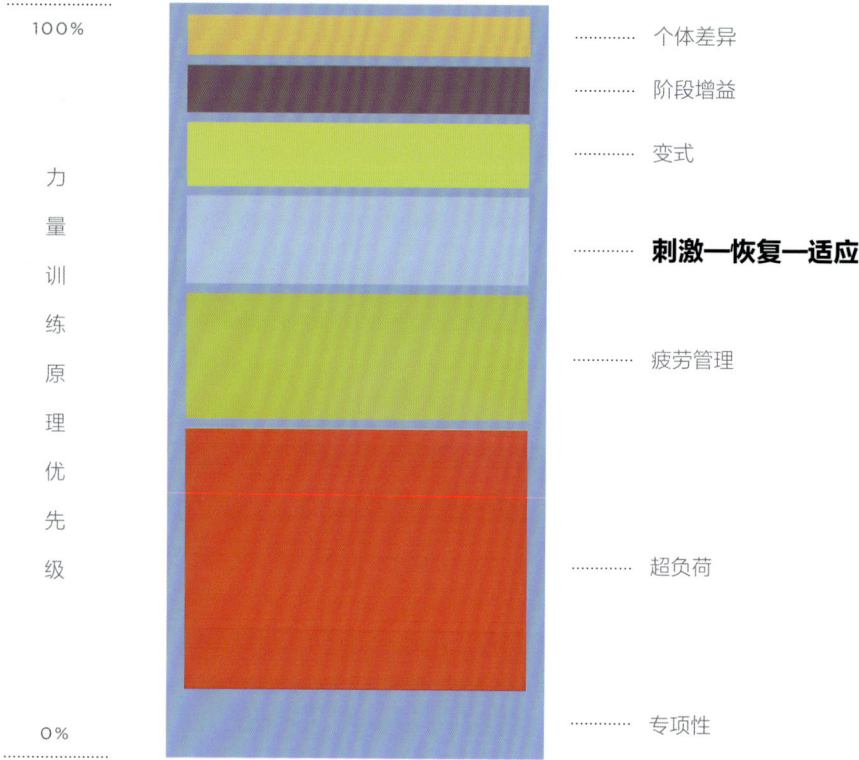

SRA原理的正确应用

最佳训练频率

在 SRA 定义中,我们讲解了训练刺激的 4 个系统,如果想优先提高某个系统,那么会存在一个理论上支持那个系统发展的最佳训练频率。举个例子,肌肉的增长往往会在训练后持续一到数天的时间,所以为了达到最好的效果,针对某些特定肌肉群的训练应该每隔几天进行一次,而像一天多次或一周一次这样的训练可能会产生更糟糕的结果。每个训练阶段/目标需要发展不同的系统(技术、肌肥大、基础力量、冲刺），所以在不同的阶段，SRA 曲线应该有所侧重。但为了提高整体训练效果，我们还是需要兼顾到其他的系统。以下是我们对不同的训练目标和它们典型的 SRA 曲线时长范围的总结，并按照训练频率从高到低排序。

· 技术的学习、掌握和优化：从每周 4 次到每天多次的超负荷训练。

· 肌肥大：每周 2~4 次超负荷训练。

· 基础力量：每周 1~3 次超负荷训练，并且每周至少安排 1 次轻训来维持肌肥大和技术的适应。

· 冲刺：每周 1~2 次超负荷训练，并且每周至少安排 1 次轻训来维持肌肥大和技术的适应。

· 结缔组织强化：每 4 个月中至少有 1 个月的训练强度达到 80%1RM，并且在此之后需要安排一次休息。

可能读者会提出疑问：为什么给出的范围那么广？可不可以直接推荐一个具体的次数？举个例子，可不可以说针对肌肥大的推荐训练频率就是"每 2 天训练 1 次"，而不是"每周训练 2~4 次"？为什么要如此规定？计划周期为什么要以周来算？能不能以更短的时间单位来安排更多的计划变量，从而产生更好的结果？举个例子，假设你特别努力地训练某个肌群，那它的 SRA 曲线难道不是应该更长，从而需要更低的训练频率吗？我们会从 2 个方面来探讨并试着解决这些问题，首先讨论推荐频率的差异，其次介绍频率变化的限制因素。这 2 个方面的知识点多到可以再出一本书，所以我们只会讨论基本的信息，让你们对其有基础性的了解。

训练频率差异的来源

1.单次训练容量差异

如果一次训练的强度是超负荷的，但容量较低，那么 SRA 曲线就比较短，但这仍然也会诱导出一个适应峰值。不过，因为训练的容量不高，所以峰值持续的时间会比较短，在这种情况下，训练频率就可以更高一些。

假设我们现在正在进行的是每 4 天 8 组的深蹲训练，如果我们把训练计划改为每 2 天 4 组，那么在后者的计划中，每次训练的适应峰值只有前者的一半，但因为训练频率增加了一倍，所以净收益还是相同的。如果我们进行的是每 2 天 4 组的训练计划，但因为某些原因需要改为每 4 天 8 组的计划，两者的训练效果还是非常相似的。

运动表现

1倍 2倍

时间

2天

4天

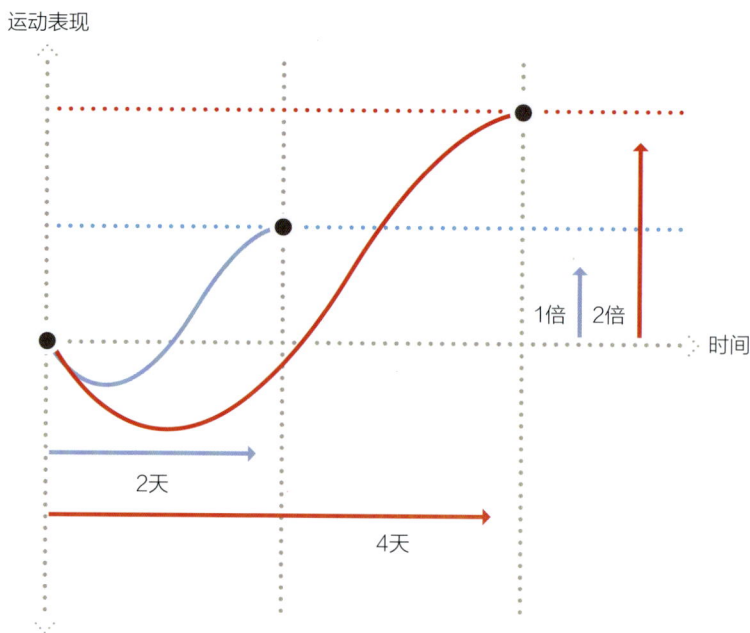

不同的 SRA 安排获得相似的结果

那我们是不是可以做出推断，即只要训练容量和频率相同，适应就是相同的？每天深蹲 2 组和每 8 天深蹲 16 组的效果是否相同？可能并不同，我们会在讨论限制频率变化的因素时继续展开这个问题。但在此处，我们想要传达的信息是在一个较长的时间范围内，只要总的训练量相同，通过简单地分散或集中训练，就能灵活地调整训练频率。

2. 技术熟练度差异

力量举新手很难在一开始就掌握三举的技术。事实上，新手的技术不仅没有熟练度，也会极不稳定。举个例子，刚学力量举的新手可能每次训练的深蹲动作都不一样，卧推的触胸点一会儿高、一会儿低，或者呼吸模式的不同都会改变他们的硬拉启动姿势。

所以刚开始练力量举时，新手最好打下良好的技术基础，原因如下。

（1）采取有效的技术可以帮助训练者在正确的姿势下举起最大的重量。在新手期你还可以使用较轻的重量来避免蹩脚的技术，但如果是负重达到 260 千克的早安式深蹲训练，那又是另一回事了。一旦技术定型，就很难改变了。这是一把"双刃剑"，优点是好的教练可以在一开始就给你打下良好的技术基础，让你受益终生。但如果你在一开始没有注意技术练习，那么你之后几年的训练都有可能受到影响。

（2）良好的技术可以降低训练者在后期的训练和比赛中受伤的风险。

（3）技术可以促进神经系统的发展。关于力量训练的研究，最早的发现之一就是新手在刚开始训练的前几个月，力量增长的速度远超肌肉生长的速度。这是因为神经系统不仅在学习和掌握力量输出的能力，还在提高肌肉的协调能力。提高训练频率可以给神经系统带去更多的练习，这有助于其能力的提高，从而能够更快地提高新手的基础力量水平。

随着训练经验的积累，训练者技术训练的效果会开始降低。相比于其他的运动，力量举在技术上的需求非常简单，高阶训练者即使数周不训练，技术也不会退步。当然，如果你的目的是强化技术，那么训练频率仍然要高一些，几周才训练1次肯定是不够的，但如果高阶训练者的技术训练频率高于每周2次（对于每个动作），那也不会有太好的效果，训练者不如把这些时间用来休息，促进恢复和适应。

训练者的训练经验越丰富，用来提升或维持技术的训练频率就越低。如果两位训练者经常一起训练，其中一位训练者的经验远比另一位丰富，那么两人的训练频率肯定不会完全一样。但这也意味着，随着训练者经验的积累，会逐渐出现技术的固化，超高频率训练的优势之一可能就会变得不那么突出。

3. 肌纤维差异

肌纤维类型主要由支配肌纤维的 α 运动神经元决定，所以任何关于肌纤维类型的讨论都会涉及外周神经系统的生理学。慢肌纤维的力量输出能力不如快肌纤维，训练对慢肌纤维造成的损伤也不如快肌纤维造成的多，稳态被打破的程度也不如快肌纤维的深，并且慢肌纤维恢复的速度会更快。但慢肌纤维的蛋白质合成率的增长速度不如快肌纤维那么快。基于以上原因，我们需要提高慢肌纤维的训练频率，降低快肌纤维的训练频率。

同一位训练者的不同肌群或不同训练者的同一肌群都会体现出这些差别。有些肌群的快肌纤维含量更高，比如多数训练者的腘绳肌的快肌纤维含量高于股四头肌，所以在其他条件一样的情况下，腘绳肌比股四头肌更适合低频率训练。因此，高频率深蹲计划的效果都不错，尤其是对于新手，但高频率的硬拉计划可能会让你严重受伤。不同训练者的肌纤维类型的比例也会不同，如果某位训练者的慢肌纤维比例更高，他对高频率训练的耐受度就会更高，训练效果也会更好。而快肌纤维比例高的训练者则更容易从低频率训练中受益。

4. 肌肉尺寸和肌肉结构差异

肌肉越大，训练对肌肉造成的伤害则越多，训练后所需要的恢复时间也更长。这与训练者的力量有关，但随着需要重塑的肌肉组织数量的增加，肌肉的尺寸也起着一定的作用，肌肉越大会导致免疫系统和与肌肉相关的其他系统需要更多的工作时间。肌肉纤维（细胞）越大，蛋白质合成速率受其细胞核的影响就越大，但是细胞核的数量并不会发生太多改变，特别是在卫星细胞分化之后。也就是说，如果你的胸肌有罗尼·库尔曼（Ronnie Coleman, 传奇健美运动员）那么大，一次胸部超负荷训练所产生的 SRA 曲线可能就有一般训练者的股四头肌超负荷训练所产生的 SRA 曲线那么长！当然，这也意味着较小的肌肉的 SRA 曲线通常比较大的肌肉的 SRA 曲线更短，因此对其训练频率的要求更高。你的肱二头肌、三角肌后束可以每天都进行超负荷训练，但如果你每天都用中低容量练股四头肌，那你肯定走路是瘸的，适应过程也会因此受到干扰。

除了肌肉尺寸大小，肌肉结构也会有差异，比如单羽状肌、多羽状肌、梭状肌等。更适合力量输出的肌纤维结构能让肌肉承受更多的伤害和稳态被破坏。从理论上来说，你可以让你的肱二头肌像胸肌一样酸痛，但在现实中，这样的训练容量会让你的肱二头肌在几次训练后就会训练过量。同一位训练者的不同肌群也有不同的肌纤维结构，因此不同的训练主项有不同的最佳训练频率。一个最好的例子就是多数训练者可以承受每周多次的上半身拉力训练（比如水平拉和垂直拉），在每次正式的训练中附带着进行一些此类锻炼都是可以的，但对于胸肌和臀肌就从没有这种说法。不仅如此，不同训练者的同一肌群的肌纤维结构也可能不同，可能某位训练者的股四头肌纤维结构就更擅长高频率训练。

5. 力量差异

训练者的力量越大，对稳态的打破程度就越大，这意味着它们的肌肥大、神经系统的力量适应和结缔组织的 SRA 曲线都会更长。力量举训练有一个常识：力量越大的训练者，训练频率应该越低，反之亦然。

6. 兴奋度（精神能量）差异

比起平静的训练者，在训练过程中更加兴奋的训练者会产生更长的 SRA 曲线。因为兴奋度高的训练者的 SRA 曲线波动幅度会更大，所以只有他们在每次、每组训练都尽最大努力，并有意地降低训练频率，两组最终的训练总效果才会相似。研究表明：无论是冷静还是激动，训练效果都是不错的，但要按需调整自己的训练频率。如果你在训练中非常容易兴奋，并因此做大量的训练，那么你就需要更多时间来恢复和适应。如果你在训练时非常冷静，那就可以利用自己 SRA 曲线短这个优势，提高训练频率。

在极端的情况下，在训练时特别平静的人很少能在比赛中获得冠军，而兴奋、暴躁的训练者更容易在早期退役，因为他们更容易过度训练、受伤和产生心理倦怠。

7. 动作专项差异

不同动作所激活的肌肉数量不同，它们输出的力量也会不同，训练者的兴奋度也相应会有所不同，并且不同动作还会导致神经系统的激活度不同，以及造成不同程度的损伤，所以不同动作的 SRA 曲线会有不同的长度。一个动作的 SRA 曲线指的是该动作的运动表现达到最大程度的适应所需要的时间。我们仅在冲刺期和减载期才追求主项动作的完全恢复，但因为有些动作的 SRA 曲线实在太长，所以我们更有可能在一个中周期训练还没结束时就进入超量训练和中性过度训练的状态中，而其他的动作可能正受到超负荷训练带来的益处。另外有一些动作的 SRA 曲线太短，如果这种动作的训练频率和普通的动作一样，那么就会错过动作的适应峰值，这会降低适应的效果，长此以往，训练效果会大打折扣。

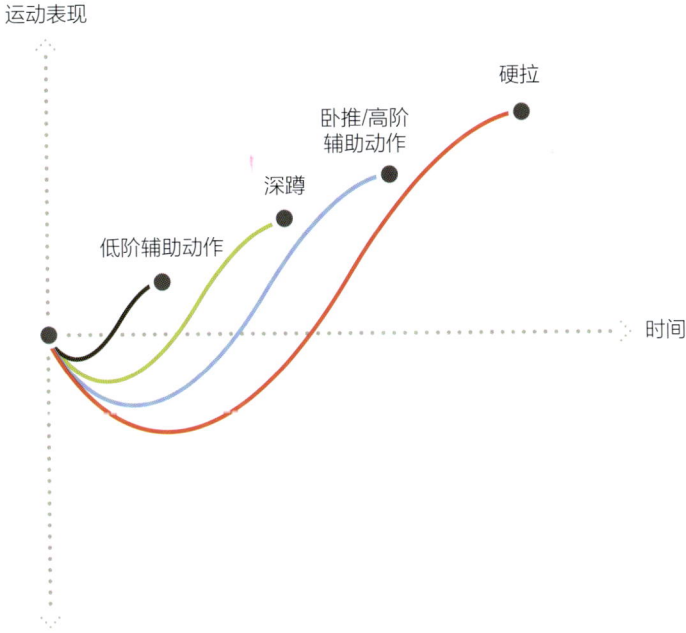

深蹲、卧推、硬拉和高 / 低阶辅助动作的 SRA 范例

下面是针对常见力量举动作（包括比赛动作和辅助动作）SRA 曲线的快速指南。

小肌群动作 / 上背部肌群动作：肱二头肌、三角肌后束、三角肌中束、背阔肌和其他上背部肌群从超负荷训练中恢复的速度非常快，所以对它们可以进行 1 周 4 次的训练，有时甚至可以采用更高的频率。

深蹲：虽然在一般情况下深蹲的负重都非常大，使训练者非常费力，但是股四头肌的慢肌纤维特性却也在某种程度上缓和了这种情况。尤其是对于那些肌肉维度和力量都不大的训练者来说，他们甚至可以每天都做深蹲训练，一些水平更高的训练者也说他们可以至少 1 周做 2 次大重量的股四头肌训练，1 周只练 1 次股四头肌的训练者确实不多见。

卧推：胸大肌呈扇形结构，肱三头肌是多羽状肌，这些肌肉又主要呈现快肌纤维的特质，所以卧推的训练频率和深蹲并不相同。"每天都做深蹲"的计划在新手中很流行，甚至成了力量举训练不成文的特色，但"每天都做卧推"就不怎么常见了。肌肉维度小、力量不大的训练者最多可以 1 周做 4 次超负荷卧推训练，但高水平训练者 1 周最多可以做 1 次超负荷卧推训练。我们之前也提到过，世界上最强的卧推运动员——萨里切夫每 10 天才做 1 次超负荷卧推训练。当然，与卧推相关的肌群是可以承受更高的训练频率的，大多数人每周可以做至少 2 次的训练，但从第 2 次训练起，卧推动作本身的负重就不要超负荷了，取而代之可以做一些超负荷的辅助训练。

硬拉 / 过顶推举 / 腘绳肌训练：腘绳肌主要为快肌纤维，力量输出能力较强，所以其典型的 SRA 曲线也较长。硬拉和过顶推举这 2 个动作也是类似的情况，它们会极大地提高训练者的兴奋度，同时募集大量的肌肉。硬拉会募集身体 80% 的骨骼肌，而过顶推举几乎需要肩部以下的每一块肌肉都保持稳定，尤其是在负荷过重或相对紧张的训练中。这会导致 SRA 曲线大大延长。所以许多训练者都认为大重量硬拉和过顶推举（容量和强度达到超负荷的训练）的训练最好不要超过 1 周 1 次。但其实许多顶级的硬拉训练者都会 1 周做 2 次超负荷硬拉训练！

8. 训练媒介改变

身体系统有很强的适应性（虽然不是无限的），这意味着一个特定频率的训练可以提高一个训练者从这个频率获益的能力。尤其长期的高频率训练会让训练者产生耐受性，训练者的身体也会催生出相应的恢复机制，使自己可以尽快地从训练中

恢复过来。这种情况可能主要与训练者的肌纤维类型有关，但同时还受到了其他机制的影响，其中的每1种情况都值得单独讨论。

训练频率变化的限制因素

在设定训练频率时，有3个主要的因素会限制我们取得最佳结果。首先是在高频率训练时超负荷不足，其次是在低频率训练时疲劳／超负荷过度，最后是适应消散。

1. 超负荷不足

人类的进化大多发生在热量摄取非常有限的环境中，我们的祖先以打猎为生，经常几天没有食物吃，为了生存和繁衍，他们进化出了高度发达的能量储备和利用系统。而这个适应系统与控制超负荷原理的人体生理机制息息相关。负责力量发展的人体系统需要一个超负荷环境才能实现适应和功能的改善，这对代谢系统有很大的消耗。一点点刺激不会提高肌肉和神经系统的功能，我们必须要有一个超负荷的环境才能诱导出适应的反应，所以这里有一个最低强度和容量的要求。

这个最低强度和容量的要求明确地区分了什么是超负荷、什么不是。如果你1周之内的训练负重足够大（强度足够高）、组次足够多（容量足够大），那你下周肯定会进步，这也就是我们每个月、每年进步的基础，但如果时间范围更短的话，会不会出现不同的进步原理呢？可能会。单次训练必须达到最低的强度和容量才能实现超负荷，从而打破稳态，激活人体适应通路。如果某次训练没有达到最低强度和容量的阈值，那这次训练得到的适应收益就会大大降低，所以，你从10次轻松的训练中获得的总效果可能并不如一次性地把这10次训练全练完获得的效果多。每次训练都有一个临界点，超过它就可以打破稳态，诱导出新的适应，长此以往就能积累进步。

打个比方，假设你有1张纸，你的朋友有1卷透明胶带，你们的目标是用胶带把整张纸覆盖住（适应），而你的工具是一支铅笔（超负荷训练）。另外，如果纸不裂开的话，你的朋友就不允许你用胶带粘它。所以你耍了个小聪明，你用铅笔在纸上戳了一个个大小合适的洞，让朋友用胶带覆盖每个洞……很快胶带覆盖了整个纸张，你达到了你的目标！但如果你戳得不够用力，纸上并没有半点裂缝呢？那么这时会有多少胶带覆盖上去呢？似乎一点也不会有。

这个比喻有些夸张，因为即使你只是用铅笔在纸上轻敲，也会产生一些"适应性的"效果，这类似于去健身房，每隔几个小时做一次轻松的深蹲。但是，似乎有很好的理由认为，打破稳态的程度与适应的水平并非线性相关的。如果单次训练没有达到最低强度和容量的阈值，人体的生理改变和训练所做的功就不成比例，对于某些高阶运动员来说，这样的训练甚至不会有任何效果。

简单来说，如果你没有一鼓作气让生理系统受到足够的压力，那么人体产生的适应信号就不够强烈，所以训练需要超负荷。对于顶级力量举选手来说，即便是每天进行1次极限负重深蹲，也是训练的超负荷不足。1RM训练的强度确实非常高，但对于顶级力量举训练者来说，这种训练不足以打破他们的稳态。在这种训练下，他们的肌肉几乎不会出现任何细微撕裂，神经也不会疲劳，肌肉中的力量传导探测器甚至不能汇总到足够的活动，那细胞就肯定不会为了这次训练而做出新的适应了。

超负荷不足经常是和高频率训练联系在一起的，因为在高频率的训练下，你的单次训练容量就很有可能会小于 MRV，你的疲劳不会积累很多，但适应结果也不尽如人意。另外，你的 SRA 曲线也可能不会出现峰值，因为训练刺激太小，无法诱导出适应。

但多数人其实并不需要太关心这个问题，在力量举中基本上没有超高频率的训练计划，但我们还是要从理论层面讨论一下这个问题，从而避免类似的情况发生。高阶训练者的"每天都深蹲"计划可能就是这类情况的一个示例。为了每天都可以进行训练，训练者必须降低训练的难度，并且在以往的训练中，他们的身体已经适应了类似的训练（甚至产生了抵抗），所以这种训练不会实现超负荷，更不会带来最佳的适应结果。他们可以降低训练频率，把训练量集中起来，从而实现训练的超负荷。

2. 疲劳 / 超负荷过度

我们在上文举了一个胶带和纸的例子，但如果你把那张纸撕碎，没法再由胶带粘回去怎么办？这就是训练刺激过度，干扰了适应进程。在这种情况下，即便你能把纸再拼回去，寻找碎纸片的时间也会超过用胶带粘贴的时间。对于力量举，如果一位训练者的训练频率极低（比如每周只训练 2 次），为了达到 MRV 目标，他单次训练的容量就会高得离谱。最后，因为训练容量过高，反而会影响恢复的进程，结果就是 SRA 曲线下降的幅度高于其上升的幅度。身体的恢复能力是有限的，在这种情况下，身体就需要花大量的精力来恢复，因此也就没有多少精力来形成新的适应了。简单来说，降低训练频率意味着要提高训练难度，有时身体很难适应这么高难度的训练，所以就只能挣扎着恢复，而不会产生适应了。单从对身体破坏的角度来讲，车祸对身体的破坏够大了吧？但有谁会想要练得像遭遇了车祸一般，并以此来增肌？只在纸上只轻轻戳一下是不够的，但出车祸更不好，老一辈训练者有一句流传的话："要苦练，但别想着在训练中干掉自己。"

那有没有方法能够评估训练者到底是过度超负荷还是超负荷不足呢？这是个因人而异的问题，很大程度上取决于训练者的个体情况，但我们依然可以借鉴一些基本的指导方针。如果你是需要改进技术的话，每周做至少 2 次技术训练（还要进行超负荷训练，而不是只练技术）。

高水平的训练者已经有了稳定的技术，提高技术已经不再是训练的目标，因此可以少做一些技术训练了。为了实现增肌的适应，初学者可能需要至少每周对相同的肌肉组织进行一次刺激，但即使这样，几个月后这样的训练刺激也会变得不够充分，最多起到维持现有体型的作用了。如果训练者每个肌群每周只练 1 次，但又想持续实现肌肥大的话，那么他每次训练的容量就很有可能会过大，所以这并不是最佳训练频率。有趣的是，许多职业健美运动员在杂志上宣称他们大肌群（胸、背、腿）每周只练 1 次，而且这样的方法在全世界的健美新手中非常流行。职业健美运动员的肌肉量大，每次训练的 SRA 曲线非常长，所以他们的每个部位每周只练 1 次。但不幸的是，如果你没有超过 100 千克且全身大部分都是肌肉的话，这种策略就不怎么适合你了，所以多数照搬这种练法的新手都没有获得理想的效果。

对于大多数人来说，神经力量输出的适应需要至少每 1.5 周训练 1 次。不过，我们必须记住，如果你把提高这种适应的训练作为训练计划的主体的话，肌肥大和技术的适应就会受到影响，而这两方面对力量举的进步更为重要。结缔组织 SRA 曲线非常长，需要长期低于极限的刺激才能实现适应，其原因就是低频率、高难度的单次训练对于结缔组织来说风险太大了，一次性地给结缔组织大量高强度的刺激容易引起结缔组织急性损伤（比如肌腱的损伤），因此超低频率训练对结缔组织是最不友好的。

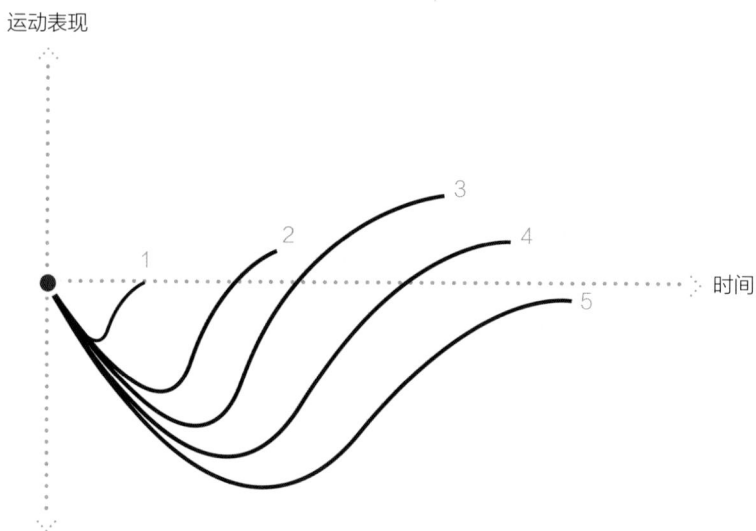

超低频率训练的 SRA 曲线

3. 适应消散

低频率训练的第二个问题就是适应消散。如果你再仔细看看 SRA 曲线，你就会发现一旦达到了适应的峰值，适应并不会永远保持在最高点。如果该系统的下一次训练没有继续在适应峰值上，那么适应就会降低。

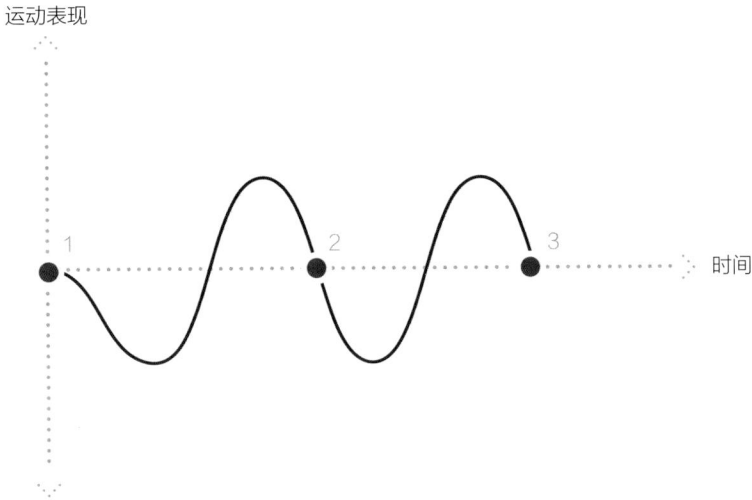

SRA 曲线间的适应消散

如果第 1 次和第 2 次训练之间的间隔太长，整体的适应效果就会降低，有时甚至无法从第 1 次的训练中获得任何效果。更糟糕的是，如果两次训练的时间间隔真的过长，训练者的适应能力甚至会低于训练开始前的初始状态，我们将这一现象称之为"内卷化"。没人想要训练陷入内卷化，因为陷入内卷化之后，训练者每次的训练适应收益都是赤字，并且很难逃出这个恶性循环。以肌肉生长为例，训练结束之后的几个小时之内，肌肉就会开始生长，并持续 2~4 天。但如果你在训练之后决定休息 1 周，在第 5 天左右，肌肥大适应峰值就会开始下降。第 6 天左右，肌肉就会掉回训练之前的水平。如果你第 7 天才想起来要再次训练，但这时肌肉已经掉回上一次训练之前的水平了，你就又得重头开始，因此很难取得进步。

我们在上文讨论了疲劳／超负荷过度的问题，单次训练刺激过量会拉长 SRA 曲线，但适应部分的长度会缩短，恢复部分占据了整条曲线的大部分，所以总体的适应效果不佳。为了规避疲劳／超负荷过度的问题，我们需要提高训练频率来避免适应消散问题。这 2 个限制性因素就决定了超低频率的训练不会成为最有成效的训练模式。

4. 结论：训练频率有许多种选择

上面讨论的对训练频率的 2 个限制因素帮我们指出了设计训练计划时的上限和

下限，但这个范围仍然很大，训练频率可以做出很大的调整。不过，考虑到影响训练频率的其他因素，比如训练者的力量、肌肉量和技术水平，我们可以得出结论：对于不同的训练者来说，不同的时机有不同的最佳训练频率。

如果每周的训练强度和容量接近 MRV，那么计划的训练频率就没那么重要，事实上，在这种条件下，多种训练频率都可以是富有成效的。更详细一点来说，训练者的目标不同、水平不同、训练阶段不同，最佳的训练频率范围也会不同。所以只要频率范围都在上文提到的三种限制因素之内，并且训练容量和强度差不多，那么说一种频率范围明显优于另一种频率范围就没有太大意义。在对于西部杠铃体系的超低频率训练与"每天都进行深蹲"这 2 个流派的争论中，最佳的结论应该是根据训练者自身的情况来选择频率，高频率训练不一定就是不好，低频率训练也不一定就是坏。

训练日的安排

确切来说，一个计划的训练频率指的是在某个时间单位内（比如 1 周，但不一定必须以周为单位）的训练次数。还有另一个影响 SRA 曲线结构的重要因素值得讨论，那就是在特定时间范围内的训练日安排。

训练日的安排指的是在特定时间范围内训练日如何分布。

举个例子，比如你每周训练下半身 3 次，训练日的安排就可能有以下情况：

·周一、周三、周五训练
·周一、周五、周六训练
·周一、周二、周三训练……

从上面的例子可以看出，虽然训练频率一样，但训练结构却完全不同，因此训练效果也不会完全相同。第 1 个例子中的方法看起来比较符合逻辑，其产生的 SRA 曲线有足够的时间来形成适应，并且能通过持续的训练积累适应成果。在第 2 个例子中，训练分布比较分散，这造成两个需要注意的问题：第一，周一和周五之间的间隔太长；第二，周五和周六之间的恢复时间不够。好消息是我们可以通过提高周一的训练难度（延长 SRA 曲线），并降低周五的训练难度（缩短 SRA 曲线）来获得不错的效果。或者我们也可以使 3 天的训练难度一样，然后利用功能性超量训练的策略来均衡训练。但功能性超量训练也有局限，如果把它应用在第 3 个例子中，训练者就基本不会获得任何效果。如果每次训练的难度相当，在第 3 个例子中周三那天的训练就很难实现超负荷，因为前两天的连续超负荷训练已经积累了太多疲劳。与此同时，第 3 次训练（周三）和下周一的训练之间间隔又太长，其频率肯定低于最佳的技术和肌肥大训练频率。

因此，我们的建议是一旦我们决定了训练频率，以一种使训练大致均匀分布的方式来组织训练可能就是最好的方法。在现实中，很多人需要花几个月甚至几年的时间来认识到这点，有些人甚至会付出一些代价。比如你安排周一进行大重量深蹲训练，周二进行大重量前蹲训练，周三进行大重量硬拉和推举训练，但最后你会发现自己周三的大重量硬拉根本没多少负重，一周里效果好的就只有周一的深蹲训练。

SRA原理应用不足

SRA 原理的应用不足指的是训练者设计或执行计划时没有意识到（或没有给予应有的重视）SRA 原理，这主要体现在 3 个方面。

训练频率太高

高频率训练，尤其是高频率的超负荷训练，是学习和巩固技术、刺激肌肉增长的最好方法。高频率训练对新手和中阶训练者而言是非常有效的，因为他们的训练目标通常都是增肌和掌握技术。肌肉量较少或慢肌主导的训练者也适合高频率的训练计划，即便他们水平很高或不想增肌也是如此。

到目前为止，一切都很美好，但将高频率训练计划应用于所有训练者时就会产生问题，因为大家的水平有所不同、肌纤维组成不同、力量水平和肌肉量不同。很少有大重量训练者或高水平训练者使用高频率的训练计划。这类人群从更大的超负荷训练中产生了更长的 SRA 曲线，因此他们需要更多的时间来恢复，而且他们的训练目标更多集中在神经系统的力量输出能力上，而不是增肌或提高技术。高频率训练的拥护者们认为既然力量举是一项运动，那么它应该和其他所有的运动一样，必须经常磨练技术才能进步。无论是深蹲、卧推还是硬拉，都必须频繁地训练才能保证技术的适应和进步。这个观点对于新手来说或许正确，但对于高阶训练者就没那么适用了。力量举中的 3 个动作是人体运动模式中最简单的，只要教练水平没有太差，训练者都可以在几个月内掌握技术，在此之后我们确实也需要做一些技术训练（最多每周 1~2 次），但只要保持现状就可以了。对于新手来说，技术训练可能会带来进步，但对技术已经成型的训练者来说，应该把技术训练的时间用来恢复或适应，这样训练的效果会更好。

增肌训练也会遇到同样的问题，如果训练者达到了他所在体重级别的上限，那么基本上他就不需要再增肌了，除非他决定升级体重级别。比如一个93公斤级别的训练者体脂已经很低了，但他仍然做高频率的肌肥大训练，这样积累的疲劳就会影响他神经力量输出的适应，那对他来说有什么好处呢？为了使体重不升到下一个级别，他必须限制热量的摄入，除此之外，不会有其他的事情发生了。如果训练者想要升级体重级别，或者减脂时想保留肌肉，那么最好继续进行增肌训练。但如果你已经达到体重级别的上限了，继续做增肌训练就会影响你的力量进步。举个例子，西部杠铃训练者的肌肉维度都非常大，所以对他们来说，频繁做增肌训练的效果一定不如做其他训练好。

选择训练频率时，不要因为有知名训练者用很高的训练频率就直接参照他的方法训练。不过，每个训练者在寻找自己的最佳频率时都或多或少会走一点弯路。

训练频率太低

虽然超高频率训练是一种最近比较热门的方法，但近20年来的大部分时间里，流行的趋势都是低频率训练。现在还有许多广为流传的低频率训练计划，有些效果确实还不错。但不是所有的训练者都适合低频率的训练计划，有些人则需要更高频率的训练。

低频率训练和我们在上文讨论的高频率训练正好成为对比。20年前到10年前，西部杠铃的训练计划被奉为"圣经"，每一位训练者都想要尝试。有许多杰出的训练者因为这些计划而更上了一层楼，但有些新手按照此类计划训练的结果却不尽如人意。每周只对一个肌肉群进行1次大重量训练，很难提高训练者的技术，这样一些非常糟糕的技术就会在初学者中间传播开来（不过，现在使用高频率训练的新手技术都还不错）。一些训练年限较长的训练者确实可以从低频率的训练中获得很好的神经力量提升，但这也是建立在他们已经有了稳定的技术和相当可观的肌肉量之上。如果这两样都没有，却使用低频率训练计划，训练者的进步速度一定不快。

想要避免训练频率太低或太高的问题（比如你已经非常有经验或者非常强壮了，却还是采用了高频率训练），最好的方法就是根据自己的训练水平和训练需求来选择训练频率。这意味着你和你的健身伙伴可能无法一直在一起训练，但如果为了各自的运动表现着想，也只能这么做了。

训练太密集

在讨论训练日安排的时候，我们已经初步涉及了这个话题，在此我们把这个问题分成几类，再详细讨论一下。

超负荷训练间隔的时间太短会导致以下问题。

· 干扰本次训练的超负荷程度，因为从上一次训练中积累的疲劳程度仍然很高。

· 两次训练之间间隔的时间太长，可能会导致内卷化。

· 直接降低当前正在进行的适应，并限制上一次训练的适应效果。

超负荷训练与上一次训练间隔的时间太长，同时又与下次训练间隔的时间太短会导致以下问题。

· 本次训练积累的疲劳会干扰下一次超负荷训练的状态。

鉴于以上理由，我们推荐：在训练次数确定的情况下，训练者应该在一个时间段内尽可能地均摊训练。这不仅仅是针对特定的肌肉群，而且应该应用于整体的训练中。过于频繁的艰苦训练可能会对中枢系统（例如，大脑和脊髓）造成负面的影响，甚至还可能影响身体各部位的适应和恢复。连续三天安排大重量的深蹲、卧推和硬拉训练，这样的计划闻所未闻。在这样的计划中，各个训练会严重地互相干扰，所以把它们平均分散到 1 周内的效果一定会更好。

SRA原理过度应用

如果训练者过度地解读或看重 SRA 原理，就有可能导致 SRA 原理的过度应用。这些人如同有强迫症一般，努力创建着"完美"的训练结构，并且主要有以下 3 个方面的表现。

非要等到完全恢复才开始下一次训练

我们确实需要等到 SRA 曲线达到适应性峰值再开始下一次的锻炼，肌肉生长也应该在下一次的训练开始之前就已经结束。但这并不意味着我们每一次的训练都需要等到上一次训练的 SRA 曲线完全结束之后才开始。举个例子，如果我们非要等到神经系统的力量输出 SRA 曲线结束后才开始下一次训练，那时我们的肌肉和技术早已不知道退步到哪里去了。如果我们非要等结缔组织完全恢复之后才进行下一次训练，那我们就只能几周才训练 1 次了！

如果我们需要强化某项能力，那么即使训练其他能力所积累的疲劳没有完全消除，我们也是可以承受的，只要减轻疲劳，不让它积累太多就行。如果非要等到所有的系统完全恢复才进行下一次训练，我们就会错过许多宝贵的训练时间。如果你的目标是增肌，那么适当安排其他的训练就可以，没有必要在增肌阶段进行极限重量的力量训练。如果你的目标是增力，那么训练时某些关节的酸痛也应该是在你允许的范围之内。只要我们管理好疲劳，这个计划就没有任何问题。没有必要等到身体所有的系统完全恢复再进行下一次训练。

不使用功能性超量训练

把超负荷训练集中在一起会抑制 SRA 曲线升高。但如果超量训练没有超过身体的恢复和适应能力，那超量训练就可以带来大量的适应性反弹（这种超量训练可称为功能性超量训练），这是非常有效的训练方法，在赛前减载、收尾和冲刺期尤其好用。

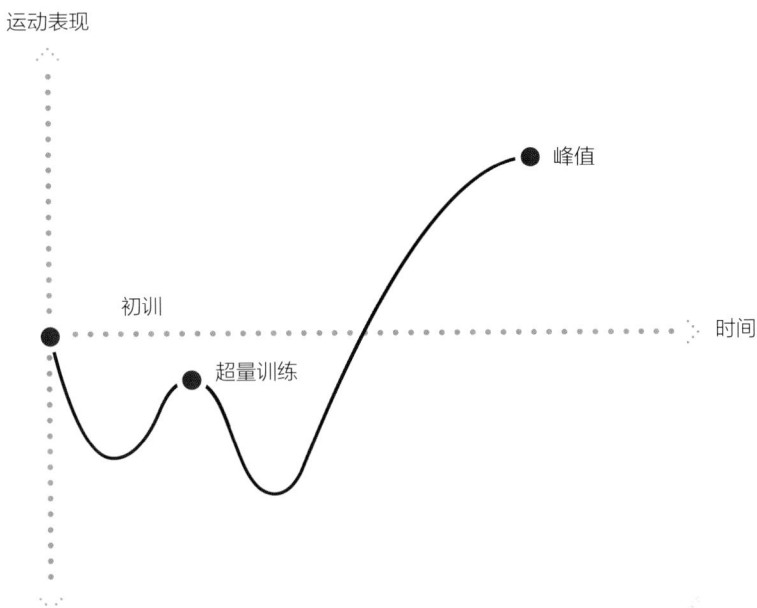

超量训练

在多数情况下，我们还是推荐正常的训练手段，但功能性超量训练在某些情况下的效果极为出色。通过推迟适应的时间，超量训练可以让我们在降低疲劳的同时实现大量的恢复和适应。在超量恢复的末期（我们会在"阶段增益"那一章详细讨论这个问题），我们可以同时实现恢复和超量补偿，这会极大地提高我们的运动表现；同时我们在末期使用的都是小重量，所以疲劳也会降低。

但如果在这个周期内你还有许多超负荷训练要做，那就不适合进行功能性超量训练了。早期的超量训练会从细胞层面上影响适应的进程，并且由于疲劳的积累，接下来的超负荷训练也会受到影响。如果你在增力中周期的第1周就超量训练，那么你可能在接下来的训练中遇到大麻烦。但如果在任何时候你都完全避免超量训练，那么在减载与收尾时你会失去太多的适应，从而导致运动表现的下降。

对于习惯在完全恢复之后再进行下一次训练的人来说，超量训练会非常难熬。因为这时你的身体已经很难受了，新的训练容量又很高，这会让你感觉自己的人生好像除了杠铃以外什么都不剩了！但恰当地使用功能性超量训练可以让你在短期内就获得大量的进步，如果在比赛前使用得当的话，效果会尤其好。超量训练的反对派认为这样的训练体验很不愉快，而且也不一定就能带来最佳的结果。

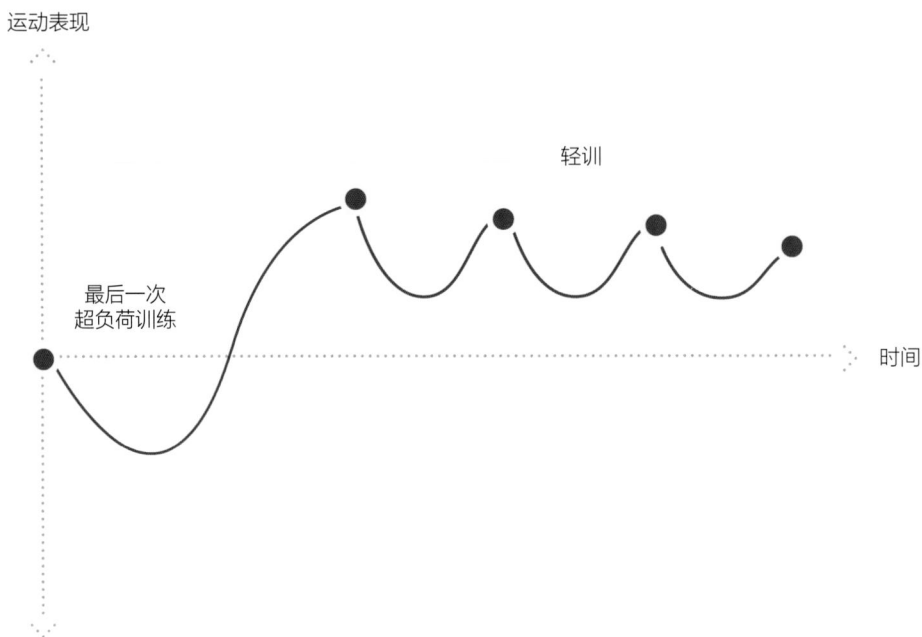

收尾计划不恰当导致适应衰退

寻求过度对称分配的训练

在小周期内，超负荷训练会导致疲劳，轻训和休息日可以消除疲劳。安排轻训和休息日的核心目的在于安排的顺序和时机，使得大量的疲劳可以快速地消除，并且在第二天不会加重。在"疲劳管理"一章，我们提到连续 2 天的休息日是非常好的减轻疲劳的手段。

但安排连续 2 天休息并不符合 SRA 原理。如果你真的想把 1 周中的 4 次训练完全平均分配，那么你就要在周日晚上、周二早上、周四晚上、周六早上进行训练，或者以其他按照相同的时间间隔来安排训练，但这就不会让你有连续休息 2 天的机会。虽然这种安排完全符合 SRA 原理，但违反了疲劳管理的原理，因为在每个周期内就没有一个明确的休息时间来让身体恢复。理想中完美的 SRA 原理应用会违反完美的疲劳管理原理的应用，但因为疲劳管理的重要性更大，所以我们要优先进行。

由此我们可以得出，训练日最佳的安排方式是尽可能平均分配训练日，但对进行超负荷训练的日子要有所侧重，从而让疲劳可以及时地消除。

总结

从技术层面来讲，SRA 可能是本书中最复杂的原理了，全章没有任何花里胡哨的话，全是技术上的讨论。但在实际应用中，这又是最简单的原理。SRA 的核心是艰苦训练，休息，然后继续艰苦训练。但如果训练者休息太少的话，每次训练的恢复和适应会受到影响；休息太久的话，上次训练的效果就会降低。

重点

· SRA 描述了超负荷训练带来的刺激加上足够的休息导致正向适应的过程。

· 训练频率与动作类型和募集的肌群有关。大重量硬拉训练的训练频率肯定和深蹲技术训练、肱二头肌弯举的训练频率不一样。

· 个体差异也会影响训练频率。例如 MRV、技术水平、肌纤维类型、绝对肌肉量、力量、心理状态、身体比例等都会影响个体的训练频率。

参考资料与拓展阅读

SRA 定义

· *The General Adaptation Syndrome*
  《一般适应综合征》
· *Principles and Practice of Resistance Training*
  《抗阻训练的原理与实践》
· *Science and Practice of Strength Training*
  《力量训练科学与实践》
· *Periodization 5th Edition Theory and Methodology of Training*
  《周期化训练理论与方法论（第五版）》

SRA 应用

· *Sport Nutrition*
  《运动营养》
· *The Influence of Frequency, Intensity, Volume and Mode of Strength Training on Whole Muscle Cross-Sectional Area in Humans*

《频率、容量和训练模式对人体肌肉横截面的影响》

· *Influence of Resistance Training Frequency on Muscular Adaptations in Well-Trained Men*

《抗阻训练频率对高水平训练者肌肉适应的影响》

· *Single vs. Multiple Sets of Resistance Exercise For Muscle Hypertrophy: A Meta-Analysis*

《单组与多组抗阻训练对肌肥大影响的对比：一项元分析研究》

· *The Development, Retention and Decay Rates of Strength and Power in Elite Rugby League and American Football: A Systematic Review*

《精英橄榄球联盟和美式足球运动员的力量与爆发力的发展、保持和衰退速度：一个系统调查》

· *Application of the Dose-Response For Muscular Strength Development: A Review of Meta-Analytic Efficacy and Reliability For Designing Training Prescription*

《剂量反应在肌肉力量发展中的应用：设计训练方法元分析有效性与可靠性的回顾》

适应衰退与可逆性

· *Detraining: Loss of Training-Induced Physiological and Performance Adaptations. Part I: Short Term Insufficient Training Stimulus*

《停训：训练诱导生理与表现适应丧失。第一部分：短期训练刺激不足》

· *Detraining: Loss of Training-Induced Physiological and Performance Adaptations. Part II: Long Term Insufficient Training Stimulus*

《停训：训练诱导生理与表现适应丧失。第二部分：长期训练刺激不足》

· *Muscular Characteristics of Detraining in Humans*

《停训人群的肌肉特征》

· *Upper-Body Strength and Power Changes During A Football Season*

《橄榄球训练者上半身力量与爆发力在赛季的改变》

· *The Development, Retention and Decay Rates of Strength and Power in Elite Rugby League and American Football: A Systematic Review*

《精英橄榄球联盟和美式足球运动员的力量与爆发力的发展、保持和衰退速度：一个系统调查》

第七章

原理5：变式

科学定义

变式原理指的不是"让肌肉震惊"或"让肌肉有新鲜感"或"让肌肉迷惑"，虽然最后一个意思比较接近了。为了让大家更好地理解变式和变式的用途，我们先简单介绍一下它的定义，然后再讨论该定义中 2 个基础的概念。

变式的定义：通过控制训练变量来防止平台期和伤病，并放大对训练的长期适应性反应。

变式可以通过改变训练计划来实现：

·改变容量（低、中、高）

·改变强度（低、中、高）

·改变（重复）次数和代谢压力（低、中、高）

·改变动作选择（腿举与前蹲）

·改变训练频率（低、中、高）

·改变动作速度（中、快、极快）

还有一些小的改变，比如计划中动作顺序的变化也可以算作变式，但这些对训练的影响不大，所以我们就不讨论了。为了更好地理解变式原理，我们要掌握 2 个基础的概念——负反馈循环和适应抵抗。只要能理解了这 2 个概念，变式的讨论就可以顺利进行下去了。

负反馈循环

生物系统主要有 2 种反馈循环：正反馈和负反馈。正反馈循环的特征是过程中所产生的产物会导致同一产物的加速产生。比如身体出现伤口时，血液会在伤口处形成凝块，并发出信号让其他的血块在这个区域聚集，导致更多的血块在此形成，最终由于该区域血块的指数级增长，伤口被迅速止血了（谢天谢地）。血块越多就会导致越多血块的形成，而这又会进一步导致更多血块的形成。换一个人类社会的例子，比如某个明星在开演唱会，台下有位粉丝跟着唱了起来，那么他周围的粉丝也会跟着唱起来，然后越来越多的人会注意到跟唱，最终可能只需要短短几十秒，全场的观众就会唱起来。

如果正反馈循环主导了肌肉生长和力量增强的过程，那么大家最终都会变成《龙珠Z》里的超级赛亚人，而整个宇宙很有可能早就被查德·史密斯毁灭了。但力量的发展主要是由负反馈循环主导的。负反馈循环也会监测系统生产的产物数量，但它不会像正反馈循环那样发信号来提高同一产物的生产，而是恰好相反。负反馈检测到的产物越多，它越会抑制系统生产相同的产物，从而保证稳态系统的平衡，防止破坏像野火一样蔓延开来。人体内有许多负反馈循环的例子，我们很快会看到很多与肌肉生长和力量增加直接相关的例子。食物摄取也是人体一个简单的负反馈循环基本模式的例子。人体摄入食物越多，越会分泌各种抑制饥饿感的激素，所以你吃得越多，感觉越饱。

你可能会对这个例子有些怀疑，但如果你尝试过增重的话，就会理解了。吃饭本来是一件快乐的事情，但如果你每天都要吃7000大卡，并且持续1个星期的话，你可能就不会这么想了，而且你还会忘记什么叫饥饿感。举一个与人体无关的例子——空调。比如你把空调设定在了26℃，然后打开窗户来感受夏天的热浪，这时空调会加大功率来让房间降温。如果过了一会我们又把窗户关上，那么几分钟之后房间就会降到26℃，空调不再呼呼地使劲吹。房间内温度越低，需要的冷气越少（冷空气越多，需要制造的冷空气就越少）。

适应抵抗

负反馈循环对于保持人体的水平衡、热量平衡和其他许多关键的功能都非常重要。除了维持人体的基本功能，负反馈循环还管理着许多适应功能。人体内每个会对刺激形成适应的系统都由负反馈循环控制。你的技术越好，技术进步速度就越慢；你的肌肉越多，增肌的难度就越大；你的力量越强，进一步强化力量的难度就越大。

人体适应通路会对刺激做出反应，并提高相关系统的表现，但因为负反馈循环，每一次进步的程度会越来越小，我们将这种现象称为"适应抵抗"。一个系统在特定方向接受到的信号越多，它对这个方向适应的抵抗就越大，也越难以继续进步。

如果我们想以最快的速度获得长期的进步，我们必须想办法解决适应抵抗以应对逐渐产生抵抗的人体系统，从而提高进步速度。为此，最常见的应对方式就是换一种方法（虽然可能与之前的方法相似）来刺激这个系统。因为换了一种方法来刺激这个系统，那么它对上一种刺激手段的抵抗就会逐渐下降。过一段时间，我们又可以切换回上一种方法，这时我们会发现身体对它的适应抵抗大大降低了，又能继续进步了。当然，适应抵抗还是会产生，但我们可以一直重复这个过程，有目的地交替使用各种刺激方法，保证该系统在同一个方向上进步，同时帮助该系统消除在其他方向上的适应抵抗，从而有助于获得长期持久的进步。

从提高力量举表现这个角度来看，我们需要讨论 4 个方面的适应抵抗。

1. 技术

学习新技术主要有 3 个阶段。在刚接触到新技术时，早期的学习进度会非常慢，同时错误率也会很高。这个阶段过去以后，掌握技术的速度就会快速提高，第 1 阶段打下的基础会决定第 2 阶段的学习效率。第 3 阶段指的是第 2 阶段后，长时间、不间断的技术巩固时期。这个阶段的特点是训练者的进步速度慢，偶尔甚至会有停滞或退步，这就是因为适应抵抗。花太长时间学习某种技术会导致适应抵抗，降低进步速度或停滞不前。

为了防止适应抵抗妨碍我们掌握新技术，我们可以在计划中引入技术变式。如果你觉得自己的卧推技术掌握得还不够，但却已经很久没进步了（从技术角度来说），那么你可以把竞赛卧推动作停几周，改练其他的变式，比如宽距、窄距卧推，上斜卧推或哑铃卧推等。这些变式可以让执行技术的神经通路变得重新对训练敏感，身体会觉得这些变式动作很新奇，从而让技术的进一步提高成为可能。变式的另一个好处是当你重新使用之前用过的动作时，你会有新的感悟，可能就不会再犯过去的错误了。这个重新学习技术的过程会伴随着新的进步，或至少也能改掉过去技术上常见的错误。

简而言之，长时间使用同一种技术会让学习进入平台期，定期地"忘记或改变"技术可以有效地解决这个问题。

2. 肌肥大

每一次特定的练习都会激活一部分肌肉，而其他的肌肉则会保持休眠状态。举个例子，竞赛卧推募集最多的是胸骨部的胸肌，而在上斜卧推时，只有练到接近力竭时才会募集到它。这样的结果就是特定动作会使一些肌肉产生超负荷，并接受到大量的刺激，而这些训练却使其他的肌纤维只能维持适应，有时甚至还会

产生退步。

从中周期（数周的时间）的角度来看，超负荷的肌纤维会遇到以下 2 个问题。

· 持续的超负荷训练会导致某些特定肌纤维超过 MRV，进入超量训练的状态。

· 相似的训练刺激会导致这些肌纤维形成适应抵抗。

和上文讨论技术时的情况一样，使用动作变式可以很好地解决这两个问题。首先，新动作不会刺激老动作刺激过的完全相同的肌群，它会从新的角度让肌纤维受力。这可以让之前超量训练的肌纤维完全恢复，甚至获得超量补偿，同时新的目标肌纤维可以受到超量训练。其次，新动作可以缓解之前肌纤维的适应抵抗，恢复其对训练的敏感，促进肌肉生长。而重新使用老动作时，之前超量训练的肌纤维已经完全恢复了，同时也不再有抵抗，我们接下来可以持续使用这种训练循环。经验丰富的训练者可以通过某些肌群是否酸痛来判断适应抵抗的程度，他们会适时地引入动作变式来缓解适应抵抗，获得持续进步。

每个中循环改变一次训练方式就可以对连续的几个中循环都持续有效，从而促进肌肉的增长，但这也不是一个会产生无限效果的过程。经过了几个月的增肌训练后，肌肉生长的信号分子通路会变得有些迟钝。如果高容量的增肌训练持续不减的话，即使训练者使用了恰当的疲劳管理手段，mTOR 活动也会开始被 AMPk 活动所掩盖。在这种情况下，大量减少增肌训练才可能有效地使 mTOR 通路重新敏感，并且降低 AMPk 通路的敏感，经过这样的调整就又可以进行几个月的高效训练了。

增力训练为增肌训练提供了完美的休息期，因为增力训练的容量不高、每组次数不多、组间休息长，所以它能很好地保护肌肉，并且不会产生大量需要代谢的物质。又因为力量举训练者在一整年中都会定期安排增力 / 冲刺训练，所以很少有人会遇到增肌期太长而导致适应抵抗的问题。但是，那些需要提升体重级的训练者要注意避免这个问题。

3. 神经力量输出

即使疲劳管理得很好，长期训练神经力量输出也会导致适应抵抗。连续几个月训练运动单元在短时间内的极限募集能力最终会降低每次训练刺激的效果。为了保证神经系统能持续进步，我们需要定期停止极限力量训练或冲刺训练。

但我们需要直接停掉超负荷训练吗？没有必要，我们可以改变刺激神经系统的方式，但并不需要降低对神经的刺激。极限力量平台期有一个专门的解决方案，那就是在 1~2 个中周期内集中进行次极限重量的训练，避免低次数的极限重量的训练。仔细思考一下，这其实就是增肌训练，但它也是增力和冲刺训练适应抵抗的完美解决方案。

4. 结缔组织

当结缔组织受到一种新方法的刺激时，它能迅速地在这些力线中增加更多的组织，以此获得增强，并且这还可以减轻适应抵抗。经过一段时间的来自同一角度、大小相似的力的刺激，适应速度会快速降低。如果此时改变动作（比如把深蹲换成前蹲），身体的力线和承受的压力就会改变，这就会导致对原来力线刺激的减少和对新力线刺激的增加。在一段时间后，再切换回以前的动作，会让之前的力线继续产生适应，因为之前的力线对这个动作的力学结构又敏感了起来。

从变式的角度来看，疲劳管理与潜在的伤病高度相关（我们甚至可以说疲劳管理是变式的子原理）。如果不使用动作变式，那么组织细微的撕裂和骨裂就会在同一个位置积累，最终导致伤病。长期使用同一个动作，基本或完全不采用变式会干扰疲劳管理，提高受伤的概率。因此，使用动作变式可以促进结缔组织的适应，并且在持续进步的同时降低受伤的概率。

变式的基本模式

改变训练计划内的动作、容量和强度，有助于实现长期持续的适应。更详细一点来说，在每个中周期有策略地改变训练变量是实现定向适应的最好方法，因为这些新变式会带来进步，而且这些进步不会在下一次训练焦点改变时就立即消失。但是我们要记住，虽然变式很有用，但仍然有两方面的限制。

第一个限制和定向适应有关。变式太过频繁（每周都要玩新花样）会导致适应无法保持稳固和持续，我们会在变式过度应用中详细讨论这个问题。

第二个限制是变式可能会影响力量举中最重要的训练原理——专项性原理，因此计划中所有的变式都必须遵循训练的专项目标。举例来说：

·如果你要选择增肌训练的变式，那么它的强度、容量和动作必须能诱导肌肥大；

·如果你要选择增力训练的变式，那么它的强度、容量和动作必须能诱导力量的增长。

所以使用变式有一个基本底线，就是要保证它是为了力量举这项运动服务的。如果你的训练组数、重复次数、训练强度和动作对力量举没有用处，那挑选的这个变式就不合适了。

综上所述，我们可以对变式下一个更为精确的定义：变式是指在不违反专项性的前提下，有策略地调整训练变量来减轻适应抵抗。

在力量举领域的定义

相比于其他运动，变式在力量举领域的定义就非常简单了：在不违反力量举专项性需求的前提下，有策略地调整训练变量来减轻适应抵抗。

无论是增肌、增力还是冲刺，都一定需要变式训练。我们之后会讨论变式原理的应用不足与过度应用，在那时我们会讲解如何避免变式应用过程中的常见错误，以及如何才能让我们持续的进步。

训练原理重要性排序

只要疲劳管理得当，只使用前 3 个训练原理也能给训练者带来巨大的进步，即使不用变式，只练专项也可以取得非常优秀的成绩。变式是很棒的训练工具，但很难说它能起决定性作用，因此它排在了第 5。

变式的目的就是降低适应抵抗，虽然不是最重要的训练原理，但在每位训练者的训练中仍占有一席之地。

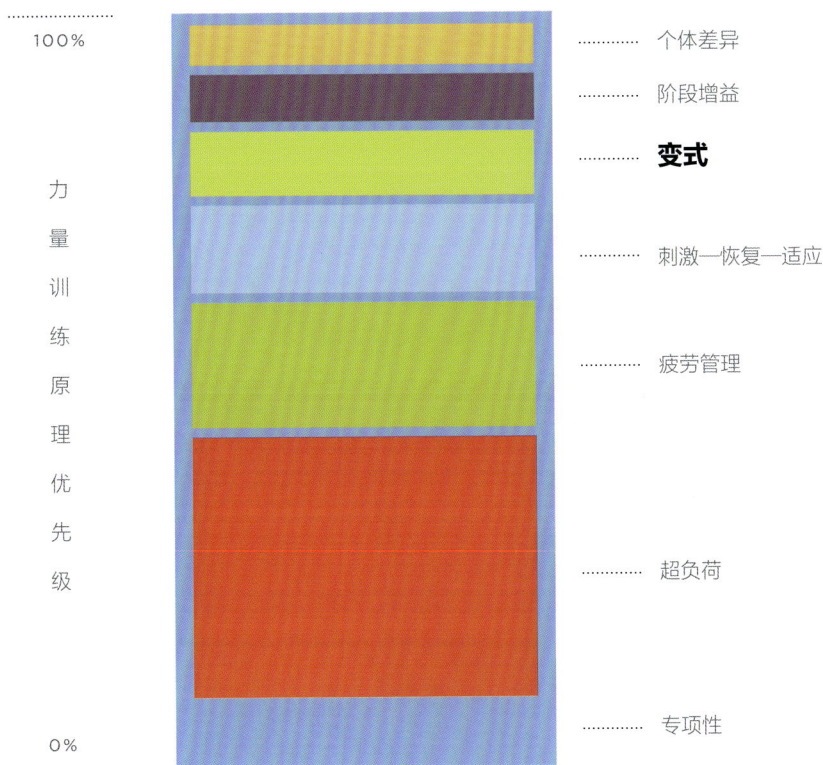

100%

力量训练原理优先级

0%

个体差异
阶段增益
变式
刺激—恢复—适应
疲劳管理
超负荷
专项性

变式原理的正确应用

应用变式的时机

为了降低适应抵抗，我们会替换一些动作（比如把竞赛卧推改成窄距卧推），并至少持续1个中周期。当你将训练动作再次换回竞赛卧推时，因为适应抵抗的降低，我们就又可以继续进步了。动作变式就是这么简单，但为了保证它有效果，我们仍然要考虑一些因素。

使用非竞赛动作的变式会有一些限制因素。首先因为专项性的限制，比赛前1个中周期必须切换回竞赛动作，从而确保技术、肌肉、神经和结缔组织都进入赛季状态，这是我们在备赛时最重要的事情。第2个限制因素与疲劳管理有关，我们必须降低冲刺阶段的训练容量，所以即便我们安排变式，可以操作的空间也不大。因此，我们不可以在临近比赛的中周期安排太多的变式，还是要以竞赛动作为主。第

3个限制因素最重要，那就是训练强度和重复次数范围。如果总是以相同的强度进行训练也会导致适应抵抗（比如常年使用大重量训练，不做高次数且重量较轻的训练），所以我们必须有计划地调整训练强度。但和前两条一样，我们比赛前最好不要进行高次数、轻重量的训练，因为专项性原理要求我们在这时应该进行极限重量的竞赛动作训练。

但问题就是我们不能永远只做竞赛动作的训练，如果这样也一定会产生适应抵抗，身体甚至会"拒绝"进步。因此，我们可以得出结论：使用动作和强度变式来降低适应抵抗的最佳时机（说不上最好，但肯定不是最坏）是非赛季（也就是日常训练阶段），或者是比赛后离下一场比赛开始还很久的时候。把使用变式和比赛的时间隔开，并在赛前切换回竞赛动作，这样就可以在降低适应抵抗的同时又不违反专项性原理。

专项性原理是比赛前优先级最高的原理，而变式的最佳使用时机是非赛季，那么我们就得到了一个训练框架。从一个大周期的开始到结尾（一场比赛到下一场比赛），专项性的优先级会变得越来越高，而变式的优先级会变得越来越低。

· 以中周期为单位，随着比赛日的临近，训练动作的生物力学必须越来越接近竞赛动作。比如我们在中周期的开始阶段练碎颈者，在随后的中周期中，我们就应该改成窄距卧推，最终统一改为竞赛卧推。

· 每个中周期的平均强度应逐渐提高，训练的负重越来越大，直到赛前接近极限重量。

这是一个逐渐过度的过程，并非是突然就切换成竞赛动作，早期的训练可以为后来的训练打下基础，我们会在"阶段增益"一章详细讨论这个问题。

应用变式的策略

到目前为止，我们讨论变式的基本原因还是因为它能有效地减少适应抵抗。我们在赛季和非赛季使用不同的动作和强度来提高备赛训练的效率，并防止训练者进入平台期。以这种思路来应用变式已经可以取得不错的效果了，但仍然还有提高的空间。

虽然我们知道可以通过调整力量举训练的强度和动作来创造变式，但我们必须要让训练有足够的超负荷，这样训练才会有效。不过，在此基础上我们还可以做出更精确的策略，只要满足上述标准，变式还可以被用来改善某些特定的系统，提高我们在长期训练中的一些特定运动表现。所以，我们不要随机地使用变式，而是要有目的地调整动作、强度来实现特定的目的。我们会在"阶段增益"一章详细讨论强度变式（一旦增肌、增力和冲刺阶段的计划安排完毕，强度就很难再调整了），所以在此我们主要讨论一下动作选择。

什么是训练"需要的"？从长期来看，能让你变成最强的手段，就是训练需要的，其实也就是这样。在选择正确的动作变式的过程中，我们需要考虑到训练的适应倾向和训练的限制因素。

1. 训练的适应倾向

在制订一个大周期训练计划的早期计划时，我们可以根据个体的适应倾向来选择动作。这种方法效果非常好，尤其是对于中阶训练者来说。从本质上来说，我们根据个人的基因优势来选择动作，可以让我们朝着"正确的训练方向"大步前进。

如果你是刚开始练力量举，可能还不知道哪些训练是最适合你的，那么你可以使用一段时间非定向的变式训练，慢慢你就可以找到适合自己的最佳训练方式了。只需要几个大周期的非定向变式训练（平均训练到所有的肌群），你就可以清楚自己的基因优势和弱点了。根据训练的经验来选择有效的动作，并持续追踪自己的状态，你会发现有些身体部位进步得特别快，这就是你的基因优势所在。

一旦你找到了自己的优势，就可以着手强化它了。举个例子，某个训练者的股四头肌特别强，对训练的反馈也很好，那么他就可以在大周期的早期选择以股四头肌为主的动作变式，比如腿举和前蹲。股四头肌肌肉量的快速积累最终可以转化成力量，为之后的竞赛深蹲打下基础。如果你的肱三头肌天生特别发达，那么你可以在一开始多练窄推和肱三头肌的训练动作。如果你的上背非常有优势，那就苦练它来提高你的硬拉成绩。我们之后会安排时间来弥补弱点，但前提是你得有优点。新手期结束以后，我们要抓紧一切机会来发展自己的优势，这是让自己进步最快的方法。可能有人会说你"股四蹲"或"三头推"，或者说你"圆背拉"，但那又怎样？早期的力量举高手都或多或少有这样的绰号。不夸张地说，顶级高手都是开发和利用自己天赋到极致的人。不利用自己的天赋才是疯了，力量举比赛又没有"发展最均衡奖"，只有三举成绩和总成绩。

2. 训练的限制因素

一旦训练者在自己训练的遗传天赋上建立了牢固的基础，一些问题就会开始出现。当某些肌群非常强壮时，它们在人体负重时所承担的重量会远超过其他辅助肌群的承重。这会增加受伤的概率，并且提高训练者进入平台期的风险。举个例子，如果你是以腘绳肌和臀肌为主导来进行深蹲，股四头肌不是很强，那么随着训练的深入，股四头肌会渐渐无法支撑深蹲的底部启动，因此后链就会开始代偿，这时股四头肌就成为了深蹲的弱点部位。如果你的卧推一直是以胸肌为主导进行发力，那么随着负重的提高，你的肱三头肌最终可能会拖后腿，导致卧推时无法锁定。如果你的背部太弱，那么硬拉时腘绳肌和握力会让你形成龟背，增大受伤的风险。

调整技术可以允许你在最大限度上发挥自己的天赋，所以真正成为限制因素的并不十分普遍。但对于训练水平已经非常高的高阶训练者来说，这些因素就很有可能阻碍他们的进步。当这些限制因素出现时，对身体优势部位和优势动作的进一步训练将几乎不会在比赛动作中带来更多的改善效果。举个例子，无论你的腘绳肌和背部有多强，如果你握力不够，就无法很好地完成比赛时的硬拉动作，一切都是白搭。在这种情况下，训练者要转移部分精力来加强训练以弥补弱点。

弥补弱点最好的方式之一就是在训练中加入变式，我们可以在大周期刚开始的时候就有目的地选择动作来弥补弱点。比如利用暂停蹲和前蹲来强化股四头肌，用宽距卧推和哑铃飞鸟来强化胸肌，使用架上拉和引体向上来练上背。弱势部位进步了，训练者一定会进步！中高阶训练者最适合这种训练思路，因为他们已经有了足够的优势，为强化弱点打下了基础。

有了优点，再去弥补弱点，这一点非常重要。许多新手花了数不清的时间来找自己的弱点，但因为他们根本没有所谓的优势部位，也就不存在特别弱的地方。换句话说，他们全身都是弱点！这些训练者当然可以继续使用更多的随机变式，并且以相同的投入水平去训练所有的部分，但这将是一个错误的做法。根据定义，你的优势部位会对训练的反馈更好，因此，你应该利用更多的时间来训练这些身体的优势部位和动作。训练的限制因素唯一能派上用场的时候是你真的有一些"限制因素"，而不是"全身都弱"。

一旦训练者找到了自己的优势，对他们来说最好的办法就是优先训练这些优势部位和动作，因为这些是我们成功的基础。一旦弱点出现，我们就可以利用训练变式来弥补。弱点改善之后训练者应该利用更多的时间来再次改进强项，因为如果仅仅是继续改进弱势部位，并不能给你的训练带来多少益处。如果你的深蹲主要由股四头肌主导，而且天生背部比较弱，那么你所需要做的就是确保你的背部强到可以让你的股四头肌把它作为强有力深蹲的负重平台。但如果你花了很长的时间来练背，把自己的深蹲姿势变成了一种很平常的普通蹲法，那么你的成绩也就只能是普普通通了。你背部的发展潜力永远都不如你的股四头肌那么大，但股四头肌在你新的常规蹲法中又不能起到太大的作用。发挥自己的优势，确保弱点不拖后腿，但不要盲目地追求"平衡"。

优先建立自己的优势基础的另一个理由是缺点需要足够的力量基础才能显露出来。如果随意挑选的变式已经无法再让你的深蹲进步了，那么你可能就需要调整变式来弥补弱点。但如果你之前是绝对平均地训练每一个身体部位和动作，就很难找到自己的弱点了！到底是什么在阻碍你的进步。是臀？是腘绳肌？还是下背部？你可能会觉得自己的股四头肌很强，但又对此不太确定。只有足够充分地发展了你的训练优势，你才能更好地确定自己的缺点，并选择变式来弥补。

对于高阶训练者来说，强化优势和弥补弱点的训练应该是同时进行的，因为停止优势部位的训练无异于杀鸡取卵。

使用变式的另一个重要含义是一旦你不再是初学者，那么和你的训练伙伴做完全相同的变式训练就不会是一个好主意。一旦你知道了自己的优势和训练的限制因素在哪里，你的训练设计就应该是根据自己的实际需要来有针对性地进行。这样的设计在绝大部分情况下都必然会与你的训练伙伴不同。这一概念会在后面关于个人差异的章节中进一步讨论。

应用变式的程度

动作变式选定以后，训练者该如何确定不同动作间需要改变的程度呢？举个例子，如果我们把每个中周期卧推的握距增加 1 个手指的宽度，这样的变式程度足够吗？接下来，我们会给出一些指导方针，但请注意，这些建议是基于我们的训练与教学经验得来的，并非直接来自科学研究。

为了降低适应抵抗，在选择动作变式时，最简单但也是最重要的建议之一就是使用变式时你要感觉到不同。这可能是本书中最空泛的推荐，但它也是建立在一些合理的推论之上的。只有当不同的神经回路激活了不同的肌肉或使用了不同的肌肉募集方式时，训练动作才会使训练者有不同的感觉。我们使用动作变式的目的就是募集不同的神经和肌肉，所以这种"感觉"就是一项非常重要的生理数据。

为了给出更精准的建议，并确保动作变式确实能带来神经和肌肉募集的变化，从而让你感觉不同，我们制订了以下的基础的应用方案。

·深蹲的杠位应该只被分成 3 类，即前蹲杠位、高杠位和低杠位。这 3 类杠位下蹲的杠杆是不同的，因此能够确保提供一个改变程度足够的动作变式。但"中杠"深蹲或"中高杠"深蹲等动作可能就会造成变化的程度不够。

·卧推时握距的变式，至少要改变 1 个手掌的宽度。举个例子，如果你的竞赛卧推姿势是小指勾住力环，那么再往里握 1 个手指的距离肯定不算窄距卧推，也无法降低适应抵抗和提供定向适应。为了提供有效变式，卧推、深蹲和硬拉的握距和双脚站距至少要改变 7~10 厘米，这样的动作变式才会有效。

变式原理应用不足

常年以同样的强度、组数和次数进行训练

虽然动作变式也许是最有效的变式形式，但调整组数、次数和强度也可以提高训练效果。从另一个方面来讲，如果不能有效调整这些变量则会降低训练效率，而这些是可以避免的。

从这个角度来讲，关于变式原理最常见的错误或许就是在制订或执行计划时，把组数和次数限制在一种情况，比如 5×5 计划。虽然这个计划有许多种实现方法，

有一些计划存在变式，但有些训练者的 5×5 计划真的就是 5 组 5 次，并且永远都是这样，没有任何改变。

这类计划犯了两个错误。首先，除了事先规定的组数和次数能带来的适应以外，此计划无法带来任何其他的定向适应。虽然 5×5 非常适合训练者用来建立基础力量，但却非常不适合增肌和冲刺训练，由于这两个模块对于力量举非常重要，5×5 计划的缺点也就显而易见了。其次，这种静态的计划无法适应训练的进度（我们之后会详细讨论这个问题），也没有根据个体情况来调整变式。某位训练者也许在训练初期采用 5×5 计划能获得巨大的进步，但几个中周期以后，这位训练者就需要提高容量才能保持进步速度了。此外，5×5 计划对某些训练者来说难度太高了，会导致疲劳积累的速度过快。一个好的力量举计划会根据训练阶段、训练者的目标以及他的 MRV 来调整训练的组数、次数和强度。世界上不存在放之四海而皆准的事情，力量举计划也是如此。

全年只训练竞赛动作

一年到头只进行竞赛动作训练的人可以分为两类：一类是只练竞赛动作；另一类也会进行一些变式训练，但从来不有效地停训竞赛动作（即在一段有效的时间内停止竞赛动作的训练）。

1. 只训练竞赛动作

传言艾德·科恩全年只练竞赛动作，他只是会随着比赛日的临近，提高训练重量，调整组数和次数。但根据科恩本人的话，他从来都没有这么做过。与传言恰好相反，他会在非赛季使用与竞赛动作相关的变式（比如肩推、高杠深蹲、超程硬拉等）来增肌，并随着比赛日的临近，逐渐调整动作变式向竞赛动作靠拢。不仅如此，还有谣言说切哥（安德烈·马拉尼切夫，Andrey Malanichev）也只练竞赛动作，其他啥也不练。所以有时这种训练方法听起来很诱人，有人已经把故事编好了："你看，我都告诉你了，这些顶级训练者都是只练竞赛动作，还不学着点！"

这些拥护者们有着自己的理由。比赛怎么比，训练就该怎么练，尤其是当比赛日临近时。的确，专项性原理非常重要，比变式原理重要得多。但专项性原理并没有垄断力量举，过度应用它也会带来负面效应。所以，如果你只练竞赛动作，那么你就会失去很多定向适应的益处。举个例子，比如你的胸部和肩部非常强，但肱三头肌较弱，这会降低你整体的训练表现，那么此时如果坚持只练"竞赛动作"是无法让你的肱三头肌增强的。所以如果只练竞赛动作，不采用任何有特殊训练目的的动作变式，你的优点和缺点之间的差距是不会缩小的。只练习投篮不会提高你篮球实战中的整体能力，只练竞赛动作也不是力量举训练最好的方式。

这种训练方式还有另一个问题，那就是这样无法降低竞赛动作的适应抵抗。一段时间以后，此类训练对适应通路的有效刺激就会降低，继而影响适应效果。

2. 从不停训竞赛动作

"听说某某高手只练竞赛动作"这样的江湖传闻确实很流行，但其实很少有人真的这么做，即使是威名远扬的保加利亚的奥林匹克举重冠军们也不是一直都练竞赛动作。虽然大部分训练者都不是只练竞赛动作，但许多训练者却从来都不停训竞赛动作。他们可能会在每个中周期都调整动作变式，例如用窄推来练肱三头肌，用前蹲来强化股四头肌，用架上拉来强化背部，但他们永远不会停止竞赛动作的训练。有些人还会随着比赛的临近而降低辅助动作的容量，并在比赛结束之后再恢复这些动作的训练。

这种训练方式听起来很科学，但仍然有改进的空间。根据训练目标来增加或减少辅助动作确实能带来足够的定向适应，但这仍然无法解决主项动作的适应抵抗问题。如果不在计划的一段时间里去掉竞赛动作的训练，竞赛动作的进步速度就会越来越低，导致无法取得最好的训练效果。

有些拥护者认为专项性原理最重要，因此他们不同意把竞赛动作从计划中去掉。专项性原理确实非常重要，但它的重要性是随着比赛日的临近而提高的，所以在非赛季时，它并没有那么不可替代，我们为什么还要在非赛季一直训练竞赛动作呢？我们可以使用特殊的动作变式来定向地实现增肌的适应，经过一段时间之后，竞赛动作的适应抵抗会逐渐降低，这样训练者就能够保持持续的进步。不停止练竞赛动作就无法降低适应抵抗，而这就是我们所说的改进空间。

变式原理过度应用

变式既可以降低适应抵抗，又可以有针对性地改善需要改进的地方。改变训练的动作、组数、次数比较容易实现前一个方面的目标，但对后者来说却并没有那么容易实现。不是随便一个变式就能够提供有效的训练变化，所以我们需要挑选合适的变式。具体来说，至少有 4 个与训练变化相关的因素值得我们讨论：

· 变式的专项性不足；

· 变式的超负荷不足；

· 变式与阶段目标不符；

· 使用变式的频率过高。

现在，我们来深入讨论一下这 4 条限制因素。

变式的专项性不足

在选择训练动作或组数 / 次数的变式时，很重要的一点是训练者要选择对力量举有益的变式。举个例子，跑步是个很好的腿部训练的变式，但它的容量、负重和重复频率都非常不适合用来实现力量举目标（增肌、增力和冲刺等）；每组需要重复 20~30 次的训练也有一样的问题。提踵和肱二头肌弯举在适当的情况下当然能够兼容到力量举的计划中，但过度使用这些动作也会违反力量举运动的专项性，这些动作的效果就会逐渐降低，甚至起到反作用。如果你坚持要练这些动作，并且只是为了增大肱二头肌和小腿的肌肉，那么这些训练的成果就很难转化为力量举的运动成绩。这两个部位本来就是小肌群，对比赛台上的成绩影响当然不会太大，所以训练者如果想要提高力量举的成绩，就要好好权衡一下了。

变式的超负荷不足

变式的目的是增肌、增力，并且为提高运动表现或备赛打好基础，所以变式需要有足够的超负荷去切实地刺激适应的形成。有一些动作就是不能负重过大（无法实现超负荷），那么在力量举训练中，这些动作就不太能作为变式使用。引用精英力量举运动员、著名的"脸书毒舌"迈克尔·德尔维奇（Michael Zundelevich）的一句话："你要练多少次弹力带侧平举才能卧推 600 磅？"这个问题可太难回答了，因为这个动作所带来的训练效果与卧推成绩的相关性不大，另一方面就是这个动作本身的训练效果就一般，不值得我们花那么多精力。那些更具专项性和更能实现超负荷的动作就没有这样的问题。即便你的肱三头肌很平庸，但只要你可以用 40 千克的哑铃以标准的动作做飞鸟 8 次，那你的卧推能力一定不会太差。如果你可以负重 250 千克前蹲，那不管你有多少问题，竞赛深蹲也一定可以较好完成。这些动作的超负荷非常强，而且它们的适应也可以很好地迁移到竞赛动作当中。但多大负重的腿屈伸才能提高深蹲成绩呢？腿弯举呢？单手龙门架飞鸟呢？这些超负荷不足的动作无法很好地促进肌肉和力量的进步，训练者们最好把它们换成其他更有效的动作。那么这些动作到底有多重要呢？引用著名糖果公司 Tootsie-Roll 的广告语，"世界可能永远都不知道"。只要你能确保不过分使用这些超负荷不足的动作，也就没必要去花太大的精力探究这种没意义的问题。

变式与阶段目标不符

力量举训练的每个阶段都有特定的目标，无论是增肌、增力还是提高极限力量的运动表现，变式必须要与阶段目标相符。

假如你准备用低杠深蹲来强化你的股四头肌，那么结果很可能是在股四头肌增强之前，你的背部、腘绳肌和臀肌已经先筋疲力尽了。假如你想用每组 5 次的哑铃飞鸟来强化胸肌，那么这种大重量的孤立训练很有可能导致胸肌的撕裂，而不是让胸肌增强。如果你在冲刺期使用水牛杆深蹲，这似乎一定程度上还说得过去，但直到真正在赛场上做了竞赛深蹲，你才会意识到你备赛做错了。

总的来说，我们建议在增肌期把每组的重复次数调高一些，在增力期多做一些复合动作，少做孤立动作，在冲刺期则应该把大部分的精力都花在竞赛动作上。

使用变式的频率过高

使用变式的频率过高也会降低训练效果，因为它违反了专项性的子原理——定向适应，在某些情况下也会违反训练模式兼容性原理。定向适应指的是训练刺激必须以特定的顺序出现并持续一段时间，这样当刺激改变之后，之前的训练适应才能被保留下来。举个例子，窄距卧推可以增加肱三头肌的围度，但前提是要坚持练几个中周期，而不是偶尔练 1 次；用这种方法所获得的肱三头肌的增长，在把窄距卧推换回正常卧推之后也有很大概率被保留下来。

训练模式兼容性指的是不同的训练模式之间相互干扰的程度。举个例子，高容量增肌训练的疲劳值太高就会影响冲刺期训练的效果。

使用变式的频率过高会影响定向适应和训练模式兼容性，这种错误的类型主要有 2 种：训练动作更换过快与训练组次更换过快。

1. 训练动作更换过快

每次训练都更换动作会违背定向适应原理，并且因为动作更换太快，训练适应都无法保留。有些西部杠铃体系的拥护者就犯了这个错误，他们建议每周都要把上一周所有动作都换掉。因此，西部杠铃的特色之一就是训练者可以经常冲刺极限重量，并且搭配无数的动作变式，但相比于其他动作相对固定的计划，西部杠铃这种使用各种动作变式的训练计划很难真正推动力量的增长。

2. 训练组次更换过快

每日非线性周期（Daily Undulating Periodization, DUP）计划主要有两种类型，不过它们都要求训练者在每个训练周都调整每组训练的重复次数。第一种 DUP 类型的计划会小幅度调整强度和重复次数，但仍然把它们保持在同一生理效果的范畴内。一些 DUP 计划会让训练者在 1 周内做出一些训练次数的改变，比如今天做每组 6 次的训练，过几天做每组 4 次的训练，然后过几天又改做每组 2 次的训练。这些重复次数都在"基本强度"的范围内，所以这种方法实际上是一种能有效提供变式并同时管理疲劳的方法。一个好的力量举训练计划有可能在 1 周内有一些重复次数的波动，那么它就是使用了 DUP 的这种思路。

第二种是更极端的 DUP 类型，其特征是重复次数和容量的变化范围会涵盖多个生理系统。有些 DUP 计划会在同一周内用每组 12 次的训练来增肌，用每组 6 次的训练来增力，还要用每组 2 次的训练来冲刺。这种计划方法的第 1 个问题是无法形成定向适应。例如，当高重复次数与低重复次数训练在一周内共同进行时，神经系统就很难形成有效的适应。第 2 个问题是这种 DUP 计划覆盖的多个生理系统会互相干扰，违反了训练模式兼容性原理。在同一周内同时做增肌、增力和冲刺训练可能会导致如下一些问题。

（1）增肌与增力。

·增肌需要每周高容量的训练，而增力训练会降低增肌所需要的容量。

·增力需要降低疲劳水平，而增肌训练会加速疲劳积累。

·增肌训练会让神经系统适应高次数、次极限重量的训练，而增力训练需要神经系统适应低耐力、极限强度的训练。

（2）增肌与冲刺。

·增肌需要每周高容量的训练，而冲刺训练需要把疲劳降到最低。

·冲刺训练需要把疲劳降到最低，而增肌训练的疲劳积累速度最快。

·冲刺训练需要肌纤维变快（向快肌纤维转化），而增肌训练会让肌纤维变慢（向慢肌纤维转化）。

·冲刺训练需要神经的瞬间爆发力，而增肌训练会让神经适应次极限重量、高重复次数的训练。

（3）增力与冲刺。

·冲刺期需要把疲劳值降到最低，这种低疲劳状态会影响增力训练。

因此，最适合某个目标的训练一定会影响其他的训练目标。如果训练者强行使用这种方法，那么最终的结果可能就是训练的过程可能很舒服，但具体每项能力的进步都不多。DUP 是个训练的好方法，但太极端的做法可能反而会降低训练效果。

总结

变式是力量举训练非常重要的原理之一，这主要是由于 2 个原因。首先，变式可以降低适应抵抗，保持我们的训练效率。其次，我们可以使用变式来强化某些肌群的发展，保证我们的定向适应，从而获得进步。正确的使用变式可以使我们免于训练陷入内卷化，帮助我们度过平台期，降低受伤概率。

重点

·变式是为了打破线性的训练过程，长期重复同样的刺激会降低训练效率和进步速度，所以训练者可以使用变式，比如容量、强度、动作和其他变式来帮助我们保持适应敏感，并预防平台期的发生。

·借助变式，训练者可以定期改变训练刺激，使得他们能在管理疲劳、恢复部分肌纤维的同时继续进行超负荷训练。

·变式与定向适应息息相关。毫无规划的随意训练一定不会带来最好的结果，与之相反，应当在一段时间内集中训练某项能力，并在不违反专项性的前提下微调训练变量，以达到最好的训练效果。

参考资料与拓展阅读

变式定义

· *Periodization 5th Edition Theory and Methodology of Training*
《周期化训练理论与方法论（第五版）》
· *Principles and Practice of Resistance Training*
《抗阻训练的原理与实践》
· *Training Principles: Evaluation of Modes and Methods of Resistance Training — a Coaching Perspective*

《训练原理：从教练的角度评估抗阻训练的模式与方法》

训练变量的调整

· *Designing Resistance Training Programs*
  《设计抗阻训练计划》
· *Periodization: Effects of Manipulating Volume and Intensity. Part* 1
  《周期化：调整容量与强度的效果 第一部分》
· *Periodization: Effects of Manipulating Volume and Intensity. Part* 2
  《周期化：调整容量与强度的效果 第二部分》
· *Effects of Single vs. Multiple Sets of Weight Training: Impact of Volume, Intensity, and Variation*
  《单组与多组负重训练的效果对比：容量、强度和变式的影响》

第八章

原理6：阶段增益

科学定义

阶段增益属于高级训练原理，用简单的话来解释，就是指训练者有逻辑地安排各训练阶段，并以此来获得长期的最佳收益。训练者想要更详细地理解这个定义，就需要先探寻阶段增益背后的生理学原理，并在此基础上理解其子原理——适应衰退。

想要理解阶段增益的逻辑，我们首先要认识到，现阶段某种特定类型的训练可以提高后面其他类型训练的效果。也就是说，为了获得某项能力的训练也能够提高之后其他类型训练的效果。因此，提高第一种能力的训练也可以"增益（或提高）"第二种能力的训练效果。

有很多各种能力之间相辅相成、互相强化的例子，这些都得益于阶段增益的训练模式。如果你的目标是打篮球时能够带球过人并带球上篮，那么先学习运球和投篮可以极大地提高你的训练目标的达成率。而如果你先学带球过人和带球上篮，再学运球和投篮就没有这个好处了。给身体打下一个良好的素质基础，比如多进行跑步和骑行训练，可以提高身体的力量输出和恢复能力，继而能够提高高强度间歇训练的效果。因此，我们还可以说有氧训练提高了训练者的耐力，从而让他能够"为艰苦的训练做好准备"。举个更接近力量举的例子，如果训练者拥有大量的肌肉来增强神经系统和结缔组织的适应能力，那么他就更容易变强壮，并且使力量训练也更有效率。

所有的这些例子都是基于3个关于阶段增益的基本假设：专项性、顺序和适应衰退，我们分别讨论一下3种情况。

1. 专项性

专项性原理告诉我们，我们的训练方式最好能反映我们想要达到的目标。更具

体一点，定向适应原理和训练模式兼容性原理告诉我们，我们不可能以最高的效率同时训练所有的方面。定向适应原理表明，为了增加力量，我们应该连续几周都进行力量训练，中间不要切换到增肌或冲刺训练。而训练模式兼容性指的是如果同时训练几种能力，那么这些训练会相互干扰，降低我们的训练效果（可以参考使用"变式频率过高"一节的相关论述）。

因此，我们可以从专项性原理中得出结论：训练必须分阶段进行，每个阶段有不同的目标，这些目标应该互不干扰，甚至是相辅相成的。但我们也不能太死板，如果你一周内同时做了每组重复 10 次和每组重复 6 次的训练也不会毁灭世界。但如果你真的要在一周内训练多种能力，那可能就会失去专项性、变式和阶段增益的一些好处。

2. 顺序

从专项性的讨论中我们已经得知训练要分阶段进行，但如何安排不同的训练阶段呢？是随便先挑一个做，然后做另一个，之后再下一个？训练者确实可以这么做，但这样肯定不能获得最佳的训练效果。训练顺序的重要性体现在两个方面。首先，训练顺序决定了阶段增益是否会发生。其次，训练的最后一个阶段通常是固定的，这就意味着并不是所有的组合都是符合逻辑的。一个关于摩天大楼的比喻就能很好地说明这两个原因。

如果你的目标是建造最高的楼，它要成为容纳最多员工的楼房，并且在上面安装一个电视塔，你会怎么做？你需要有地基，主楼层和电视塔尖/电视天线。首先，坚实的地基是我们建造高楼的基础。某些世界知名的摩天大楼的地基已经打到地下10层了。所以如果想要往上盖楼，首先要往下打牢地基，有趣吧？增肌期暂时降低1RM也是同理！你要先打牢肌肉的基础，然后才能尽情发挥，开始增力！但如果你不愿意打地基，那么楼没盖多高就会开始摇晃了。还有一个理由，盖楼的最后阶段是固定的——安装电视塔尖，它的位置越高，效果就越好。即使你的电视塔尖是用高科技纳米材料制成的，但如果把它安装在了地面上，那信号也发射不出去。因此，尽可能把楼盖高是我们第二阶段计划符合逻辑的唯一选择。最后，唯一剩下的选择就是安装带有电视天线的塔尖。就像这样，在这个过程中我们不仅盖了最高的建筑，还发展了一个阶段增益的（建造）顺序，这可以帮助我们在以后建造其他的高楼！

在力量举中，我们只有一个目标——最好的个人成绩（一次性能举起的最大重量），为了实现这个目标我们需要进行三个阶段的训练：增肌训练、增力训练和冲刺训练。就像盖摩天大楼一样，冲刺阶段像是建电视塔尖，是我们最后需要做的事情，那么接下来我们要决定的就是先增力还是先增肌。增力是强化现有肌肉的力量（肌肉量固定的情况下，提高身体力量输出的能力），而增肌训练却会让力量训练的神经适应和结缔组织适应发生一定程度的退步。我们的目标是增强力量，而不是硕大的肌肉和重复做组数练习的能力，所以增力阶段要在冲刺阶段之前，而增肌阶段应该最先进行。这样我们就有了力量举阶段增益的第一种框架：首先提高肌肉量，然后增强肌肉力量，最后为了成绩冲刺。

3. 适应衰退

到目前为止，我们知道了两件事情。首先，我们需要把训练分成几个阶段，因为同时提高所有能力的训练的效果不会是最好的。其次，为了利用阶段增益，各个训练阶段要以特定的顺序安排。最后我们就要考虑适应衰退了，因为我们要利用上一个阶段的训练成果来增益现阶段的训练，所以我们要确保上一个阶段的适应成果能够保留下来！举个例子，如果我们在建造摩天大楼，但盖到一半的时候投资商撤资了，那么等到新投资来的时候，我们还能继续盖吗？如果新的资金在 5~10 年内能到位，那肯定是可以的。但万一要等 20 年呢？之前盖的楼恐怕已经成为断壁残垣了，继续施工的难度会陡然上升。如果资金要等 70 年才能到位，那么之前建好的地基都可能已经报废了，这栋楼便无法继续建造下去了。同理，我们增肌是为了之后能更好地增力，但如果肌肉在我们增力阶段的中途就开始流失，那我们就可能会遇到严重的力量退步等问题，而且整个阶段增益的结构都会崩溃！我们有必要把适应抵抗提出来单独讨论一下，防止我们以后犯相关的错误。

"如果你不使用它，你就会失去它"，这可能是适应衰退最简单直白的定义了。在运动科学中，这一原则有两个要素：

· 停训后多久会失去适应特征；

· 采用不同（不同形式）的训练后多久会失去适应特征。

第一点描述了停训后力量和冲刺状态的速度。从运动科学的角度来说，这个要素很有意思，但和我们的讨论关系不大，因为没有人会把完全停训作为一种寻求进步的手段。

第二点就和阶段增益密切相关了。如果我们只做增力训练，我们能保留多少肌肉呢？多久之后我们就会开始流失肌肉呢？如果我们准备进行冲刺训练，之前增肌阶段和增力阶段的成效能持续多久呢，我们能从现有的训练结构中获得增益吗？幸运的是，这些问题都是有答案的，我们会在原理应用中详细讨论这个问题。

在力量举领域的定义

我们在关于适应抵抗的文献中发现了几个有意思的事情。

（1）只进行增力训练，不做增肌训练，那么对于肌肉的保留没有一个明确的期限。

（2）冲刺训练可以保留肌肉 1~3 个月，之后肌肉便会开始流失，影响训练者的力量水平和冲刺状态。训练者的训练年限越短，保留肌肉的时间越接近 1 个月，而水平越高，越接近 3 个月。

（3）变式原理告诉我们，增肌阶段可以高效地持续 3~6 个月，之后我们就要重新设定容量转入增力阶段，以此来恢复身体对训练容量的敏感度

（4）在 3~6 个月内，大部分增力训练的神经和结缔组织的适应都可以完成，此时训练者如果不切换回增肌训练，其进步速度就会下降，除非训练者为了展示极限

力量的需求而转入了冲刺阶段的训练。

（5）如果某个阶段训练的持续时间没有超过 3 周就转入下一个阶段的训练，就会违反定向适应原理，这样不仅无法获得最好的训练效果，其成果也很难被保留到下一个阶段的训练中。

基于我们之前几章的讲解和刚才关于阶段增益的讨论，我们可以得出以下力量举训练阶段增益的基本框架：

增肌阶段：持续 3 周～6 个月；

增力阶段：持续 3 周～6 个月；

冲刺阶段：持续 3 周～3 个月。

通过以上的时间线，我们可以推算出 3 种参加比赛的频率。有的训练者可以每 9 周就参加 1 次比赛，而且不会损失任何阶段增益带来的好处（额外的休息和主动恢复可能会延长这个时间）。有的训练者会做 6 个月的增肌训练，6 个月的增力训练再加上 3 个月的冲刺训练，所以每 1 年半才会参加一次比赛。有些训练者会为了特定的一场比赛而做准备，他们可能会调整体重级别，或者立志不达到理想的训练水平就不参加比赛。这类训练者在前期可能就不会做冲刺训练，而只是在增肌和增力训练中切换，以此来提高自己的基础实力。只有在你已经有了一定的力量基础的情况下，冲刺训练对力量举才是有益的。如果你只做了 1 个阶段的增肌训练和增力训练，觉得自己还没有为比赛做好准备，那么再重复做 1 个阶段的增肌训练和增力训练，甚至 2 个、3 个都没有什么错。

最后要注意的是，如果这些阶段的训练方法不是完全统一的，那么适当延长过度阶段可以提高训练效率。比如在增肌阶段的末期进行少量的基础力量训练可以让增肌阶段与增力阶段之间的过度更平滑。在增力阶段稍微提高一点训练容量，可能会导致更多的肌肉增长，但却不会对力量发展造成太多的负担。在冲刺阶段的前期加上一些增力训练可以延长冲刺阶段的周期。有些高阶运动员因为容易积累疲劳，SRA 曲线较长，这时他们就可以通过降低训练频率的方法来延长冲刺周期，从而以一种安全和渐进的方式来实现最好的训练成绩。话虽如此，但每个阶段的重点仍然要集中在该阶段的目标上。如果在某个阶段内，你的超过 30% 的训练没有集中在这个阶段目标上，那么你就不太可能从阶段增益中受益。

训练原理重要性排序

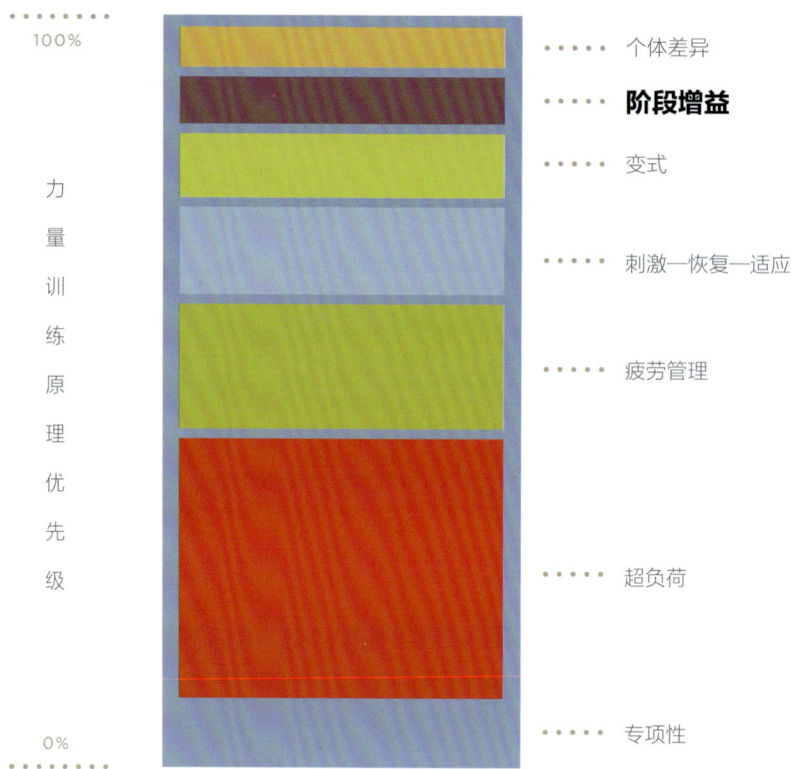

力量训练原理优先级

100%

个体差异

阶段增益

变式

刺激—恢复—适应

疲劳管理

超负荷

0%

专项性

本书的每一位作者都对阶段增益充满了热情。

迈克和霍夫曼都是只花了3年就在各自的领域拿到了博士学位，但他们都花了好几个月的时间在实验室要研究阶段增益。为了更深入了解这方面的知识，查德也查阅了大量的文献，采访了相关领域的研究员、教练和运动员。喜欢是喜欢，但我们还是要指出，阶段增益的重要性只能排倒数第二。那么阶段增益到底能带来多少益处呢？欧洲国家对于阶段增益（也叫模块周期化）的研究数不胜数，但美国人对此的研究却寥寥无几。但无论是哪国专家的研究，结论都是一样的：阶段增益的收效不高。为什么？因为你只要刻苦训练，加足负重，假以时日就可以变得非常强壮。增加训练容量来增肌，降低训练容量来增力，并采取正确的策略做冲刺训练，这就是超级有效的训练框架。而如果你错误应用了阶段增益的原理反而会影响你的训练效果。

假想一下，艾德·科恩即使是在增肌期去参加比赛，也能战胜所有人，都不用管什么阶段增益，但如果他违反了之前的几条原理呢？假设他违反了超负荷原理，一直都只做小重量，他还能在比赛中完胜吗？如果他不管理疲劳呢？如果他刚进健身房就一头钻进了健美训练中（就像他早期那样），再也不练力量举了，那么科恩还是那个科恩吗？不太可能。阶段增益对于团体运动和技术要求高的运动比较重要，但显然力量举不属于这两类。阶段增益的重要性体现在它可以让各个阶段的训练更加顺畅，优化训练结构。或许对于那些需要将比赛成绩精确到小数点后2位的高阶训练者来说阶段增益很重要，但对于新手来说，应用它的效果就没有那么好了。

阶段增益原理的正确应用

阶段概要

虽然我们之前一直使用"阶段"作为训练单位，但在接下来的讨论中，我们会使用术语"模块"或"训练模块"，因为关于运动周期化的研究都是使用"模块"作为单位。在一个模块内，我们以特定的顺序安排多个中周期，以此来优先实现某个目标，比如增肌、增力或增加爆发力。按一定的顺序安排模块，可以实现模块间的相互增益。

我们会按以下的顺序来讲述各个阶段的训练安排以及相关建议：

· 适应目标；

· 维持目标；

· 主要训练模式；

· 组 / 次 / 强度；

· 时长（非常粗略估计，我们会在个体差异那章详细讨论阶段时长的变式）。

1.增肌模块 / 训练能力模块

· 适应目标：提高肌肉量，强化训练能力，为增力训练打下基础。

· 维持目标：不能让肌肉和神经不适应力量训练，所以不推荐进行每组动作重复超过10次的训练。

· 主要训练模式：以各种复合动作的变式为主，并安排少量的孤立训练，每周2~6次超负荷训练，尽量把全身肌肉都训练一遍。但应该集中精力训练主项需要的肌肉，比如卧推所需要的胸大肌等。

· 组 / 次 / 强度：对于大多数训练者来说，每周每个部位进行15~30个超负荷组的训练，每组重复6~10次，使用60%~75%1RM的强度。

·时长：训练持续 3 周~6 个月不等，对于多数训练者来说，通常是 2~3 个月。

2. 基础力量模块

·适应目标：提高基础肌肉力量。

·维持目标：维持肌肉量。

·主要训练模式：以各种复合动作的变式为主，并安排少量孤立训练，每周 2~4 次超负荷训练，尽量把全身肌肉都训练一遍。但应该把重点放在训练者需要增强的动作上，比如利用直腿硬拉来强化后链的力量等。

·组 / 次 / 强度：对于大多数训练者来说，每周每个部位进行 10~20 个超负荷组的训练，每组重复 3~6 次，使用 75%~90%1RM 的强度。

·时长：训练持续 3 周~6 个月不等，对于多数训练者来说，通常是 3~4 个月。

3. 冲刺模块

·适应目标：强化 1RM 强度（极限重量）下的技术和神经能力。

·维持目标：维持肌肉量和基础力量。

·主要训练模式：以竞赛动作训练为主，额外添加少量的复合动作变式，每周每个肌群进行 1~3 次超负荷训练，在大多数情况下再加上 1~2 次轻训。集中精力来提高极限重量下的试举能力。

·组 / 次 / 强度：每周每个肌群进行 5~10 个超负荷组的训练，每组重复 1~3 次，平均使用 75%1RM 左右的强度，但超负荷训练的强度要集中在 85%~95%1RM，轻训则在 50%1RM 左右。

·时长：训练持续 3 周~3 个月不等，对于多数训练者来说，通常是 1~2 个月。

我们会在后续章节详细讨论主动休息阶段的情况。

在各阶段间维持训练成果

保持已有的训练成果要比创造新的成果容易得多，这是阶段增益概念的一个现实基础。如果容量更低的增力训练无法维持肌肉量，那么为了长期积累适应成果，我们就需要同时做增肌和增力训练。虽然维持成果需要的容量更低，但已经产生适应抵抗的部位，就需要更高的容量来维持成果，因此我们要选择合适的过度练习和训练容量。

举个例子，如果股四头肌是你在深蹲时的弱点，那么你可以选择在增肌模块中添加腿举和前蹲之类的动作来强化股四头肌。而当你转入增力模块时，普通的训练可能无法维持股四头肌的肌肉量和力量，这时我们就可以在增力期增加前蹲和高杠深蹲来维持肌肉，并将新获得的肌肉转化为力量。

一个关于卧推的例子可以进一步说明这个概念。如果你想强化自己的肱三头肌，那么在增肌模块使用"碎颅者"是一个非常有用的策略。但是，如果你在增力模块第一个中周期的卧推训练时，使用宽握距和倾斜练习来强化胸肌，那么这样的刺激就很难维持新增肱三头肌的肌肉量。所以，我们可以在第一个中周期把注意力集中在更基础的卧推上，既不偏重肱三头肌，也不偏重胸肌。其实，我们可以使用窄距卧推，这样可以让模块的过度更加平滑，维持更多的训练成果。

一旦我们结束了弥补弱点的一整个大周期训练，适应结果就更能抵抗退步，继而训练者就可以耗费更少的精力在上面了。

比赛的冲刺与收尾

每个冲刺阶段的末期都要安排收尾，原因非常简单：

· 维持训练成果——肌肉量、力量、极限负重下的技术执行能力；

· 释放疲劳。

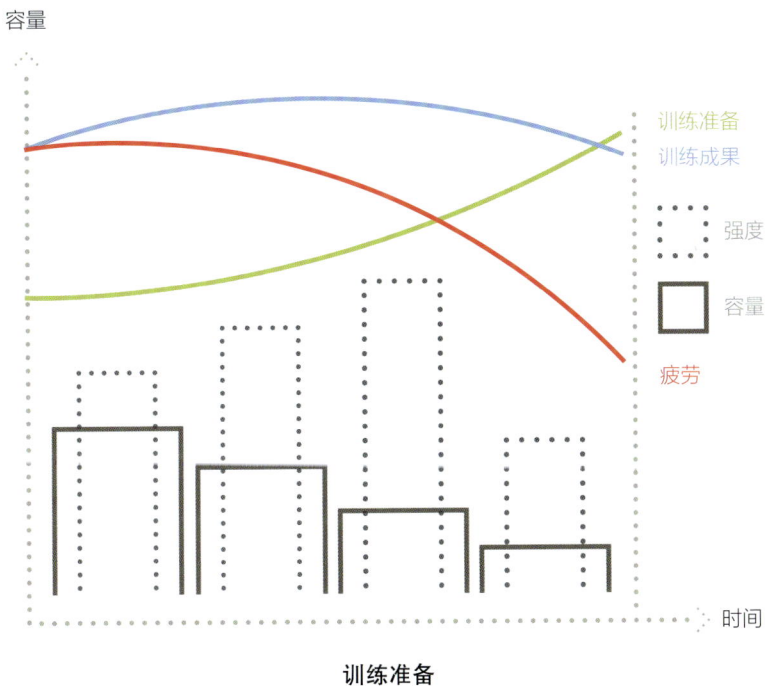

训练准备

在尽可能降低疲劳的同时尽可能多地维持训练成果，这样的结果可以被重新描述为最大限度的训练准备。因此，训练准备可以被定义为训练成果和疲劳的总和。

冲刺阶段的理想情况就是尽可能提高训练成果，并且完全消除疲劳。所以在现实中，训练成果越高，疲劳值越低，训练准备就越好。

从收尾的角度来说，容量对疲劳的影响最大，强度对维持训练成果的影响最大，因此标准的收尾就是随着比赛日期的临近，不断降低疲劳，但要维持训练强度。但高强度也会影响疲劳，而比赛日的强度一定是最高的，所以我们还要在赛前最后几天降低强度。

高阶训练者还需要关心一件事，那就是功能性超量训练。集中使用超过 MRV 的高强度训练会先抑制再提高神经系统力量输出的 SRA 曲线，因此我们应该在赛前几周有意地使用功能性超量训练，从而将神经系统力量调节到巅峰，以此来争取比赛成绩的最大化。

总结我们刚才所讨论的内容，我们可以将赛前收尾分成 3 个阶段。

·第一阶段：经典的冲刺训练搭配正常的容量训练，或搭配功能性超量训练。如果要使用功能性超量训练，其容量应该是常规冲刺期容量的 1.5~2.0 倍。

·第二阶段：降低容量，同时维持或提高强度，此时容量应该是常规冲刺期容量的 50%~90%。

·第三阶段：降低容量和强度，此时的容量和强度都应该为常规冲刺期的 50%。

在这 3 个阶段之后，我们可能安排几天休息，然后就可以迎接比赛了！

但这只是一个指导性的框架，在具体实施的时候，我们还需要考虑各种变量：

·训练者的肌肉量；

·训练者的力量；

·训练者的经验。

1. 训练者的肌肉量

肌肉和结缔组织较大的训练者在训练中往往会对体内平衡造成更多的损害，因此他们需要更长的时间来收尾。这类训练者的肌肉酸痛程度会高于小体格的训练者，酸痛的持续时间也会更长。更容易增肌的训练者肌肉内的快肌纤维含量更高。但快肌纤维的恢复速度要低于慢肌纤维，主要的原因就是它们不像慢肌纤维那样有很好的血管供应，吸收血流中营养物质的速度更慢，因此恢复速度不如慢肌纤维那么快。但它们的力量输出能力更强，可承受的伤害更多。

2. 训练者的力量

更强壮的训练者往往有更多的快肌纤维，所以这些训练者消除疲劳的速度更慢。但即使不考虑体型和肌肉纤维的类型，随着训练者的力量增长，他们也会更显

著和持久地打破身体的稳态。举个例子，负重 400 千克硬拉 2 次（个人最好成绩可能是 420 千克）力竭与负重 200 千克硬拉 2 次（个人最好成绩可能是 210 千克）力竭的训练者相比，他们的相对强度虽然一样，但前者需要的恢复时间要长很多。从一定程度上来说，绝对强度（的差异）并不能通过适应完全克服，所以训练者要根据二者的关系来微调计划。我们不能直接按照百分比来机械地执行计划，假设尤里在上周的比赛中成功地完成了负重 440 千克的硬拉（一般训练者可以参照自己95%1RM 的强度），那么他现在可能无法使 400 千克的杠铃杆离地，更别提 450 千克的了。

3. 训练者的经验

训练者的训练经验越丰富，越能接近自己的适应极限。但接近适应极限是一把"双刃剑"，既有好处，也有坏处。坏处是训练者的恢复速度会降低，因为肌肉和神经系统已经很发达了，训练时它们会对身体的其他系统（比如消化系统、免疫系统等）带来巨大的刺激，这就会导致训练后需要恢复的时间越来越长，延长我们的收尾阶段。

而好处就是经过训练的身体系统对适应衰退的抵抗能力也较高。也就是说，即使刺激程度不高，他们也不会退步太多。如果你在 20 场比赛中都推起过 200 千克，那么你也要花费"不小的努力"才能完全失去过往的成绩。所以，虽然训练经验越丰富，需要的收尾时间越长，但因为他们对适应衰退的抵抗能力很高，所以他们不会在收尾阶段发生退步。

找到你的收尾方式

我们可以将对于冲刺期计划的建议按照 3 个方面进行分类，分别是体重、总成绩和训练年限，训练者可以根据个人情况计算得分，并根据自己的计划来安排冲刺训练。但因为训练者的基因和其他情况，这也只是个初步的建议。具体评判标准见下表。

	体重	总成绩	训练年限	得分
1	<74 千克	≤ Class2	≤ 3 年	每项得 1 分
2	74~100 千克	Class1 或大师	3~6 年	每项得 2 分
3	>100 千克	精英或职业	≥ 6 年	每项得 3 分

你可以归入哪一类呢？

一旦你根据上面的每个因素给自己统计了分数，将总分加起来，你就可以找到适合自己的收尾方式的分类。

不同得分的收尾方式如下：

3~4 分：第 1 类；

5~7 分：第 2 类；

8~9 分：第 3 类。

找到自己的类别以后，我们就可以选择合适的收尾了。但在此之前，我们再回顾一下收尾的 3 个阶段。

第一阶段：经典的冲刺训练搭配正常的容量训练，或搭配功能性超量训练。如果要使用功能性超量训练，其容量应该是普通冲刺期容量的 1.5~2.0 倍。

第二阶段：降低容量，同时维持或提高强度，此时容量应该是普通冲刺容量的 50%~90%。

第三阶段：降低容量和强度，此时的容量和强度都应该为冲刺阶段的 50%。

对于每个类别典型的冲刺安排如下。

第 1 类

·持续时间：1 周

·第 1 阶段：0~3 天

·第 2 阶段：1~4 天

· 第 3 阶段：0~3 天

第 2 类

· 持续时间：2 周

· 第 1 阶段：4~5 天

· 第 2 阶段：4~5 天

· 第 3 阶段：4~5 天

第 3 类

· 持续时间：3 周

· 第 1 阶段：1 周

· 第 2 阶段：1 周

· 第 3 阶段：1 周

我们举个例子，假设你有 2 年的训练经验，比赛时的体重级别是 90 公斤级别，总成绩达到了大师的水准（比如在 USPA 中达到 651~706 公斤），那你就一共获得了 5 分，属于第 2 类。也就是说你要花 2 周的时间收尾，并将时间平均分配给 3 个部分的训练，即正常的训练 / 超量训练、降低容量的训练和降低强度 / 容量的训练。试试这么做，你会有意想不到的惊喜。

阶段增益原理应用不足

增肌模块的时间过长

增肌训练绝对是提高力量举成绩的好方法，尤其是对于新手和中阶训练者来说。他们的肌肉量增加很快，这能够帮助力量快速增长。高阶训练者会经历较长的冲刺期，所以他们也需要做增肌训练来弥补肌肉的流失，顶级训练者也可以通过增肌来弥补某些部位的弱点。

但正如变式原理所揭示的，如果训练者长期只进行增肌训练，训练效率就会开始降低。经历长时间的高容量训练后，训练者身体内负责肌肉生长的细胞调节器会逐渐脱敏，即使训练者做好了疲劳管理，肌肉生长也会受到影响。从现实的角度来说，在经历了几个月的高容量训练之后，训练者必须使用至少 1 个中周期的低容量训练来恢复细胞调节系统的敏感度，从而进一步挖掘身体的增肌潜力。即使在最理想的情况下，身体经历了连续 6 个月的增肌期后，训练也无法继续诱导出稳定的增

肌刺激了。这种生理学上的现实限制了增肌期的最大持续时间，同时也创造了阶段增益结构的第 1 个基础。

本书的作者们有着深厚的教练与教学的基础，根据以往的教学经验，我们认为训练者能保持受益的增肌期会远低于 6 个月，连续增肌训练最好不要超过 3 个月。所以我们推荐，在 3 个月的增肌训练以后，如果你不想转入增力训练，那么就安排至少 1 个中周期（差不多 1 个月）的低容量训练。

增力模块的时间过长

训练者如果长期只进行增力训练也会导致许多问题。虽然说时间较长的增力期（不超过 6 个月）也会带来进步，但如果把它缩短到 3 个月，整体的训练效果会更好。就像增肌期一样，过度延长的增力期会有其自身的局限性。纯粹的增力训练不会导致肌肉生长，所以增力期的力量进步完全依赖于神经系统的进步（力量输出能力提高和技术的改进）和肌肉结构的优化。但这些力量调节器在经历几个月的快速进步之后，即使没有完全停止，进步的速度也会慢下来。如果你发现自己的力量有几个月都没有提高了，很可能就是因为你的神经和肌肉结构已经达到优化的上限，无法再继续进步了。

对于这个问题，有 2 种解决方案：重新进行增肌周期来增加肌肉量（或提高训练能力），或转入冲刺期来备赛，然后开启另一个大循环。我们也见过长期只做增力训练，而且能稳定进步的例子，但能实现的话一般都是因为他们的体重和肌肉量也相应增长了，换句话说他们也发生了增肌期。如果你要增肌，那么最好的方法就是集中精力做增肌训练，而不是用长期的增力训练配合热量过多的饮食。我们要规划好自己的职业生涯，选择最高效的方法，增肌期的容量较高，在这时候使用热量过多的饮食，体脂也不会很快地增加。

冲刺模块的时间过长

冲刺模块所要求的训练容量实在太低，所以这些训练无法提供足够的刺激来维持肌肉。超过 3 个月的冲刺期就会提高肌肉流失的风险，继而影响训练者的力量，所以我们建议冲刺期不要超过 2 个月。

此外，即使我们假设肌肉的流失不会构成太大的问题，我们还是对于冲刺阶段本身产生了疑问。因为每组重复 1~3 次的大重量训练甚至无法提供维持力量所需要的容量，对于中高阶训练者来说尤其如此。只需几周的极限重量训练，技术上的适应可能就已经完成了，此时如果再继续做冲刺训练就算不上是好主意了。即使你不担心肌肉的流失，在经过 2~3 个月的冲刺训练以后，你也会开始错过增肌期或增力期可能会带来好处。在现实世界中，对于所有训练者来说，冲刺期流失肌肉都是个让人头疼的问题！

阶段增益原理过度应用

每一次都要训练所有的能力

在没有进行专门训练的情况下，肌肉和力量的适应如果能够被保留下来将会是一件非常好的事。但如果没有被保留下来，我们可能会尝试着在一次训练中同时去训练 3 个系统（增肌、增力、冲刺）。能够同时保留这些能力的适应是非常好的事，但这很难实现。

首先，同时训练 3 种能力的工作量太大了。只进行 1 组 1 次的大重量训练无法形成技术适应，2 组 5 次 85%1RM 强度的训练也不足以实现增力适应，3 组 10 次的训练也很难引发增肌适应。每项能力的获得都有其自身所需要的一个训练重量 /

强度的范围，并以此来实现超负荷和有意义的适应。因此，如果你想同时强化这3种能力，那你的计划很有可能就变成是每个主项/肌群都要进行90%1RM强度的3组3次训练、80%1RM强度的5组5次训练以及65%1RM强度的4组10次训练。这样听起来是不是还挺有趣的？但如果这样，每次训练的时长肯定会超过3个小时，从疲劳管理的角度来看，这样的计划就是不可持续的。

但如果现在我们假设这样的做法是可行的，那么仔细想想，这种训练计划的容量就和一次增肌专项训练的容量差不多，只是强度有变化罢了。我们遇到的下一个问题就是定向适应和训练模式兼容性所造成的适应干扰。增力期和冲刺期训练的技术和神经力量输出能力会被随后的增肌训练所干扰！增肌训练能在一小时内就完全扭转之前的适应，那我们为什么还要在同一天内进行冲刺训练和增肌训练呢？

所以我们得出结论，在一次训练内训练所有能力的这种做法要尽量避免。那我们在一周内来训练所有的能力呢？这样的选择虽然会好一点，但仍然会遇到同样的问题，接下来我们就讨论一下。

每周都要训练所有的能力

我们在前文讨论了 DUP 计划，然后强调了这种计划的局限性，每天都调整训练变量违反了定向适应原理。其实，只要训练的频率不是太低，每次训练后的适应是可以维持到下次训练的。此外，训练模式的兼容性意味着某些训练（增力和冲刺）形成的适应会被之后对立的训练（增肌）所取代。

疲劳管理问题也可能是训练模式兼容性所涉及的一个重要部分。在高容量的增肌期做大重量的3次组训练是非常困难的，而且这样做也不太可能形成超负荷。

如果使用"极端 DUP 计划"，在同一周内训练所有的能力不是最好的方法，那将训练时间延长至几周的效果会不会更好呢？

每几周就更换训练阶段

当每个主要能力的训练模块都只有几周时间时，训练者可能没有给予足够的时间让每个模块的适应达到最大化。肌肉量的增加需要数周的时间才能完成，技术和神经力量适应也至少需要这么长的时间。在太短的时间段内切换这3个模块会让它们都无法实现有意义的适应。如果肌肉正在持续地增长，为什么要更换到增力训练呢？如果力量正在增长，为什么就要匆忙地更换到冲刺训练呢？快速更换各个训练模块（每个模块低于 3 周）可能会有效，但过多地引入阶段性变化会使训练过程过于复杂，从而使训练者无法获得最大化的成效。

总结

虽然术语很多，但阶段增益很容易理解。力量举要求 3 方面的能力：肌肉量、力量和举起极限重量的能力。这 3 种能力不能同时训练，因为它们会互相干扰，所以我们把训练分成了几个阶段。但幸运的是，当某种训练适应形成之后，如果我们转入其他阶段的训练，之前的训练成果也可以有所保留，所以这种分阶段训练的策略不会遇到训练成果丧失的问题。最后，某些阶段的训练可以提高之后训练的效率。肌肉量的增长可以提高增力模块的训练效率，而良好的力量基础可以提高冲刺训练的效率。根据这些生理现实，我们得出了如下的阶段增益结构：

- ·用几个月的时间增肌；
- ·再用几个月的时间来提高新增肌肉的力量；
- ·最后用 1~2 个月的时间来冲刺，提高力量举成绩；
- ·循环往复。

只要按照这个模式，我们就能从阶段增益中受益，实现长远进步。

重点

- ·阶段增益指的是按照一定的顺序，系统地安排各个训练阶段，提高各方面的能力，从而在事先确定的时间点达到最佳的表现。
- ·对力量举来说，基础的阶段增益的结构是先提高肌肉量，然后提高新增肌肉的力量，最后把力量转化为 1RM 强度的运动表现。
- ·虽然多数的训练成果会随着时间消退而遭遇适应衰退，但只要维持最低容量和强度的训练，训练者就能有效地处理这个问题。所以力量举训练者可以通过组合各种训练阶段来实现长远进步，并且避免训练成果丧失的风险。
- ·补充：只要赛后及时恢复到正常的训练节奏中，冲刺期是不会导致肌肉流失的。

参考资料与拓展阅读

阶段增益的定义

· *Principles and Practice of Resistance Training*
《抗阻训练的原理与实践》

· *Periodization 5th Edition Theory and Methodology of Training*
《周期化训练理论与方法论（第五版）》

· *Science and Practice of Strength Training*
《力量训练科学与实践》

阶段增益的应用

· *Interplay Among the Changes of Muscle Strength, Cross-Sectional Area and Maximal Explosive Power: Theory and Facts*
《肌肉的力量、横截面积和极限爆发力的互相影响：理论与现实》

· *Periodization Paradigms in the 21st Century: Evidence-led or Tradition-driven*
《21 世纪的周期化范式：证据导向或传统驱动》

· *New Horizons for the Methodology and Physiology of Training Periodization*
《训练周期化的方法论与生理学的新视野》

· *Block Periodization vs. Traditional Training Theory: A Review*
《模块周期化与传统训练理论》

冲刺与收尾

· *Tapering and Peaking for Optimal Performance*
《获取最佳成绩的冲刺与收尾训练方法》

第九章

原理7：个体差异

科学定义

个体差异原理是指虽然所有的训练原理都适用于每个人，但不同的个体对每个原理的反应程度都略有不同。举个例子，每个人都需要实现训练的超负荷，但不同个体实现超负荷的训练量（不是训练质量）不同，甚至是同一个体在不同时间所需要的训练量也会有差异。最后一点非常重要，因为在运动科学文献中，个体差异主要有下面2种。

个体间差异

个体间差异指的是不同个体对相同训练反应的差异。这种差异通常是基因造成的，但也有环境的影响，比如睡眠、饮食、补剂、药物和训练经验等。

个体内差异

个体内差异指的是同一个体在两个不同时间的差异。同一个体的基因是不变的，但睡眠模式、饮食、药物、补剂和其他环境因素在不同的时间可能会有很大的不同，而这些差异足以改变个体对训练的反应。训练年限和经验也是个体内差异的重要原因，因为许多环境变量可能在很长的时间内都非常稳定。

个体差异对所有运动训练的重要意义在于，不同的个体对同一个训练计划的反应是不同的，甚至同一个体在不同时间的反应也会不同。这意味着在设计计划时，每个训练计划都要有一定的调整余地，以适应个体差异。

起初，这个发现可能看起来相当令人畏惧。如果每个计划都必须要定制的话，那制订计划会变得多么复杂？有没有可能根据个体间的相似性来制订基础模板？答案是肯定的。首先，正如我们在之前提到过的，个体间的差异总是在7条训练原理的范围内。这个世界上还没有人可以不通过超负荷而取得进步，艰苦训练也必须配合疲劳管理才能达到最佳效果。其次，即使在这 7 条原理的范围内，大多数个体间和个体内的差异只存在于 5 个方面，我们会在后文中详细描述。

在力量举领域的定义

在力量举中，根据个体差异来调整训练计划非常简单。事实上，为了更好地适应个体需要，大部分情况下对训练计划做的调整只包括 5 个方面：

- ·MRV；
- ·疲劳和训练成果的衰退时间；
- ·发展水平 / 目标；
- ·动作选择；
- ·动作技术。

MRV

不同的训练者或者同一位训练者的不同时期，其 MRV 都有可能不一样。但令人头疼的是力量举是一项快肌纤维主导的运动，但快肌纤维又使得你的 MRV 相对较低。有时候当有天赋的训练者和普通训练者使用同样的计划时，前者更容易超量训练，甚至是过度训练，因为有天赋的训练者一般快肌纤维较多，他们也因此无法应付这么大的训练容量。

但我们可以通过容量训练来逐渐提高个体的 MRV。强化饮食、改善睡眠、及时调整计划、使用补剂 / 药物等方式也能起到一些作用。随着训练者的进步，过去有效的训练量可能都无法维持训练者的运动表现，更别提进步了。

疲劳和训练成果的衰退时间

肌肉量越大、力量越大、训练经验越丰富的训练者消除疲劳和训练成果衰退的速度会越慢，但基因差异也会有一定的影响。通常情况下，这些因素会在一定程度上同时影响疲劳和训练成果，但有时也并非如此。有些训练者消除疲劳的速度非常快，但训练成果衰退的速度却非常慢；有些训练者消除疲劳的速度很慢，但训练成果也非常容易衰退，那么这种训练者就需要提高训练频率，赛前的收尾策略也不能太激进。不仅如此，环境变量也会影响个体间和个体内部疲劳的消除和训练成果的

衰退。药物、补剂、合理的饮食以及其他积极的恢复手段都可以加速疲劳消除的速度，减缓训练成果的衰退。在我们制订收尾计划时，考虑到这些变量是很有用的。疲劳消除速度慢、成果衰退速度慢的训练者更容易从长时间、较为激进（容量/强度大幅度下调）的收尾中获益。疲劳消除速度慢、成果衰退速度快的训练者需要把收尾期延长，让训练容量缓慢地下降。那些疲劳消除速度和成果衰退速度都很快的训练者只需要较短的、温和的收尾。疲劳消除速度快、成果衰退速度慢的训练者赛前甚至不需要做收尾，减载一下就行了。我们大多数人都处于这4种极端情况之间，所以我建议大家在教练的帮助下，通过测量（杠铃速度、测力板数据等）或老式的试错方法来找出最适合自己的收尾方法。

发展水平 / 目标

我们将训练者的发展水平分成3类，帮助大家从更大的框架中思考训练周期。

1. 新手

新手（1~3年训练经验）想要取得最佳的训练成果，需要以增肌训练为主。因此，他们需要延长增肌模块的时间，缩短增力和冲刺模块的时间。新手一般肌肉量不大，身上的损伤也不多，所以主动休息阶段可以缩短。新手应该在动作训练和增肌训练上平均分配精力，为未来的训练打下坚实基础，同时，在这个过程中增加对自己身体的了解，寻找自己的天赋所在。

2. 中阶训练者

中阶训练者（4~6 年训练经验）也需要大量的增肌训练，但因为他们已经有了一定的肌肉量，所以也可以从比新手阶段时间更长的增力训练中获益。这意味着他们可以把全部的时间都用来做增肌训练，但也能从额外 3~6 个月的增力训练中受益。中阶训练者不需要花太多的时间来冲刺，但需要中等时长的主动恢复期，因为他们的训练难度提高了。

中阶训练者已经拥有了不错的肌肉量和动作基础，所以他们可以把更多的精力放在发展自己的天赋上。股四头肌强、站距窄的训练者应该花更多的时间来强化自己的股四头肌，卧推时以胸部主导发力的训练者要花更多的时间来练胸肌，硬拉时背部发力多的训练者要多练背部。正是这些优势部位的发展程度决定了训练者最终能达到什么水平。

3. 高阶训练者

不准备增加体重级别的高阶训练者已经充分增长了他们的肌肉量和力量，因此他们的精力应该主要放在冲刺训练上，然后参加比赛，向外界展示自己多年积累的力量。他们已经打下了坚实的肌肉与力量的基础，所以他们可以把冲刺阶段延长，以此来最大限度地发展力量输出能力和技术能力。如果训练者要调整体重级别，那么我们建议他还是按照中阶训练者的思路来安排训练。

高阶训练者也已经充分发挥了自己的优势，所以他们进一步提升这些优势部位的速度就会慢下来，并且这些优势部位还可能开始受到弱势部位的限制。举个例子，腘绳肌对以股四头肌为主导的深蹲动作帮助不大，但如果你深蹲的负重达到350 千克并身体会稍微前倾（这肯定会经常发生），那么腘绳肌力量的不足就有可能导致你变成"早安蹲"，甚至是试举失败。因此，如果你的股四头肌肉在中阶阶段得到了很好的发展，那么在高阶阶段，你就要确保腘绳肌不会成为一个限制自己发展的因素。同样的道理适用于高阶训练者所有的弱势部位，努力训练它们，使其不会成为限制优势部位发挥最大作用的阻碍。

动作选择

对于那些刚开始进行力量举训练的人来说，为了获得一个全面的基础，他们应

该广泛地选择动作来进行练习。

随着训练者进入中阶阶段，他们会逐渐找到自己的基因优势，并开始有策略地优先训练优势部位。但即使是同卵双胞胎，基因也会有所不同，所以不同个体身体的优势部位和弱势部位的情况肯定不同，不同的人需要选择不同的动作来进行练习。举个例子，以胸肌为主导的卧推训练者需要多做飞鸟训练，而以肱三头肌为主导的卧推训练者就要多做"碎颅者"训练，这样他们才能进一步地挖掘自己的潜力。

不同的高阶训练者，肯定各有优势和缺点，因此训练者的水平越高，训练动作就越应具有针对性。除非是两个零基础的新手，其他任何水平的训练者如果与别人选择相同的动作进行训练肯定不会得到最佳的训练效果。

动作技术

训练者之间的区别不仅仅是各部位肌肉发展水平的不同，还会有骨头和关节的区别。这种骨骼的差异就会导致不同训练者之间四肢和躯干的比例不同。

虽然技术的基础部分都大同小异（深蹲和硬拉时的核心支撑、卧推时要收紧肩胛骨等），但我们要根据训练者的个体情况来调整细节，促进训练者的发展。躯干较短的训练者可以使用更宽的站距，这样他们的大腿就能形成一个更短的杠杆臂，从而保证训练者做深蹲时不会变成"早安深蹲"。手臂较长的训练者硬拉时不必担心臀部下沉的问题，但卧推时需要将杠杆向后拱起（更大的桥）以及降低触胸点来弥补手臂长的弱点。

动作技术问题的解决方案很多，但这些并不是这本书的重点，在这里我们想要传达的是让所有的训练者都以同样的技术来做训练动作是不科学的。只要没有违背技术的基础原则（比如每个人硬拉都不应该龟背），根据训练者身体成分比例的不同，个体技术的优化空间是很大的。

原理重要性排序

很多教练和训练者似乎都在强调个体差异的重要性，但我们仍然把它排在了最后，为什么？

实话实说，个体差异的作用被夸大了。美国顶级运动科学家之一迈克·斯通（Mike Stone）经常把一句话挂在嘴边："你很特殊……就像其他的所有人一样。"去掉这句话中开玩笑的成分，实际上人类的基因几乎是完全相同的。基因编码中的微小差异将我们与其他人区别开来，让每个个体间出现了差异。实验室里的小白鼠有90%以上的基因和我们都是一样的。所以它们对于训练的反应和人类非常相似，甚至连一些非常复杂的反馈通道也是如此。身体通过训练来提高力量、肌肉和神经输出能力的功能在几百万年前就已经进化出来了，mTOR/AMPk 系统作为对负重、压力和疲劳的反映，千百年来基本没有发生改变。

当你真正深入地去研究，你就会发现人类是如此相似，他们都以令人难以置信的相同方式对训练做出反应。本书中的前 6 条原理对于所有人都适用，每个人都能从专项性原理中受益，每个人都会积累疲劳，每个人都会因为计划变量太少而遇到适应抵抗。只要训练方式相同，个体间最大的差异就是对训练和停训的反应程度。

是的，如果关心个体间的差异，这条原理就非常重要。但实际上个体间的差异是很小的，所以这条原理的排名不如其他原理靠前。所有的训练者都是不同的个体，但从整体的计划安排来看，应用原理和调整计划的方法又非常简单。接下来的问题就是如何确保计划会根据个体的差异来定制，但又要确保计划不会过于个性化，从而违反了其他的训练原理。

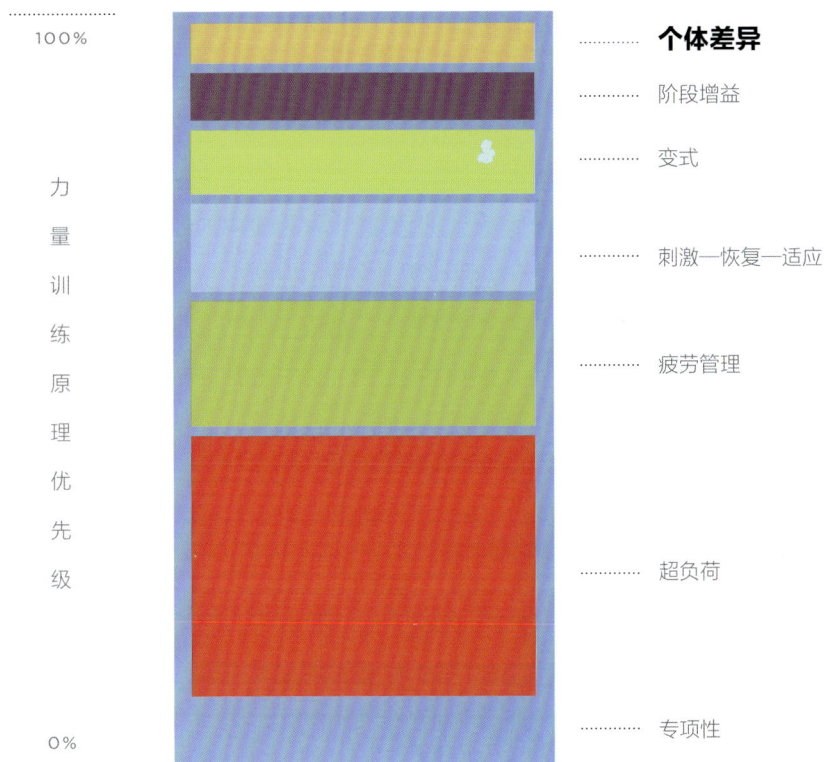

	个体差异
100%	
	阶段增益
	变式
力量训练原理优先级	刺激—恢复—适应
	疲劳管理
	超负荷
0%	专项性

个体差异原理的正确应用

选择正确的变式 / 辅助动作

根据个体差异调整计划的第一种方法就是选择正确的辅助动作。回顾一下变式原理，变式动作的选择要基于训练者的水平。

新手：使用广泛的变式动作来训练各种力量举所需的动作模式和肌群。

中阶训练者：针对优势部位来选择变式。举个例子，如果训练者的股四头肌对训练的反应最好，那就多安排腿举、前蹲和高杠深蹲等训练。

高阶训练者：针对可能影响优势部位发挥作用的弱势部位来选择变式。举个例子，胸肌非常发达，但卧推时锁定有问题的高阶训练者应该多训练"碎颅者"、窄推、弹弓卧推等动作来提高卧推的锁定力量。

在这 3 个类别里，有无数的动作来配合几乎所有训练者的个性化需求。有些动作，无论是出于生物力学、肌肉神经学的原因，还是纯粹个人偏好的原因，就是更适合一些训练者，或者让他们觉得更舒服，那么只要这些被安排的动作不违反前 6 条原理，并且有效，训练者就都可以选择。如果只有哑铃"碎颅者"不会让你的肘疼（只要其他类型的"碎颅者"会因为错误的技术而伤害你），那么就选它吧。只要是朝着自己所预计的方向进步，训练者就可以根据自己的实际情况来选择变式。另外，动作角度不同会导致训练刺激发生改变。哈克深蹲和腿举对股四头肌的刺激效果都很好，但二者对股四头肌的刺激方式却略有不同。有的训练者觉得腿举动作的效果更好（肌肉酸胀感好，膝盖和髋部没有不适），但每次做哈克深蹲，膝盖就会疼。有些训练者喜欢哈克深蹲，但讨厌腿举。好消息是这两个动作都能为后期的增力训练打下很好的肌肉基础，所以任选一个（或者两个都选）都是可以的，这完全取决于训练者的个人选择。

选择适合你身体类型的动作

我们之前也讨论过，不同的身体类型擅长不同的技术。尤其是中阶训练阶段，训练者应当根据自己的骨骼肌结构、基因优势和限制因素来调整自己的训练安排，选择适合自己的训练方式。如果你的髋部窄、股骨短，但躯干长，背部比较弱，为了优化深蹲时的杠杆就要调窄站距，保持躯干的直立。如果你的肱三头肌很强，那么窄距卧推可能就更适合你。如果你是以胸肌为主导的卧推训练者，那么就要尽可能选择宽握，降低肱三头肌在卧推时的影响。如果你的躯干长、腿短，后链肌肉比较弱，那么在硬拉时最好降低你的臀位，让躯干更加直立。如果你四肢长、躯干短，但腘绳肌比较强，股四头肌比较弱，那么你可能更擅长直腿硬拉。

训练者在选择自己个性化举重技术的时候需要注意 2 点。

（1）不要固执地使用你在新手时学到的技术。比如你的第一位教练推崇宽距深蹲，因为这是他自己最擅长的蹲法，但其实你的股四头肌更有天赋，只是一开始自己并不知道。教练的做法无可厚非，但新手应当尽量去尝试各种变式和各种技术。一开始可能会有些生疏，但随着训练经验的积累，你会渐渐找到适合自己基因优势的技术。所以，总体的训练思路应该是训练者在新手阶段去尝试各种技术，随着训练经验的积累，训练者的基因优势会逐渐凸显，并找到适合自己的技术风格。

（2）不要只"凭感觉"来挑选技术。很多人喜欢高杠深蹲，不喜欢低杠深蹲的原因很简单：低杠深蹲不舒服，容易受伤，而且技术比较难以掌握。但问题是几乎每个人采用低杠深蹲的成绩都会比高杠深蹲好一些。当挑选竞赛动作的技术时，训练者应该选择能帮助你获得更好成绩的技术（依据我们多年对新手和中阶训练者的

研究）。不要"凭感觉"选择技术，因为你有可能并不擅长它。总的来说，当你获得最好成绩的时候，通常感觉都不是太好，但这就是力量举嘛!

选择最恰当的 MRV 和加重速度

根据个体情况选择 MRV 时，最重要的是要找到那种具有挑战性而身体又能从中恢复的训练容量。实现这一点的方法其实很简单。记录自己在特定强度区间下的训练总容量，然后从本书推荐的容量阈值开始往上加，不断追踪自己的进步情况。如果你恢复起来很轻松，并且每一周都能达到预期的容量，那就逐渐提高组数，直到在减载前的一周实现超量训练。这就是你在这个阶段 / 强度区间的 MRV，下一次制订计划时就可以使用相似的组数了，并且比这一次的安排还要精确得多。

除了 MRV，我们也可以优化加重速度（进展速度）。有些训练者每周都能在杠铃上多加 10 千克的重量，而且做得很好，但有些训练者可能每周只能加 5 千克。在特定强度和容量区间，加重速度慢的训练者，需要一个较高的容量和强度的起始值，因为他们的加重幅度并不高。但加重幅度较高的训练者就需要一个较低的容量或强度的起点。需要注意的是，这两种训练者的平均 MRV 可能非常接近，但基因偏好决定了他们的加重速度并不相同。一些训练者因为训练容量的起始值相对较高而受到很大的打击，所以这些训练者最好从较低的训练容量开始，然后使用较快的加重速度，从而获得较大的进步；而有些训练者觉得较高的容量起始值也能应对，但加重的幅度增大就难以适应了。所以训练者要找到适合自己的 MRV 和加重幅度，保证训练恢复和效率，而不是简单效仿其他人的做法。我们会在"个体差异原理的应用不足"中详细讨论这个问题。

个体差异原理应用不足

与训练伙伴做完全一样的训练

虽然可能你的长相或行为都不像你的训练伙伴，但你们的关系仍然非常有意义。你们一起去健身房、一起训练、一起受苦、一起进步。训练伙伴是力量举这项运动给我们最宝贵的财富之一。

改进任何过程的一个副作用就是我们不可避免地需要抛弃一些已有的舒适习惯，而这些习惯可能已经伴随我们很长时间了。训练伙伴确实是这项运动的一部分，可以帮助我们提高运动表现，但个体差异原理要求我们不能和训练伙伴做完全一样的训练。和训练伙伴做同样的训练总是比较容易的，有些训练者为了省事而会选择与训练伙伴相同的动作与组数进行训练，甚至在一些极端情况下连重量都选择一样的。

和伙伴做相似的训练违反了个体差异原理。对于每个训练者来说，和伙伴的训练太相似会导致以下问题。

· 和伙伴做同样的动作会违反变式原理，尤其是定向变式原理，因为不同训练者需要重点训练的肌肉不同，所以动作的选择不应该完全一致。比如你需要多练股四头肌，但你的伙伴却需要多练腘绳肌。你们在一起训练是应该做直腿硬拉还是哈克深蹲呢？

· 和伙伴做相同的组数可能会违反超负荷原理和疲劳管理原理。你的热身容量可能就已经会让你的伙伴超量训练了。很多人会在网上下载力量举计划，并严格执行其中的组数，但正是这种"严格的执行"导致很多人觉得这些计划并不适合他们，因为这些计划的容量可能大大超过或低于你自己的 MRV。

· 和伙伴做同样的重复次数也许是可行的，但前提是你们要选择正确的重量，而且你和伙伴要处在同一个模块里（增肌、增力、冲刺）。即便如此，快肌纤维主导的训练者更容易从低重复次数的训练中获益，而慢肌纤维主导的训练者则需要更高的重复次数，所以即便是同样处于增肌期，一个人可能做每组重复 8 次的训练效果更好，而另一个人却比较适合每组重复 12 次的训练。

· 和伙伴使用同样的重量就更不用多说了，简直荒诞至极。都不用提训练者们力量水平的不同，每个人的进步速率都是不一样的！即使是辅助动作，也不能为了图省事就和你的训练伙伴使用相同的重量，这也是非常不合适的。如果你真的在意训练效果，就多费点力，和伙伴多装卸一下杠铃片，不要使用相同的训练重量。

完全照搬顶级训练者的计划

我们可以从顶级训练者的技术和计划中学习到很多，他们的成功不是偶然的。虽然基因、药物、营养和训练年限都会影响成绩，但训练方法对成绩的影响也是举足轻重的。顶级的训练者一定都做对了最基本的事，但他们的方法却并不一定适用于其他人。事实上，尤其是对于新手和中阶训练者来说，顶级训练者的计划很有可能是不太合适的，因为他们总是在某些方面异于常人或已经有了坚实的基础。我们总结了顶尖训练者与大多数人可能不同的几个方面。

1. 个人技术

有些训练者的身体结构异于常人，天生就适合力量举。比如顶级深蹲训练者的腿都比较短，最好的卧推训练者的手臂都不长，硬拉高手通常是手长、躯干短。普通训练者很难有这些极端的身体杠杆，因此他们使用的技术不一定适合你。如果你的身体比例像艾德·科恩的话，你可以学学他的技术，但你真的像吗？

2. 最佳重复次数区间 / 容量

顶尖训练者的肌肉基本都是以快肌纤维为主导的肌肉类型，也就是说他们更容易从低重复次数和低容量的训练中受益，尤其是在增肌阶段。所以，精英级别的训练者做每组重复 5 次的训练就能增肌，但你可能至少要做每组重复 8 次的训练才能受益。

3. 模块 / 阶段时长

精英训练者已经打下了坚实的肌肉及力量基础，所以他们的关注重点通常是冲刺训练以及改善高强度下的试举技术。他们会花大部分的时间做高强度训练，这显然与新手和中阶训练者的训练理念相违背。换句话说，如果你想模仿偶像的训练，

就学习他们成为偶像的过程，而不是他们成为偶像后的计划。

4. 单次训练的超负荷程度

顶尖训练者已经经历了多年的超负荷训练，所以并不是所有训练都能刺激他们产生新的适应。事实上，只有较大程度地打破他们的稳态，才能帮助他们进步。因此，精英训练者单次训练的超负荷程度非常大，远远超过新手和中阶训练者的恢复能力。所以，如果严格按照精英训练者的计划来进行训练，可能会使你的训练很辛苦，但其实这样做并不会带来什么益处，甚至还可能造成损害。

5. 打破稳态的训练（超负荷训练）的频率

精英训练者有能力大规模地打破稳态，而事实上他们也确实需要这么剧烈地打破稳态才能实现超负荷。但是，多数精英训练者的超负荷训练已经接近了他们所能够恢复的生理极限，因此这种训练的频率需要低于新手超负荷训练的频率，而且其间还要穿插轻训来促进恢复、维持成果。文思·乌班克（Vince Urbank，知名大力士、硬拉高手）每 2~3 周才做一次大重量硬拉训练，如果你跨入 350 千克硬拉俱乐部的话，你也可以这么做，但你能负重350千克做硬拉了吗？所以你的超负荷频率要更高一些才行！讲了那么多扎心的话，希望你还是能喜欢这本书！

6. 定向变式的使用

精英训练者，尤其是训练方式比较聪明的训练者，都会花大量的时间来弥补自己的弱点。但我们建议新手要训练全身的所有部位，中阶训练者要着重强化优势部位，而不要在弱点上浪费大量的精力。即便你是精英训练者，也不要照搬另一位精英训练者的计划，毕竟你们的弱点不一定相同。总的来说，每个人的基因情况不同，优缺点不同，照搬另一个人的计划可能会让你走错方向。张三在计划里安排了很多针对股四头肌的训练，但实际上你却需要多练腘绳肌……那么照搬他的计划就很难让你取得最佳的训练成果了。

一直使用同一个计划

无论一个计划的效果有多么好，总有人会说："这个计划效果不错！但是我高中时候用过一个卧推计划，那个才叫进步！"

这种思维方式的最大问题在于身体是会改变和适应的，进步所需要的刺激类型也在变化。新手的身体总是对适应非常敏感，所以就产生了"一开始某某计划非常有效"的假象。训练者在达到了理想的体重之后，以前使用的增肌计划可能就没那么有用了。高阶训练者在做冲刺训练时，怀念以前的基础增力周期也不会有太大的意义。一直重复使用同一个计划，我们就没有根据现在的个体情况来调整训练，所以训练的成果也会不尽如人意。我们可以用自己现在的能力来证明以前计划的成功，但是一直重复同一个计划而不修改，那么训练效果肯定无法持续下去。

直接照搬网上的计划，不做调整

网络计划（没有教练根据个人需求和训练反馈而调整）并不是完全没有价值。实际上，它可以非常有用，尤其是对新手和中阶训练者而言。但是好的计划都留有很大的调整空间，从而让计划适应个体自身的情况。如果一个计划做了非常细致的规划（明确规定了的动作、组数、次数和强度），没有提供任何可以调整的建议，那么它的效果就非常有限了。

如果你要使用网络计划，最好选择那种比较灵活的。请记住，一定要根据自己的情况对网络计划做一定的调整。只要你做出调整后的计划能遵循本书中提到的7条训练原理，那么它的效果就不会差。

个体差异原理过度应用

技术欠佳

没有一种技术能够有效适应所有体型和力量水平的训练者。但是有一些基本的技术执行规则在所有的试举风格中都是正确的。这里大致列举如下。

- 深蹲和硬拉时，脊柱腰区保持中立。
- 深蹲时，如果膝盖向前压，那么髋部要后移。
- 卧推时肩胛骨要收紧。
- 硬拉时肘部不能弯曲。
- 深蹲时膝盖不能内扣。

这些技术规则适用于所有人，掌握它们能够提高试举的安全性，降低长期训练中容易出现的撕裂和损伤的风险，同时也能使训练者的发力更集中，从而有助于提高试举的重量。

技术有所变化很正常，只要确保这些变化不违反技术的基本规则就行。如果真的违反了，训练者的训练效率就会受到影响，并且还可能会提高受伤的风险。违反了基本规则的技术是"差技术"。有些训练者力量很大，但是技术确实不太好，力量大不应该成为技术差的借口。"他就是这么拽（硬拉）的！"这种说法很好，但如果他调整了技术，不仅能增加重量，而且能更安全呢？

根据训练者的个体差异来调整技术绝对是件好事，但如果你硬拉的姿势看起来像个问号，那么你一开始就错了，需要纠正。

违反了其他原理

过度应用个体差异原理所造成的一个巨大问题就是对其他原理的应用不足。过度应用个体差异原理通常会导致训练的超负荷不够、疲劳管理不够或训练的专项性不足。这肯定会造成较严重的问题，最有效的计划要同时符合所有的原理，特别是排名靠前的原理。我们来举一些例子。

1. 专项性

如果你把一个腿部训练动作改为了推雪橇训练，那么你就已经离开了力量举专项的适应领域了。这个训练对力量举成绩有帮助吗？可能会有一些，但是深蹲和腿举这样的专项训练对力量举的效果会更好。推雪橇训练时，你可能会感觉到腿部在发力，但有时感觉是有欺骗性的。坚持训练那些专项性高的动作，然后只在必要的情况下才绕道而行。

2.超负荷

单臂绳索过顶臂屈伸是个不错的训练肱三头肌的动作，但是它可以超负荷的空间并不大，打破稳态的能力也不如杠铃过顶臂屈伸训练。如果你的最终目标是提高运动成绩，那么选择动作时一定要考虑超负荷原理，而不是动作的泵感。根据个体差异调整计划时，记住一定不能违反超负荷原理。

3.疲劳管理

"弱者才需要减载"这句话很有趣，但如果疲劳影响了你后期的恢复，导致膝盖一直发炎，那就一点也不会有趣了。有些训练者的MRV上限阈值非常高，所以能够在一个中等容量下持续训练很长时间，而不需要减载，但问题是这种容量很难让其持续进步。如果你不需要减载，那么你的训练可能不够艰苦；但如果你在非常靠近MRV的容量范围内进行训练，却还不减载，那么过不了多久，你的运动表现就会退步，甚至还有可能受伤。

"我试过 Sheiko 计划，我不喜欢。"

"某某方法最适合我"

好吧，为什么不呢？很显然，你不喜欢这个计划肯定不是因为它的名字，而是因为它的内容。但有趣的是一个计划的好坏很难立刻在训练者身上体现出来。所以，在现实生活中，最好不要那么急急忙忙就把计划定下来。

我们建议教练和训练者多花些时间来验证计划是否符合训练者的个体需求和能力，从而帮助训练者更好地认清自己，选择和制订更好的计划。举两个例子。

（1）"我用过 Sheiko 计划，效果一般。"

如果你仍然执行 Sheiko 计划，但是把训练组数降到之前的1/3。突然间，这个计划的训练效果就显著了。所以不是计划框架不好，而是原版计划的容量不适合你。

（2）"西部杠铃计划不适合无装备训练者。"

西部杠铃的体系可能不是最理想的训练计划，但对无装备训练者的训练效果还是很显著的。我们只需要把弹力带和铁链训练改成全行程的辅助动作，这种计划的效果也是很棒的。西部杠铃的计划框架非常好，只是在某些动作的选择上不适合无装备训练者。

总之，训练原理对每个人都有效，但它们的适用程度可能不同。多数情况下，我们只需要根据具体情况调整计划的某几个方面就可以取得非常好的效果了，而不需要全盘否定某个计划，就像把孩子和洗澡水一起倒掉。

总结

从力量举的角度来看，个体差异指的是没有两个训练者是一模一样的，每个训练者的需求和对训练的反应都不相同。虽然所有的训练者都不同，但其实不同之处只是很小的一部分，通常只会影响到某一个原理的应用。通过调整训练容量、加重的速度、动作的选择和阶段目标（增肌、增力、冲刺），我们几乎可以全面地照顾到个体差异。

重点

·虽然训练者间的差异很小，但是在制订力量举计划时仍然要考虑它。不同个体对于相同训练的反应是不同的，所以他们训练时的加重策略也不应该相同。

·在处理诸如 MRV、疲劳管理和 SRA 等概念时，已经考虑到了许多个体差异。要记住，个体差异的影响其实并不大。各种力量举的训练计划都有很多相似之处，成功的计划只是根据个体需求和差异做出了相应的调整。

参考资料与拓展阅读

个体化与训练

· *Periodization 5th Edition Theory and Methodology of Training*
《周期化训练理论与方法论（第五版）》
· *Genetic Influences in Sport and Physical Performance*
《基因对运动表现和体能的影响》
· *Adaptive Processes in Skeletal Muscle: Molecular Regulators and Genetic Influences*
《骨骼肌的适应过程：细胞调节器和基因影响》
· *Individual Differences in Response to Regular Physical Activity*
《个体对常规体育活动反馈的差异》
· *Variability in Training-Induced Skeletal Muscle Adaptation*
《训练诱导骨骼肌适应的可变性》
· *Genetic Inheritance Effects on Endurance and Muscle Strength：An Update*
《基因遗传对耐力和肌肉力量的影响：最新研究》
· *High Responders to Resistance Exercise Training Demonstrate Differential Regulation of Skeletal Muscle micro-RNA Expression*
《抗阻训练高应答者的骨骼肌迷你 RNA 差异化调控》
· *Individual Response to Exercise Training — A Statistical Perspective*
《从数据视角看待个体对运动训练的反馈》
· *Understanding the Individual Responsiveness to Resistance Training Periodization*
《个体对周期化抗阻训练的反馈》

第十章

力量举周期

　　至此，我们已经阐述了本书大部分的重要内容，也给出了一个力量举大周期内所有阶段的训练建议。这一章将会是本书中最短的一章，我们将帮助大家回顾前几章的内容，并针对力量举训练的 4 个模块总结出一些有用的信息。这些信息可以分为 4 个表格，能够帮助大家有效制订自己的力量举训练计划，是一个非常有用的指南。

增肌模块

主要目的	增加肌肉量，提高无氧运动能力
在大周期内的位置	主动休息之后，增力模块之前
平均时长	3 周 ~ 6 个月，但对于多数中阶训练者来说，通常是 2~3 个月

目标训练者	对新手最重要，然后是中阶训练者，最后是高阶训练者
动作选择	利用竞赛动作的超负荷变式来强化目标肌群。可以使用一些孤立动作，但复合动作最少要占计划的 70%
最低超负荷强度阈值	最低 60%1RM，最高 75%1RM，有些训练者耐受度比较高，可以到 80%1RM
平均的组容量	每个部位每周做 15~30 组的训练，复合动作可以算作是多个肌群的训练（比如窄距卧推同时训练了胸肌和肱三头肌）
重量和组数调整（累进）	每周增加负重 2%~5%，在累进期每周增加 0~1 组
平均中周期时长	推荐起点：5 周（4 周累进期，1 周减载期），高阶训练者需要把累进与减载的比例调低，比如 3 : 1 或更低
MRV 指标	当在 60%~75%1RM 强度下每组能够重复的次数低于 8 次，或者每组能够重复的次数比上周还低时
轻训安排	容量：超负荷训练日的 50% 强度：超负荷训练日的 50%
减载安排	小周期的前一半 容量：超负荷训练日的 50% 强度：超负荷训练日的 90% 小周期的后一半 容量：超负荷训练日的 50% 强度：超负荷训练日的 50%
平均超负荷频率	每个部位每周进行 2~6 次超负荷训练

增力模块

主要目的	提高基础力量
在大周期内的位置	增肌模块之后、冲刺模块之前
平均时长	3 周 ~6 个月，但对于多数中阶训练者来说，通常是 2~3 个月
目标训练者	对中阶训练者最有益，对新手和高阶训练者同样重要
动作选择	利用竞赛动作的超负荷变式来强化目标动作，限制使用或不使用孤立动作，中周期的后期通常只训练竞赛动作
最低超负荷强度阈值	最低 75%1RM，最高 90%1RM
平均的组容量	每个部位每周做 10~20 组的训练，复合动作可以算作是多个肌群的训练（比如窄距卧推的同时训练胸肌和肱三头肌）
重量和组数调整（累进）	每周增加负重 2%~5%，在累进期每周增加很少的组数或不加

平均中周期时长	推荐起点：4周（3周累进期，1周减载期），高阶训练者可能需要把累进期与减载期的比例调整成2∶1（不常见）
MRV 指标	在75%~90%1RM强度下，每组能够重复的次数低于3次，或者每组能够重复的次数比上周还低时
轻训安排	容量：超负荷训练日的70% 强度：超负荷训练日的70%
减载安排	小周期的前一半 容量：超负荷训练日的50% 强度：超负荷训练日的90% 小周期的后一半 容量：超负荷训练日的50% 强度：超负荷训练日的50%
平均超负荷频率	每个部位每周进行2~4次超负荷训练，中间穿插轻训

冲刺模块

主要目的	调整神经和技术，为试举极限重量做最终准备
在大周期内的位置	基础力量模块之后、比赛和主动休息前
平均时长	3周~3个月，但对于多数中阶训练者来说，通常是1~2个月
目标训练者	对高阶训练者最重要，其次是中阶训练者，最后是新手
动作选择	多数情况下只训练竞赛动作，限制使用或不使用辅助动作，如果要使用辅助动作，竞赛动作至少占总计划的70%
最低超负荷强度阈值	平均强度75%1RM，超负荷强度85%~95%1RM，轻训强度50%1RM
平均的组容量	每个部位每周进行5~10组的训练，同时如果有机会再加上5~10组的轻训训练
重量和组数调整（累进）	每周增加负重2%~5%，在累进期每周增加很少的组数或不加。收尾期要去掉增加的组数
平均中周期时长	累进期至少持续3周，之后接减载或收尾（推荐在收尾前最多做1个非收尾中周期；如果是中高阶和高阶训练者，在增力模块结束之后需要直接进行收尾）
MRV 指标	在85%~95%1RM强度下，技术的稳定性开始大幅下降

轻训安排	容量：超负荷训练日的 90% 强度：超负荷训练日的 50%
减载安排	非收尾期的中周期 小周期的前一半 容量：超负荷训练日的 90% 强度：超负荷训练日的 50% 小周期的后一半 容量：超负荷训练日的 50% 强度：超负荷训练日的 50% 收尾期中周期 请见下一节
平均超负荷频率	每个部位每周进行 1~3 次超负荷训练，中间穿插轻训

收尾设计建议

收尾的 3 个部分

第一部分：经典的冲刺训练搭配正常的容量训练，或搭配功能性超量训练。如果要使用功能性超量训练，其容量应该是常规冲刺期容量的 1.5~2 倍。

第二部分：降低容量，同时维持或提高强度，此时容量应该是常规冲刺期容量的 50%~90%。

第三部分：降低容量和强度，此时的容量和强度都应该为常规冲刺期的 50%。

收尾计算器

我们从 3 个方面进行分类，分别是体重、总成绩和训练年限，训练者根据个人情况计算得分，并根据自己的计划来安排收尾训练。但因为训练者的基因和个人情况不同，这也只是个初步的建议。具体评判标准见下表。

	体重	总成绩	训练年限	得分
1	<74 千克	≤ Class2	≤ 3 年	每项得 1 分
2	74~100 千克	Class1 或大师	3~6 年	每项得 2 分
3	>100 千克	精英或职业	≥ 6 年	每项得 3 分

不同得分的收尾方式如下：

3~4 分：第 1 类

5~7 分：第 2 类

8~9 分：第 3 类

第 1 类

·持续时间：1 周

·第 1 阶段：0~3 天

·第 2 阶段：1~4 天

·第 3 阶段：0~3 天

第 2 类

·持续时间：2 周

·第 1 阶段：4~5 天

·第 2 阶段：4~5 天

·第 3 阶段：4~5 天

第 3 类

·持续时间：3 周

·第 1 阶段：1 周

·第 2 阶段：1 周

·第 3 阶段：1 周

主动休息模块

主要目的	消除疲劳，恢复结缔组织损伤和化学信使紊乱，同时维持训练成果
在大周期内的位置	比赛后、下一个增肌模块之前
平均时长	1~3 周，训练经验越少，需要的时间越短，推荐新手 1 周，高阶训练者 3 周
目标训练者	对高阶训练者最重要，其次是中阶训练者，最后是新手
动作选择	多数情况下选择非竞赛动作，多安排活动度 / 机动性训练，以及新变式动作的技术训练
最低超负荷强度阈值	50%1RM 左右
平均组容量	每个部位每周进行 5~10 组训练

重量和组数调整（累进）	重量和组数均不做调整
平均中周期时长	1 个中周期（1~3 周）
MRV 指标	当疲劳无法继续消除时
轻训安排	N/A（无，因为收尾本来就是轻训）
减载安排	N/A（无，因为收尾本来就是轻训）
平均超负荷频率	每个部位每周进行 2~4 次轻训，没有超负荷训练

第十一章

力量举的迷思、谬论与潮流

和其他的运动一样，在力量举中也存在着很多迷思。这些迷思中的绝大部分已经被证伪，但它们却还一直在训练者中间传播着。同样，一些看起来有理有据的谬论也是去了又来，每隔几年都会出现一种像灵丹妙药一样的训练方法，宣称对每个人都有效。这些方法与科学理论背道而驰，但总有人接连不断地为它们摇旗呐喊。今年流行过度训练，明年高容量训练变成了最好的方法；今年流行用各种花式杠铃、弹力带和铁链进行训练，明年这同一批人可能又开始鼓吹只需练三大项就够了！

我们会在本章简要讨论一下过去流行的、现在流行的和未来可能会流行的一些迷思、谬论和时尚。

弹力带与铁链训练

没有弹力带和铁链，你怎么能进步呢？为什么顶尖训练者中只有寥寥数人使用可调节阻力进行训练呢？

在过去的十年里，各种信息都在向我们传达，想要提高力量举成绩就必须使用弹力带和铁链进行训练。但是这些支持用铁链和弹力带训练的文章和视频有一个看起来平平无奇，实则却非常重要的漏洞：其实这种训练实际上是由有装备的训练者发明的。需要强调一下，有装备的训练和比赛没有错，但我们要明确的一点就是有装备和无装备的训练是不同的。

在训练中使用可调节阻力的主要目的是提高动作顶端停顿（锁定）的难度，加速动作的离心部分，并且用比直线负重更高的强度来刺激神经系统。虽然这些概念都是有价值的，但在实际应用中对无装备训练者是否有效却是不明确的。

对动作顶端停顿进行超负荷训练对于无装备训练者来说是没有必要的。你见过多少无装备训练者因为锁定不行而导致卧推失败的？有多少无装备训练者因为深蹲顶部动作不能完成而失败的？因为不能锁定而导致硬拉失败的无装备训练者多吗？对于大多数的无装备训练者来说，试举的动作行程中最重要和最容易失误的部分是启动。既然如此，我们为什么还要把训练重心放在最不容易失误的地方呢？如果真的需要强化无装备试举的某段行程，我们的建议是用较长的停顿和复杂的杠杆来提高该段行程的难度，而不是用有利的杠杆来训练某段轻松的行程。提高重量来使得身体超负荷是安排增力训练的基本概念，使用弹力带和／或铁链是一种达此目的的可行方法，但其中存在一些必须考虑的缺点。我们需要多大的超负荷来刺激适应？目前来说，超过训练者 1RM 的 10% 是实际应用中的上限，这个强度在给予神经系统足够刺激的同时又不会对关节和接下来的训练造成不利的影响。所以，限制弹力带和铁链的使用可以刚好达到这一效果，但如果非要使用，就需要考虑二者（尤其是弹力带）对神经系统、关节、肌腱、韧带的影响。对它们的使用甚至会改变训练者的试举技术。这种超过极限强度的训练会积累大量的疲劳，所以选择使用的时候要特别谨慎。

弹力带和铁链对于有装备训练的迁移性最高，它们在一定程度上可以优化训练者的技术，提高训练者的力量。但需要注意，由它们造成的额外阻力也可能会改变杠铃轨迹，从而影响训练者的技术精确性。大家现在会错误地认为高阶训练者需要保留弹力带和铁链训练，但高阶训练者比新手和中阶训练者需要更多的专项训练，所以多数的高阶训练者会去掉诸如弹力带和铁链这样的变式训练，尤其是在冲刺模块，越是接近比赛日，这样的变式训练越要减少。所以大多数高阶无装备训练者的训练动作选择都只专注在几个动作上。专项性才是王道，在大多数情况下这甚至比超负荷还要重要。如果能合理利用的话，弹力带和铁链训练也算是不错的变式训练，但它们不是魔法，如果因此造成了专项性的不足，你的训练成绩可能会不进反退。

超高频率训练

"保加利亚计划"会在训练的某些阶段要求训练者每次训练时都深蹲，并且通常情况下深蹲的频率会高达 1 周 6 次。这样确实培养出了世界上顶级的举重训练者。因此，人们从这些信息中总结出，深蹲训练可以每天都进行，在这种方法下训练出来的成绩可能不如保加利亚的精英运动员们，但也差不到哪里去。健美杂志已经欺

骗我们太久了，因为它们一直在鼓吹低频率的套路式训练才是唯一的方法。但很显然，超高频率训练的适用性也非常广泛。

毫无疑问，力量举训练从健美中借鉴了很多，但"保加利亚计划"训练者也确实用高频率训练获得了成功，当然这并不是促使所有训练者立刻转向高频率训练，甚至每天训练的理由。

首先，把"保加利亚计划"引入到力量举会有几个方面的问题。

·这个体系是为了举重设计的，而不是力量举。力量举训练会使用更大的负重和更高的容量，所以积累的疲劳也更多，特别是对于神经系统。另外，三大项的技术不如举重那么复杂，所以相比于举重，高频率训练（技术的 SRA 曲线非常短）对于技术方面的提高作用很难从举重训练完全迁移到力量举训练中。

·"保加利亚计划"训练者们也不是全年都执行这么高频率的计划，他们只是在赛前冲刺期这么做。

·苏联的训练者们并没有使用这种超高频率的训练计划，但他们所取得的成绩仍然可以和"保加利亚计划"训练者比肩，许多国家的训练方法都不是高频率的训练计划，但最终的成绩也都很不错。在我们更深入的了解后发现，超高频率并不是他们成功的主要原因，能够源源不断招募到有潜力的新运动员才是他们的制胜法宝。

· 大多数的保加利亚运动员体重都不大（不到 100 千克），所有他们可以很好地从高频计划中恢复过来。但力量举运动员体重超过 100 千克的不占少数，他们可能就无法从这么高频的计划中恢复过来。

高频训练在某些情况下的收益可以非常高，特别是在集中增加负重的中周期内，我们可以用高频训练来实现功能性超量训练，从而实现长期的进步。这种计划最适合以下几种情况。

· 会使用增强运动表现药物的训练者。

· 小体重、恢复速度快的训练者。

· 可以从技术和增肌训练中获得大量好处的新手，因为这些训练的 SRA 曲线都比较短，恰好适合高频训练。

如果你想尝试高频计划，这里有一些建议。

· 仔细追踪疲劳原因，如果你感觉要训练超量了，就立刻调整。

· 首先尝试 2~3 周的高频训练，然后回归到正常的训练节奏接着训练几周。如果你恢复得很好，运动表现也有所进步，那就再切换回高频训练，并延长训练的周期，比如 1 个月。我们不推荐做超过 2 个月的超高频训练。

· 不要每天都把自己训练到筋疲力尽、心力交瘁。这么做的目的是为了缓解神经疲劳，防止训练者在计划进行到一半时就崩溃了。

· 确保你的训练接近 MRV 的范围。高频训练的目的就是让你超量训练，所以它一定是不可持续的。

总的来说，超高频训练有自己的一席之地，但它不是唯一一个能让你成为顶尖训练者的方法。

搭配有氧运动才能让你进步，还是有氧运动会毁了你力量举训练的未来

从很久以前开始，"有氧"这个词在力量举圈里就是用来骂人的话，实际上，它在许多运动中都算是"脏话"。长久以来，有氧运动被认为是对力量举没有任何好处，并且在大多数时候还会影响力量举的适应。但是最近许多训练者有了新的共识，他们认为因为有氧运动可以加速训练者的恢复，提升训练者的整体健康，所以

有氧运动可以提高力量举训练的效果，成为力量举训练者必须训练的项目之一。

有氧运动的优点

力量举的某些阶段对心血管功能的要求较高。特别是增肌／增容训练阶段，高容量、高重复次数的训练会加大恢复的难度，所以此时对心血管能力的要求会比较高。但如果你每组训练的重复次数能达到十几次，并且不会觉感到难受或抽筋，那说明你的心肺功能已经很好了，完全能适应力量举的训练，这时就没有必要刻意安排有氧运动。如果你主动休息阶段的训练容量还不错，而且你又没有那么胖（20%以上的体脂率），那么你也没什么必要做有氧运动。如果你体重超标了，那么主要目标应该是降低体脂，而不是通过有氧运动来强化心肺功能。

在增肌期和增力期，我们之前打下的良好心肺功能基础（之前的增肌训练和增力训练）应该能够支撑这些重复次数更低、休息时间更长、超负荷训练频率更低的训练。

如果训练者的心肺功能阻碍了训练者的进步，需要额外增加相关的训练，那么对力量举训练干扰最小的有氧运动模式是游泳、骑行和爬坡，它们的效果都比跑步类的运动好得多。

有氧运动的缺点

提高有氧运动的容量会导致产生以下问题。

· 额外的疲劳积累。

· 肌纤维向慢肌纤维的类型转化（恢复速度快，但是力量输出能力差，生长速度慢）。

· 会直接刺激肌肉分解代谢的 AMPk 和其他信号通路被激活。

· 干扰神经系统的极限力量输出能力，并使其更适应耐力型的运动。

这些问题都是力量举训练者不想要的，其中第二点尤其有意思。有氧运动会增加肌肉中的血管分布，所以它可以一定程度上提高恢复速度，这对于高容量训练来说绝对是个好事。从另一方面来说，肌纤维类型转化也可以加速恢复，但在这里值得注意的是有氧运动所导致的肌肉类型的转化会造成力量举的运动表现和适应的退步。因此，稍微安排一些有氧运动或许可以对训练者的身体健康和恢复有帮助，但高容量的有氧运动给力量举的训练者们造成的负面影响也是不争的事实。

对大多数力量举训练者来说，有氧运动并不能阻止他们变得更强壮。但如果他们没有做那么多的有氧运动，获得的训练效果会更大。写这本书的目的就是希望能有效地提高训练者力量举的运动表现，因此我们必须明确认识到，虽然在一些结合了大量有氧运动的力量举训练中，我们看到了力量举运动表现的提升，但在更多没有结合任何有氧运动的力量举训练中，训练者的运动表现提升得更大。

力量举中结合有氧运动的要点如下。

· 细水长流［每周超过 6300 焦耳（1 焦耳 =0.2389 卡）的有氧运动会对力量举训练产生负面影响］。

· 推荐对身体影响更小的有氧运动（散步、骑行和游泳等）。

· 安排有氧运动的最佳时机是增肌模块之前，也就是主动休息模块。

· 适应比恢复更加重要，不要因为感觉好就多做有氧运动。要更多关注自己的力量举能力是否得到了提高。

过度简化训练

关于力量举训练的观点总是在不同的理念之间摇摆，仿佛随时随地都在风中飘，说不定哪天运气不好就飘到了简化训练这个方向。"闭嘴，干就完了！""少动脑，多撸铁！"这些所谓的公理阻碍了力量举运动的发展，需要我们重新审视，认真对待。有没有人把力量举的训练过程过度复杂化，每次训练都思虑过多，最后导致自己原地踏步？肯定有，但这并不是我们因噎废食、停止思考的理由。

有一些特定概念是力量举训练的基础（比如本书讲的 7 条训练原理），忽视这些概念都是错误的。现在，我们可以通过各种渠道来获取大量有助于我们提高训练效果的信息，小瞧这些信息是愚蠢的。

学习有用的知识，制订计划并执行，用批判的眼光对待自己的训练，这样我们才能进步。

过度纠结细节导致无法关注大方向

根据优先级来调整训练有许多好处，能帮助我们明确哪些训练该做、哪些训练不该做，而且还会告诉我们某些训练方法的效果如何。举个例子，超负荷和阶段增益都是重要的训练原理，但超负荷原理的优先级更高。没有应用阶段增益原理的计划也能有很好的效果，但是没有应用超负荷原理的话，训练者可能就白练了。因此在制订计划时，我们应该把更多的精力和注意力放在专项性原理、超负荷原理和疲劳管理原理的应用上，不要在阶段增益原理和个体差异原理上耗费太多的精力了。

即使在同一个训练原理内部，各种部分的重要性也有差别。我们要把时间花在重要的部分上，而不是留恋一些不重要的细节，否则会让我们最终拣了芝麻丢了西瓜。

注意细节本身是没有错的，所有细节都会影响最终的成果。所以，如果可以的话，我们应该关注到力量举的方方面面，争取把每个方面都做对。但问题在于有时候我们会将太多的精力耗费在一些细小的事情上，导致我们无法照顾到更重要的部分。

举一些例子。

· 只顾着调整脚尖方向，却没注意到自己的深蹲只做了半程。

· 在增肌阶段纠结于哑铃飞鸟训练要不要加 2.5 千克的负重，而忽略了增加训练的组数。

· 辅助动作优先选择腿屈伸等固定器械，毫无理由地放弃了前蹲。

· 阅读了东欧精英运动员疲劳管理策略的文章后，将训练容量调整到了自己

MRV 的 2/3，最终导致训练没有取得任何进步。

为了防止出现这些错误，我们要把注意力放在重要的训练原理和优先级高的事情上。在每个训练原理内，集中精力处理重要的、基础的部分。举个例子，如果你一直在为要不要增加负重这个细节而纠结，那么问一问自己，超负荷原理的要求是否已经达到了。如果还没有达到，那么每周将负重提高 2.5~5 千克，不仅能解决你的烦恼，还能让你在有限的时间内取得更多的成果。

关于机动性的极端观点

机动性指的是综合运用技术、力量和活动度的能力。如果你能以足够的力量和良好的技术来实现某个动作，并且能完成动作的全行程，那么我们就可以说你在某个动作上的机动性足够。力量举训练者的机动性训练一般分为两类：活动度训练和技术训练。但大多数训练者都采用了活动度训练。那么在做力量举时，你需要多灵活呢？

答案是能够以合适的技术完成三大项就行。换句话说就是没什么特别的要求。对于相扑硬拉训练者来说，活动度训练可以让他们的髋部更接近杠铃，并且让他们在卧推时能更大程度地将杠铃拱起（起更大的桥），这些有助于他们降低卧推行程、优化杠铃轨迹。但如果你深蹲能比水平高度更低，并且保持背部不弯曲，那么你在深蹲时的活动度肯定是足够的。大块头训练者的背部肌肉量太多，会影响拱起（起桥），而传统拉对活动度的要求肯定没有相扑拉的高。

当然，肯定有人活动度不够，无法在训练的一开始就完成三大项训练的姿势，所以他们需要做活动度训练。但如果你的活动度已经足够了，是否还要继续做相关的训练呢？会有好处吗？

我们的结论是过量的机动性训练没有好处，反而会导致如下损失。

·活动度过高会降低训练者的稳定性，尤其是新手和肌肉量小的训练者，会增加他们技术失误和受伤的概率。

·额外的机动性训练会浪费时间，影响增肌、增力和冲刺训练。

·活动度训练（尤其是拉伸和泡沫轴之类的）会一定程度上干扰重量训练的适应进程，从而影响训练收益。

·在正式训练之前进行活动度训练会降低力量输出能力，降低训练表现，影响进行超负荷训练的能力。

好事做过头也会有坏处，机动性训练也是如此。如果你已经有足够的机动性去完成力量举训练，并且你不是极限大桥训练者，也不是大相扑训练者，那么你就没有提高机动性的必要。特别是千万不要在艰苦训练前做活动度训练！

想要同时训练多个项目，并期待所有的项目都取得最好的成果

新手最容易产生这种误解，那就是一位训练者可以在各种运动中做得更好，并且能够同时从事几项运动而不会影响所有这些运动的进步。幸运的是，新手至少在第一个假设上是正确的。初学者的恢复和适应能力都非常强，并且此时各种运动的训练负荷都不高，所以他们可以同时接受多种刺激，在力量举、健美、越野赛等运动中同时获得进步，有些人甚至可以再加上交叉训练，并在所有的项目中都取得一定的成果！

但是随着新人期的结束，成为中阶训练者的我们会意识到训练模式的不兼容。

如果同时进行多个训练项目，随着训练水平的提高，各个项目的效果都会降低。因为各个项目之间会互相干扰，具体原因如下。

·其他项目所消耗的能量可以用于力量举训练的恢复和适应。

·其他项目所消耗的能量可以使力量举训练更高效，超负荷程度更高（你会注意到，以上两个因素——恢复能力和训练能力，决定了你在力量举训练中的MRV）。

·分子信号通路和训练诱导的适应会互相竞争，比如耐力适应会直接影响力量适应。

更别提高阶训练者了，他们训练的超负荷程度基本占据了他们所有的恢复能力，所以任何额外的体育活动都会干扰他们的恢复和适应，甚至还会导致他们训练成绩的停滞和退步。

有趣的是，这似乎与力量举训练者在运动生涯中的奉献精神密切相关。新手通常对于力量举训练没那么专注，他们训练年限不长，只是在探索自己对力量举这个项目的兴趣和天赋。想要成为所谓的中阶训练者，就必须投入更多的精力和时间。"中阶训练者"这个称谓并非是毫无意义的，因为它意味着你已经为这项运动付出

了努力，并且在一定程度上放弃其他体育项目来专注于提高它的运动表现。想要成为高阶训练者，你就必须全心全意投入这个项目中，会为了力量举这个项目"付出一切"。但如果你的"付出一切"只是意味着放弃其他体育项目，那这还不是这项运动中最难的部分。

女性就应该降低体重级别

决定"最合适体重级别"的方法并不是一个简单的计算，我们需要考虑骨架大小、最终肌肉量和可能的训练结果等变量。除了这些，人的偏好也是一个重要的因素，例如 93 千克可能是某位训练者的最佳体重级别，但很有可能他自己并不想这么重。

外观、健康或饮食习惯（节食很痛苦）等个人偏好也可以帮助我们决定自己的体重级别，因此我在考虑骨架大小、四肢杠杆等物理性因素时，也需要将个人偏好纳入考量。如果你就是愿意采用不适合自己的体重级别也完全没有问题，只要你清楚地知道这是你的主观选择，而且这个选择并不符合你的身体条件，不能使你达到最佳的运动表现就行了。

但根据各种因素决定自己体重级别的能力，至少在一种情况下很重要：女性体重级别的选择。许多（不是所有的）女性训练者练力量举无非是出于2个目的：

· 拿到好成绩，在力量举这个项目取得成功；

· 变得好看。

男性当然也会面对相同的局限（后文我们会详细讨论），但通常女性会更看重第二个目标。虽然大多数女性训练者也都会了解到这个事实，即第一个目的和第二个目的对于某些训练者来说是相辅相成的，而对于另一些训练者来说却是矛盾的。有些女性训练者给人的印象是身材越好，越擅长力量举。但有些男性教练在这方面会起到反作用，因为他们经常会让女性训练者过度追求外表，导致她们在运动表现上无法提高。毕竟，由火辣女性训练者组成的队伍肯定会吸引外界不少的目光，所以有时候他们会故意把队伍打造成这样。而这样的关注对于力量举队伍来说到底好不好，又是另外一个问题了。

基因决定了女性的体格会小于男性，而且从文化角度来说，娇小的女性会更加吸引人。所以，大多数女性希望自己的体格小一些，因此女性训练者也倾向于选择更小的体重级别。只要权衡好利弊，并确保自己在这个体重级别能取得好成绩，那么对于女性训练者来说，降低体重级别这个做法就没有错。但问题是有些训练者为了管理体重而忽视了运动成绩。夸张一点讲，全世界的女性训练者都觉得自己降低体重级别之后，运动成绩会变得更好。但如果你真的决定要降低体重级别，那么我建议你仔细思考一下，你这么做到底是为了好看还是为了取得更好的运动成绩？

女性训练者想要降低体重的原因有很多，比如男朋友说越瘦的女孩越性感、最爱的明星很苗条、闺蜜的絮絮叨叨等，可以说她们面对着来自方方面面的压力。但教练也不能把女学员对形体的追求贬得一文不值，单纯只追求训练成绩会让女学员心生不满。虽然在现实生活中，训练成绩似乎确实比外貌、心理和生理健康的优先级更高，但过度追求成绩会让女学员怀疑自我的价值，有损女学员的自信心和自尊心，极端情况下甚至会影响女学员的饮食和作息，并最终导致成绩倒退。

如果你真的在更小的体重级别上，训练更有优势，那么减重至少能获得回报。但如果没有优势，而你仍然坚持要减重，这么做虽然可能会使得你的形体看上去更好，但对运动成绩造成的负面影响可能会更大，最终的结果就是得不偿失。

总的来说，女性训练者需要知道自己为什么降低体重以及为什么参加更小体重级别的比赛。如果你想为了外表好看而停留在某个级别，没问题，只要你身体健康并知道自己的决定可能会影响运动成绩就行了。但如果你认为保持某个体重级别应该会提高你的运动表现，而实际上并非如此，那么这种心理的落差可能就会导致心理和健康方面的不良后果。

男性就应该提高体重级别

许多女性训练者想让自己变得娇小可人，而男性却觉得越大越好，而且哪里都要大！肩膀、手臂、大腿，甚至是小腿！

在大多数情况下，这可能并不是一个会影响力量举运动表现的问题，只要训练者明白这些"面子肌肉"不会使你的力量举训练更好，并且对这些肌肉的训练只是浪费时间和能量，可能稍微会影响你的训练成绩或使你无法达到最佳状态就行了。

但问题在于有些训练者认为自己越大，成绩就会越好，所以他们猛吃猛练。这么做有一定的道理，但有一些方面需要特别注意。

1. 杠杆

练大会改变身体的杠杆，这是一把"双刃剑"。比如肚子大的训练者，可以在深蹲底部用膝盖顶肚子，这样不仅能创造更高的腹内压，甚至还可以借力。但另一方面，肚子过大会导致龟背，提高受伤风险。腰腹和大腿强壮会导致训练者在硬拉时重心向后偏，影响训练者的运动表现。在卧推中，体重越大，行程越短，所以大量增重一定可以提高卧推成绩。

2. 短期增重的负面影响

短期内快速增重（通常是皮下水含量）是有装备训练者经常做的事情，因为这样做可以让自己体格更大，从而让装备更紧，并以此来提高自己的成绩。但是对于无装备训练者来说，携带大量含水量高的体重带来的负面影响要远大于好处。比如，大体重造成的高血压会导致训练者在试举后失去意识的概率更高，临时增加体重会让身体不适应新的杠杆，增加比赛时试举时失误的概率等。

3. 对肌肉的增长速度保持现实的态度

从长远角度来看，我们要注重的是增加肌肉量，而不是单纯的体重。有些人能每年增加接近 15 千克的肌肉，并且还能很好地维持住，但我们要知道新手每年增长 5 千克肌肉就已经非常不错了。我们要缓慢地增加体重（在增重的阶段每周增加 0.5~1 千克体重），定期调整饮食来降低体脂，这样就可以确保我们长期稳定地增加瘦体重。这样就不仅能保证训练者的总成绩，还能保证训练者的系数成绩。变大确实很有诱惑力，但是大块头要靠多年积累，而不是短期充起来的。

4. 健康和生活质量的考虑

许多男性会牺牲自己的健康，只为了自负和虚假的荣耀。想要变大没有任何问题，如果我们说变大有问题，那我们就不配写这本书了。但是我们要记住，变大是有代价的。体重越大，平均寿命越短，70 岁以上的老人们基本没有 140 多千克的。另外，我们还需要担心其他的健康问题，比如睡眠呼吸暂停综合征，即使你采取合理的控制，你也就暂时安全，但这仍然意味着你可能需要睡觉时在脸上带一个机器。最后一点考量是身体意义上的，大块头在公共场合会显得格格不入，买衣服、乘坐交通工具等都会让人很恼火。如果你能保持良好的心态，不在乎这些，那么就去追寻自己的目标吧。

健身房玩具

健身房有许多工具都可以提高你的训练表现，尤其是那些可以强化定向适应的器械（腿举、飞鸟机等）。但是这些工具的重要性是不同的，有些工具的效果很有限，甚至是具有欺骗性的。

关于这方面，我们想提 3 个器械。首先 2 个分别是波速球和地震杆。

任何时候，只要当一个动作的稳定性不够，训练者的力量输出就会下降，训练所需的超负荷也难以维持下去。因此，任何破坏稳定性的训练模式都是低效的。重要的是训练者如果想要完成最大负荷下的训练则需要动作的稳定性，而这两种训练模式肯定不能帮助你在较大的负荷下保持技术与稳定性。

第三个需要提到的是壶铃。

壶铃不是完全不可取的。它是铁做的，重量一般很大，因此能够产生足够的刺激。使用它进行适当的负重训练是很好的。但问题是我们很难使用真正意义上的大重量壶铃，因为它比杠铃和哑铃更难操控。用壶铃练肩是很好的方法，但如果你想用它练腿，它的重量就太小了。壶铃的重要性在于它可以提供阻力，但是杠铃的重量可以产生更大的阻力，所以在力量举的训练上效率更高。没有什么神奇的训练方式和器械，壶铃也是如此，它只是一个带把手的重物罢了。

随心所欲地训练

"觉得今天蹲完之后应该练练前蹲。"

这种做法绝对不符合训练的优先级原则，会直接影响接下来几周的训练。这种做法也不符合疲劳管理原理，因为当我们需要自我调节时会不可避免地进行轻训，最后陷入自我调控疲劳的循环。我们的计划不应该是随心所欲安排的，随意的计划会带来令人不满意的成绩。我们至少要从中周期的角度来规划自己的训练，这样才能实现长远的进步。

神奇计划或所有计划都没用

有些人会发表这样的言论："只要你训练够刻苦，所有的计划都会有用。"

还有人会说："你试过最新的超级无敌西部 JTS 精神肉体双重大爆炸训练计划吗？"

训练计划能起效果只有 1 个原因：它们一定遵循了科学原理。对原理合理的应用程度决定了训练计划的质量，这意味着 3 件事。

1. 说计划没有用是没有意义的

现在抄袭和兜售计划的现象确实比较严重，但一些人对这些现象的反应太激烈，偏激地认为所有计划都没有用处，并坚持认为只要自己训练的大方向不错，认真训练，就能取得好成果。这个想法可能对新手非常适用，因为任何关于移动重物训练都可以让新手进步。中阶训练者会发现这个说法并不怎么样，因为他们会发现当使用了垃圾计划或是没有照顾到个体差异的计划时，他们的训练并不能获得效果。高阶训练者则会认为这个说法大错特错，因为他们的需求已经非常明确：弥补弱点，使用适合自己的训练，所以他们的计划都是定制的，几乎不会采用任何现成的计划。

2. 只要为个体差异做一些改变，多数的计划还是有效果的

只要调整几个变量（我们在"个体差异"一章已经详细讨论了这个问题），我们就可以让大多数计划具有普适性，甚至是对中阶训练者都有用。这个观点真正的价值在于它告诉我们计划是可以调整的，甚至可以调整到看起来完全不像原来的计划！

对原理的应用决定了计划的质量！

3. 知名教练写出来的计划也不是魔法

无论是谁写的计划，无论计划叫什么名字，计划背后的原理才是最重要的。德式容量计划听起来很拉风，但在实际应用中，只要我们提高训练的组数和次数，就可以取得类似的成果！高容量的本质是超负荷，所以计划中容量设计的内核就是强调超负荷原理。计划的名字不重要，重要的是计划本身。许多人喜欢 DUP 计划，但他们并不知道它为什么有效，因此他们很有可能成为打着 DUP 幌子骗钱的糟糕计划的受害者。DUP 的成功在于它以周为单位使用有意义的容量 / 强度变式来促进恢复 / 适应。运动科学家们不喜欢 DUP 这个名字，他们更喜欢用"小周期内容量变式"这个术语，因为这更能描述计划的核心，告诉人们计划生效的具体原因。如果你真的了解各类训练原理，就不会被一些"有名"的计划或计划作者所骗。只需要看一眼计划的内容，验证一下它是否符合训练原埋（符合到什么程度）就可以得出结论了。所以，学习训练原理可以帮助你辨别是否要使用某个计划，或是否要给别人推荐某个计划。

到此为止，我们的书就到结尾了。事实上，上一段对这本书进行了很好的总

结。没有真正的"魔法"计划，也没有真正的大牌教练，有的只是以科学理论和实践操作结合而得到的力量举训练原理，这些原理才是能够帮助大家选择、评价和制订有效的力量举训练计划的根本原因。

希望你喜欢这本书的内容，希望这本书的内容对你有用，希望大家都能进步。